权威·前沿·原创

皮书系列为
"十二五""十三五"国家重点图书出版规划项目

京津冀金融蓝皮书
BLUE BOOK OF
FINANCE IN BEIJING-TIANJIN-HEBEI

京津冀金融发展报告
（2017）

ANNUAL REPORT ON THE DEVELOPMENT OF FINANCE IN
BEIJING-TIANJIN-HEBEI REGION (2017)

中国滨海金融协同创新中心
主　编／王爱俭　王璟怡

社会科学文献出版社
SOCIAL SCIENCES ACADEMIC PRESS (CHINA)

图书在版编目(CIP)数据

京津冀金融发展报告. 2017 / 王爱俭，王璟怡主编. --北京：社会科学文献出版社，2017.10
（京津冀金融蓝皮书）
ISBN 978-7-5201-1503-2

Ⅰ.①京… Ⅱ.①王…②王… Ⅲ.①地方金融事业-经济发展-研究报告-华北地区-2017 Ⅳ.①F832.72

中国版本图书馆 CIP 数据核字（2017）第 239071 号

京津冀金融蓝皮书
京津冀金融发展报告（2017）

主　　编 / 王爱俭　王璟怡

出 版 人 / 谢寿光
项目统筹 / 恽　薇　王婧怡
责任编辑 / 王婧怡　李惠惠

出　　版 / 社会科学文献出版社·经济与管理分社（010）59367226
　　　　　地址：北京市北三环中路甲29号院华龙大厦　邮编：100029
　　　　　网址：www.ssap.com.cn

发　　行 / 市场营销中心（010）59367081　59367018
印　　装 / 三河市尚艺印装有限公司

规　　格 / 开　本：787mm×1092mm　1/16
　　　　　印　张：18.25　字　数：273千字
版　　次 / 2017年10月第1版　2017年10月第1次印刷
书　　号 / ISBN 978-7-5201-1503-2
定　　价 / 89.00元

皮书序列号 / PSN B-2016-527-1/1

本书如有印装质量问题，请与读者服务中心（010-59367028）联系

版权所有 翻印必究

《京津冀金融发展报告（2017）》学术指导委员会

主　　任　宗国英　李维安　张嘉兴　杜　强　郭庆平
　　　　　　王广谦　孔德昌　佟家栋　高正平　王国刚

副主任　史建平　周振海　陆　磊　向世文　张海文
　　　　　　江先学　梁　琪　庞　镭　宗　良　姚余栋

委　　员　王小宁　文洪武　巴曙松　付　钢　兰　莉
　　　　　　任海东　刘东海　刘宝凤　刘通午　刘锡良
　　　　　　李　健　李宗唐　李建军　杨兆廷　肖红叶
　　　　　　邱书民　宋　刚　张　杰　张　健　武义青
　　　　　　范小云　周立群　庞金华　赵　峰　赵世刚
　　　　　　姚　峰　姚晓峰　袁福华　徐红霞　高德高
　　　　　　郭　林　唐云崧　崔炳文　游　勤　蔡　东
　　　　　　谭万刚　戴金平

《京津冀金融发展报告（2017）》编委会

主　　编	王爱俭　王璟怡
副 主 编	李建军　杨兆廷　马亚明　杜　强
参编人员	仪　轲　董　亮　宋　欢　唐雪晴　姚舜达
	袁　佳　兰　芳　杨　荻　刘　孝　陈百惠
	周胜强　李西江　刘伯酉　杨　帆　王学龙
	曲子畅

主要作者简介

王爱俭（1954～） 女，汉族，山东烟台人。博士，教授，博士生导师。现任天津市政府参事，中国滨海金融协同创新中心主任，国家社会科学基金、国家自然科学基金同行评议专家，教育部国家特色专业负责人，国家级精品课程《国际金融》负责人。主要研究领域为汇率体制改革、开放经济货币政策调控与国际金融创新。近年来已主持完成国家社科基金重大项目1项、自然科学基金项目2项、教育部人文社科基金等省部级项目7项、省部级及以上获奖项目7项；已在《经济研究》《金融研究》《财贸经济》《经济学动态》《国际金融研究》等国内外重要刊物发表论文80余篇，出版专著10余部。其中，在《经济研究》发表的论文获"安子介国际贸易研究奖"优秀论文三等奖，国家自然科学基金项目成果《虚拟经济合理规模与风险预警系统研究》获天津市第十一届社会科学优秀成果一等奖。2010年享受国务院政府特殊津贴。

王璟怡（1985～） 女，经济学博士，天津财经大学金融系教师。主要研究领域为金融监管、货币政策、金融创新等。近年来，主持国家社科青年基金项目1项，在《经济研究》《国际金融研究》等刊物上发表文章多篇。

摘　要

自2014年京津冀协同发展上升为国家战略以来，从顶层设计到全面实施，在交通一体化、生态环保、产业发展等重点领域率先突破，京津冀协同发展这一历史性工程积极推进，成效显著，京津冀正在较快成为我国经济发展新的增长极。2017年，设立雄安新区重大战略的提出，为京津冀协同发展指明了新的方向，也为京津冀金融协同发展带来了新的机遇和挑战。

《京津冀金融发展报告（2017）》由总报告、分报告和专题报告、会议综述等几个部分组成：总报告为"雄安新区建设：京津冀协同发展的新格局与新动力"，深入分析了雄安新区建设与京津冀协同发展的"新格局"；分报告从金融机构发展、金融市场运行和金融改革创新等角度客观、详细介绍了2016年北京、天津和河北的金融发展情况；专题报告选择当前京津冀金融协同发展过程中的重点和难点问题进行了深入分析研究，具体包括"关于京津冀科技金融协同发展的思考""京津冀金融人才吸引政策研究""雄安新区发展建设中投融体制改革创新的几点建议""京津冀金融协同问题分析——基于对天津市18家商业银行的调查"；会议综述篇对"'2015京津冀金融发展报告'发布暨'京津冀金融协同发展'研讨会""2017首届雄安新区建设发展研究中心高端论坛""金融支持京津冀协同发展研讨会"进行了观点综述，为进一步推进京津冀协同发展战略实施、加强区域金融协作提供了参考和借鉴。

关键词： 京津冀　金融　协同发展　雄安新区

序 加快雄安新区建设，推进京津冀协同发展

王爱俭

"一带一路"、京津冀协同发展、长江经济带，是我国三大国家战略，2017年4月1日，中共中央、国务院印发通知，决定设立河北雄安新区，这是以习近平同志为核心的党中央深入推进京津冀协同发展做出的一项重大决策部署，是京津冀协同发展的新动力、新支点，是继深圳经济特区和上海浦东新区之后又一具有全国意义的新区，是千年大计、国家大事。

一 重要作用和战略意义

雄安新区在京津冀建设中将发挥重要作用。首先，雄安新区是发展高端高新产业的重要基地，将吸纳和集聚大量创新要素资源，经济增长的新动能强劲，将成为京津冀世界级城市群的重要创新驱动之地；其次，雄安新区将是世界建设生态智慧城市的标杆和典范，将极大提升京津冀城市圈的世界影响力和竞争力；最后，雄安新区将是世界大都市区、城市群、城市连绵带治理结构创新的典范和标杆，将为世界大都市区的治理提供示范和学习的榜样。

发挥首都城市的区域经济增长极效应。从2014年京津冀协同发展上升为国家战略以来，产业、公共服务、生态环境一体化方面取得了重要进展。这主要表现在一些非首都功能得到疏解，促进教育、医疗资源合理分布和合作共建，一些"断头路""瓶颈路"被打通，京津冀及周边地区环境污染防治协作机制建立并在完善中。但京津冀的城市之间发展实力相差悬殊，尤其

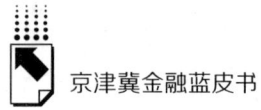

是京津冀中部城市发展实力明显偏弱，缺乏带动发展的增长极，这必然影响京津冀一体化协同发展的速度，北京非首都功能疏解也受到制约。必须寻找新的既具有首都城市经济发展优势，又能够促进整个区域协同发展的新城市新区域，雄安新区就是这一战略意图的体现。因此，地处京津冀中部的雄县、容城及安新三县共建新区，形成新的增长极，必将对京津冀一体化发展起到促进作用。

雄安新区建设有利于探索人口、经济聚集区发展新模式。长期以来，因为大量优质公共资源的聚集，北京人口增长快、经济开发程度高，由此导致了交通拥堵、资源短缺、环境污染等"大城市病"，这些问题仅靠北京自身难以解决。北京的"大城市病"是长期形成的，因此难以在短期内消除。雄安新区的建设，可以吸纳北京等大城市发展过程中的教训，充分根据自身的功能定位合理规划、有序发展，探索出一条智慧便捷、生态和谐、环境优美的现代人口、经济聚集区发展之路，也能为其他城市的发展提供借鉴。

二 基础条件和机遇优势

地理位置优越，交通便利快捷。雄安新区地处华北平原，位于京津冀中部，地势平坦，距离北京、天津都在100公里左右，三地构成一个等边三角形；距石家庄150公里，距保定30公里，与这些城市来往方便。加之处于京九铁路、京港澳高速、大广高速等交通干线上，与北京、天津、石家庄、保定可形成30~40分钟的交通圈。同时，距离正在建设的北京新机场约55公里，更提升了雄安新区的区位优势。

资源条件好，承载能力强。白洋淀、萍河、漕河、南拒马河等多条河流在区域内汇流，水资源比较丰富。众所周知，北方是缺水的区域，京津冀更是严重缺水，因此水资源是这一区域最珍贵的自然资源。雄安新区内白洋淀湖泊星罗棋布，不仅可缓解新区发展水资源缺乏之困，而且可使这一区域成为"华北江南"，大大提升了景观的品质，提高了旅游资源的承载力。雄安新区还拥有丰富的地热资源、油气资源、天然气资源等，可为未来新区发展提供能源。

经济总量小，迫切需要形成经济增长极。雄安新区三县经济总量小的现实形成了京津冀地区"中部塌陷"的格局。以2016年数据为例，京津冀地区生产总值明显以京津唐为核心向周边逐步降低；同时，石家庄作为河北省会，在西南部形成另一个辐射力较弱的经济中心。雄县、安新与容城的地区生产总值不仅在京津冀范围内属于最低级别，而且明显低于周边相邻的所有区县。在京津冀175个县市区中，雄县、安新和容城的经济生产总值分别排在第119、149和154名，三县的产值之和不到排在首位的滨海新区的2.5%。这决定了雄安新区具有巨大空间成为京津冀区域新的增长极，以带动保定周边低产值区县的发展；同时，还可以联结京津唐与石家庄两个区域中心，形成辐射京津冀全域的经济增长带。

人口规模小，具有较大的承载空间。长期以来，京津冀地区有三个人口集聚区和两个人口低洼区，三个人口集聚区即以京津唐为中心的中北部人口聚集区、以石家庄市区和邯郸市区为中心的南部人口集聚区；两个人口低洼中心即以张家口及承德两市为中心的北部人口低洼区和以雄安新区为中心的人口低洼区。张家口和承德两市是京津冀的生态涵养区，人口规模小与区域发展功能相一致。但处于京津冀中部核心功能区的雄安新区，应当成为人口集聚中心。2016年，雄县、安新与容城的人口规模分别处于京津冀县市区的第94、115和157位。鉴于此，雄安新区的建设有利于缓解北京地区的人口压力。

人口经济效率低，经济发展潜力大。综合各区县的经济与人口情况，以人均生产总值作为效率指标，可以发现雄安新区的人口经济效率很低。2016年，天津老城区周边的各区县、北京市中心部分区县、唐山的迁西与迁安以及沧州市辖区具有最高的社会生产率，以此为中心向周边地区逐步下降；石家庄与邯郸地区虽然距京津唐较远，但人均产值整体排在中等层级；除承德与张家口部分地区最低外，还形成了一条保定—衡水—邢台东—邯郸东的"低人口经济效率走廊"。处于这条走廊北端的雄县、容城、安新三县的人均生产总值在京津冀各区县中均排位极为靠后，分别排在第123、134和

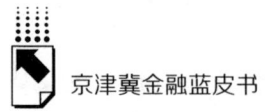

166位,不足排在首位的滨海新区的1/10。在提高本地社会生产率的同时,雄安新区可以将发展红利向走廊西侧和南侧两段扩展,实现河北中南部地区生产率水平的整体提升,有助于北京非首都功能的疏解。

三 京津冀协同发展的阻力与困境

高端要素与非首都功能疏解的"逆向行为"。2014~2016年,河北省引进京津资金11041亿元,天津引进京冀资金5226.74亿元。研究发现,河北和天津在承接北京非首都功能的同时,还承接了以河北为主的一些高端要素、高端人才,以及高端产业的逆向流动。例如,保定的长城汽车、英利太阳能都已在天津投资。

形成中心与外围的状态,并存在"路径锁定"现象。经过多年发展,从区域角度来看,京津冀区域形成了"中心—外围"状态,中心理所当然是北京,天津和河北属于外围,目前是相对锁定;北京集聚的高端优势资源和要素短时间内很难向河北流动,而河北全方位的"断崖式"差距也很难在短时间内补齐"短板"。

政府供给形式的单一与市场需求的多样性存在"结构性错配"。目前,政府主要通过政策供给以及财政支出来刺激协同发展,这与市场主体的多样性需求之间存在"结构性错配"。简政放权是否足够、下属部门承接放权是否很好履职落地、市场壁垒是否降到引致民营资本涌入等,都需要进一步改善。

国有资本与民营资本同为弱势。由于世界经济整体处于低水平徘徊中,京津冀的国有企业也处于调整期。一般意义而言,由民营资本带动的中小型企业更具有活力。但是从资本负债率和盈利率两个方面来看,京津冀地区民营资本盈利率不高,负债率反而高,市场活力整体较弱。

所以,如何让市场发挥决定性作用,这是需要进一步思考的问题。这些新情况的背后涉及三个最核心的问题:一是利益分配,应该强调地方政府、市场主体、社会民众三个层面不同方式的利益分配;二是协作共赢,从产业到生态、交通、社会资源等,如何建立合理、公平、科学、可持续的多方参与的协调合作机制；三是发展动力，核心是建设北京具有国际影响力的科技创新中心、天津具有国际影响力的产业创新中心，以及雄安新区的全国创新驱动发展新引擎，形成京津冀创新共同体。

四　强化顶层设计，推进京津冀一体化发展

雄安新区的设立，恰逢我国处于改革攻坚期、增速换档期、转型阵痛期，承载自身独特的历史使命，体现了高潜力、高起点、高定位。对此，应通过顶层设计、市场机制、协同发展，推进京津冀一体化发展。

第一，雄安新区作为北京非首都核心功能疏解的集中承载区，是"京三角"的关键新角，一定要建强、建好，要体现新城新区发展的新理念、新路径、新模式，要与北京的城市规划、京津冀发展规划一致，而北京作为"一核"，是"京三角"的核心老角，要疏解非首都功能，关键在"舍"。要增强推进京津冀协同发展的自觉，在重点领域率先突破上持续用力，在协同创新共同体建设上加大力度，充分发挥北京"一核"的辐射带动作用，共同建设以首都为核心的世界级城市群，打造我国经济发展新的支撑带，积极探索人口经济密集地区优化开发模式。

第二，雄安新区能否作为"京三角"的新角，关键是发展高科技产业，与北京的高科技要协同发展、互为关联。北京主城区也要发展高精尖的科技产业，两者应有所分工和侧重。解决科技创新链上的瓶颈创新是一个非常复杂的过程，是一个链而不是一个点。关键创新一般要经过基础研究、应用研究、中试和商品化等环节，需要研究机构和企业的共同参与才能完成。其中，应用研究、中试和商品化是技术转化非常重要的环节。北京是创新中心，但创新成果对周边的辐射不足，大量成果并没有投入到天津和河北，原因之一就是在京津冀地区存在严重的创新链梗阻现象。雄安新区应在创新链上下功夫，改革科研机构体制，建立一批新型应用技术研发机构；改革科技项目管理体制，建立市场导向的项目管理制度；建立创新辐射中心，建设专业创新服务平台。

第三，雄安新区要成为"京三角"，就必须打造独具特色的新产业体系，把承接好北京非首都功能疏解作为首要任务，建设有特色的产业体系，建设绿色生态宜居新城区、创新驱动发展引领区、协同发展示范区、开放发展先行区，努力打造贯彻落实新发展理念的创新发展示范区。雄安新区应坚持先谋后动、规划引领、整体打造、分步实施建设模式。一是应当成熟一个区域再建设一个区域，不能贪大求全；二是制定产业入驻负面清单，防止落后企业进驻；三是采取卫星城镇规划方式，建设一批特色产业小镇；四是坚持城依托水，制定城镇开发利用边界；五是依托入驻高校和研究机构，建立国际交流中心，创建自己的品牌论坛。

第四，打造好创新人才的集聚条件。创新要素主要由人才、资金、技术和资源构成，最重要的是高层次人才，它是产业创新中最具能动性的要素。美国的硅谷经验和印度的班加罗尔经验都表明，高层次人才的集聚效应是很强的；越高层次的人才对周围环境的敏感性越强，空气要好、生活品质要高、创新和创业的环境要一流等，这都是高层次人才所追求和要求的。雄安新区如何在零基础上把集聚高层次人才所需要的条件打造好，面临重要的挑战。

第五，拓宽创新资金的融资渠道。融资难是创业型新兴企业发展的一个瓶颈。对雄安新区来说，应大力发展创新创业投资，鼓励产学研三方的联合资金投入，鼓励天使投资、风险投资和私募股权等的发展；鼓励各类资金投向创新产业，政策性风投应该向早期研发投入，成立专业的创新基金；政府和社会共同投资，建立风险收益共担机制。同时，建立完善的技术产权交易市场，加速成果孵化转化，建设产城融合的创新型引领区等，形成合力促进创新产业的发展。

第六，加大服务业开放步伐。雄安新区应积极探索政府管理模式创新，形成与国际贸易投资通行规则相衔接的制度创新体系。雄安新区可以申请服务业的开放试点，先行先试，加大对服务业外资的开放。服务业开放的压力测试可以在雄安新区率先进行，这是由雄安新区以服务业为主的产业结构所决定的。雄安新区可以通过压力测试为我国探索服务业开放的次序及其影响，进行相适应的政府职能转变和管理模式的创新，实现更高层次、更宽领域开放，构建开放型经济新体制做出贡献。

目 录

Ⅰ 总报告

B.1 雄安新区建设：京津冀协同发展的新格局与新动力
　　　　　　　　　　　　　　　　　　　　王璟怡　仪　轲　姚舜达 / 001
　　一　设立雄安新区的战略背景和重大意义……………………… / 002
　　二　京津冀协同发展新格局：一体两翼…………………………… / 011
　　三　京津冀协同发展新动力：雄安新区与滨海新区双轮驱动
　　　　……………………………………………………………… / 024
　　四　发展机遇与挑战……………………………………………… / 031
　　五　未来之路……………………………………………………… / 035

Ⅱ 北京金融发展篇

B.2 2016年北京金融机构发展………………………… 董　亮 / 040
B.3 2016年北京金融市场运行………………………… 杜　强　董　亮 / 051
B.4 2016年北京金融改革创新………………………… 王学龙　董　亮 / 069

001

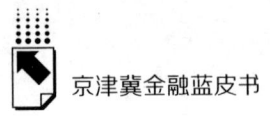

Ⅲ 天津金融发展篇

B.5 2016年天津金融机构发展 …………… 马亚明 唐雪晴 / 081
B.6 2016天津金融市场运行 …………… 唐雪晴 杨 帆 / 095
B.7 2016年天津金融改革创新 …………………… 唐雪晴 / 110

Ⅳ 河北金融发展篇

B.8 2016年河北金融机构发展 …………………… 宋 欢 / 118
B.9 2016年河北金融市场运行 …………… 宋 欢 曲子畅 / 135
B.10 2016年河北金融改革创新 …………………… 宋 欢 / 142

Ⅴ 专题报告篇

B.11 关于京津冀科技金融协同发展的思考
……………………………… 杨荻 刘孝 陈百惠 / 159
B.12 京津冀金融人才吸引政策研究 …… 袁佳 董亮 兰芳 / 176
B.13 雄安新区发展建设中投融体制改革创新的几点建议
……………………………… 杨兆廷 胡继成 李俊强 / 200
B.14 京津冀金融协同问题分析
——基于对天津市18家商业银行的调查
……………………………… 周胜强 李西江 刘伯酉 / 212

Ⅵ 会议综述篇

B.15 "2015京津冀金融发展报告"发布暨
"京津冀金融协同发展"研讨会观点综述 …… 杨帆 杜强 / 224

B.16 强化金融支持，打造雄安新区核心竞争力
——2017首届雄安新区建设发展研究中心高端论坛观点综述
………………………… 杨兆廷　韩景旺　杨　蕾　刘　宾 / 234

B.17 金融支持京津冀协同发展研讨会会议综述
………………………………………… 周胜强　刘伯酉　高　磊 / 239

B.18 参考文献 ……………………………………………… / 250

Abstract ………………………………………………………… / 256
Contents ………………………………………………………… / 258

皮书数据库阅读**使用指南**

总报告
General Report

B.1
雄安新区建设：
京津冀协同发展的新格局与新动力

王璟怡　仪轲　姚舜达*

摘　要： 设立雄安新区是千年大计，是京津冀区域新的增长极，也为京津冀协同发展带来了新的机遇。本报告从雄安新区设立的战略背景和意义出发，对我国的经济政策形势和京津冀协同发展三年来的进展进行了总结，进而明确了未来京津冀协同发展的新格局——北京、通州和雄安"一体两翼"以及新动力——雄安、滨海双轮驱动，在此基础上对雄安新区在未来建设过程中所具有的发展机遇与可能会面临的挑战进行了分析，最后对雄安新区的未来发展路径提出了一些政策建议。

---

* 王璟怡，天津财经大学经济学院金融系，讲师；仪轲，天津财经大学经济学院硕士研究生；姚舜达，天津财经大学经济学院硕士研究生。

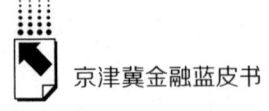

关键词： 雄安新区 京津冀 协同发展

一 设立雄安新区的战略背景和重大意义

（一）国内经济政策形势

宏观经济政策的组合与搭配是我国经济长期增长的关键。从短期来看，我国政策着力点在于：一是清理"三角债"问题，增强投资回报率的预期和有效投资意愿；二是实施破产机制，尤其是通过市场化方式形成化解产能过剩的退出机制。从长期来看，供给侧结构性改革要实施创新战略：加快技术进步，提高技术进步与创新效率；全面深化改革，改善资源错配现状；发展高质量教育，解决人力资本和劳动生产率问题；提升质量，通过提升产品质量来增加效益。

从目前经济形势上看，未来我国经济增长将受到国内外三方面因素的影响：一是全球经济缓慢复苏的冲击；二是短期投资不足、内需缓慢；三是供给侧结构性改革。对雄安新区的建设而言，可以认为是供给侧结构性改革的一场"大实验"。我国供给侧结构性改革要着力解决以下四个问题：一是提高劳动生产率和技术进步率，加快实施创新驱动发展战略；二是提高资源配置效率，加快纠正结构性过剩矛盾和资源错配问题；三是深化体制机制改革，让市场决定资源配置，更好地发挥政府的作用；四是优化创新和发展环境，降低企业生产经营成本和负担、提高投资预期收益。

（二）京津冀协同发展新进展

截至 2017 年，京津冀协同发展战略的提出已有三年。在这三年里，大思路、大战略带来大转变，从疏解非首都功能到产业大迁移，再到教育、医疗、交通等要素一体化，京津冀三地正逐渐打通各种资源的一体化，互利共赢的新局面初步形成。

1. 有序疏解北京非首都功能

三年来，有序疏解北京非首都功能进展明显。一是控制增量和疏解存量取得进展。在控制增量方面，2014年北京市制定了全国首个新增产业的禁止和限制目录，三年来不予办理的工商登记业务累计达到16400件。在疏解存量方面，按照《京津冀协同发展规划纲要》确定的疏解对象，三年来共退出1341家一般性制造业企业，推进产业转移疏解项目53个，调整疏解350家商品交易市场。二是产业结构进一步优化。通过非首都功能疏解，北京市实现了"瘦身健体"和提质增效，产业结构不断优化。2016年，北京市金融业的新设市场主体同比增长12.8%；文化创意产业实现增加值3570.5亿元，同比增长12.3%；高技术产业实现增加值5646.7亿元，同比增长9.1%；第三产业占GDP比重达到80.3%。三是北京副中心城市建设加快。北京副中心总体城市设计基本完成，新城核心区的城市综合体正在加快建设，预计2017年底前四大市级机关和附属行政部门将率先启动搬迁。四是北京"大城市病"初步缓解。首先，人口压力减小。2016年，北京市常住人口增量和增速同比出现"双降"，城六区人口出现由增转降的历史性拐点。其次，交通压力缓解。再次，生态环境改善。2016年，北京市PM2.5平均浓度为73微克/立方米，同比下降9.9%。

2. 交通一体化网络建设初步形成

在交通一体化方面，京津冀三地初步构建起铁路、公路、机场、港口互联互通的立体化交通网络。一是网络化布局成效显著。铁路方面，京津冀城际铁路网规划获批，计划新建24条城际铁路，"轨道上的京津冀"日趋形成。公路方面，京台、京昆、京港澳、首都地区环线等12条高速"断头路"和干线公路的"瓶颈路"共计1400余公里已经打通或扩容。机场方面，北京新机场主航站楼主体结构封顶，天津滨海国际机场、石家庄机场航线网络进一步完善，北戴河机场投入运营，承德机场加快建设。在港口方面，天津与河北加快了港口群建设和对接，致力于打造世界级港口群，构建津冀环渤海运输网络。二是智能化管理和一体化服务取得进展。通过政府搭台,以企业为主体、以市场为导向的综合管理体制和服务平台初步建立。京津冀三地联合铁路总公司组建了京津冀城际铁路投资有限公司,天津港集团与河北省港口集团共同出资组建了渤海津冀港口投资发展有限公司。2016年,河北省11个设区市的公交陆续与京津联网,发售京津冀公交一卡通,实现了京津冀公交互联互通,下一步有望向轨道交通、出租车等延伸。

3. 生态环境保护取得新进展

一是生态环保联防联控工作机制正式建立。2015年12月,京津冀三地环保部门正式签署《京津冀区域环境保护率先突破合作框架协议》,要求区域内统一对水资源、大气、土壤等进行统筹治理。京津冀及周边地区大气污染防治协作小组于2015年正式成立,并提出"2+4"协作模式,将北京、天津以及河北省的唐山、廊坊、保定、沧州6个城市划定为京津冀大气污染防治核心区,率先建立起区域空气重污染预警会商和应急联动长效机制。《京津冀及周边地区2017年大气污染防治工作方案》明确要求,京津冀大气污染传输通道内"2+26"城市要实现煤炭消费总量负增长。京津冀生态环境联防联控工作机制的建立,有效地改善了区域生态环境质量。2016年,京津冀三地PM2.5平均浓度为71微克/立方米,同比下降7.8%。二是建立健全京津冀生态环境保护资金补偿机制。北京与承德开展了跨区域碳排放交易试点,联合探索推进生态建设项目产业化和用能权、用水权、排污权的跨区域交易。引滦入津上下游横向生态补偿机制建立,中央财政奖励资金和省级配套资金均已落实到位。三是全面启动张承生态功能区建设。支持张承地区生态保护和修复的指导意见印发,实施张承地区水源保护林、"再造三个塞罕坝"等重大生态项目。目前"三北"防护林的造林面积已达到2.81万亩,坝上地区退化林分改造122万亩全面完成。在密云水库上游的滦平、丰宁、兴隆、赤城和沽源5县,率先启动了共建生态清洁小流域试点。

4. 产业升级转移率先取得突破

一是河北积极承接京津产业转移。河北省借力京津,筛选确定了北京新机场临空经济区、曹妃甸区、渤海新区、正定新区等11个省级重大承接平台,重点打造了曹妃甸协同发展示范区、石家庄国际高端生物医药产业基地、张家口可再生能源示范区等一批优势产业集群。一批重点迁移项目落户河北，如北京凌云建材化工有限公司整体搬迁到邯郸，北京现代汽车沧州工厂2016年10月竣工投产，北汽黄骅生产基地首批新车下线，北京威克多制衣中心的服装研发中心和生产中心从北京迁往衡水，保定高碑店新发地农产品物流园启动运营，白沟大红门国际服装城开业，北京动物园批发市场商户陆续迁到沧州明珠商贸城、石家庄乐城国际贸易城、保定白沟等市场。二是天津与京冀加快产业联动发展。天津努力联合京冀两地联手共建产业园区，未来科技城等19个园区纳入京津冀产业对接整体布局，建成了临港、空港等9个国家新型工业化产业示范基地，打造了天津滨海—中关村科技园、天津—河北（涉县天铁）循环经济产业示范区、宁河京津合作示范区、武清京津产业新城、宝坻京津中关村科技城等承接载体。三是三地相互投资势头良好。三年来，河北从京津引进资金11041亿元，占全省同期从省外引进资金的50%以上；天津从京冀引进资金5226.74亿元，占全市从省外引进资金的44%。2016年，北京企业在天津投资项目到位金额1699.64亿元，同比增长21.7%；在河北投资项目到位金额3685.29亿元，同比增长22.0%；天津企业在河北投资项目到位金额521.38亿元，同比增长19.0%。

5. 区域协同创新呈现良好发展态势

一是区域创新体制初步建立。2016年7月，国务院批复同意《京津冀系统推进全面创新改革试验方案》和《河北省系统推进石保廊全面创新改革试验方案》，就打造京津冀协同创新共同体、促进京津冀创新驱动发展做出工作部署。二是协同创新平台加快建设。中关村国家自主创新示范区同天津、河北共建了京津冀大数据走廊、滨海中关村科技园、保定中关村创新中心、张北云计算产业基地等一批协同创新平台，河北·京南国家科技成果转移转化示范区被科技部批准为首个国家科技成果转移转化示范区，环首都现代农业科技示范带被科技部批准为国家现代农业科技示范区。截至目前，河北与京津合作共建各类科技产业园区55个，创新基地62个。三是京津冀协同创新共同体取得进展。17所京津高校组建了8个京津冀地区高校协同创新联盟，由北京大学牵头与南开大学、清华大学、河北经贸大学等高校联合成立了"京津冀协同发展联合创新中心"。河北省与京津在炼钢、抗生素、卫星导航、半导体照明等产业领域建立产业技术联盟65家，引进京津高新技术企业1300家。四是技术转移成果明显。京津冀技术转移协同创新联盟成立，河北与中国技术交易所、北京国际技术转移中心等建立了"三中心、两平台"创新创业综合服务体系，石家庄科技大市场与京津实现了信息共享、实时发布和标准统一。据统计，北京向津、冀输出技术合同成交额，2015年为111.5亿元，2016年达到154.7亿元，同比增长38.7%。

6. 金融一体化程度加深

在政策制定方面，政府作为推动金融合作的主力军，三方政府签署了一批具有实际意义的合作文件，对区域金融一体化方式、手段和路径做了前瞻性安排。2013年5月，京津冀地方政府先后签署《京津金融合作协议》《天津市河北省深化经济与社会发展合作框架协议》《北京市—河北省2013至2015年合作框架协议》。2014年10月，京津冀三方正式签署《京津冀协同发展税收合作框架协议》，统一京津冀的税收，为三地协同发展奠定坚实基础。2015年4月，《京津冀协同发展规划纲要》作为京津冀一体化纲领性文件，对京津冀一体化做出了部署。在金融监管方面，京津冀三地监管机构进行了有益的探索，金融监管合作不断推进。2005年来以来，《环渤海金融合作论坛》一直作为商讨环渤海地区金融监管合作的平台；2011年，三地银监局正式签署《京津冀银行业监管合作备忘录》，对银行业协同监管开展初步交流。尽管三地金融监管交流合作不断加强，但尚未形成正式的监管协议。在产权交易方面，2010年，河北省产权交易中心与北京环境交易所合作建立河北环境能源交易所，探讨区域排污权交易，促进两地产业结构"生态"升级。同年，天津股权交易所在沧州成立渤海股权交易中心，为河北企业股权交易、企业融资等提供平台。2014年7月，京津冀产权交易机构成立"京津冀产权市场发展联盟"，利用三地股权交易平台功能展开平台合作。2015年9月，中关村协同发展投资有限公司揭牌，同时设立中关村协同创新投资基金。河北成立了100亿元的PPP京津冀协同发展基金；天津自贸区中心商务区则设立京津冀产业结构调整基金，规模100亿元。此外，总额为1000亿元的"京津冀开发区产业发展基金"设立，京津冀产业协同发展投资基金也将启动。

7. 市场一体化亮点突出

一是旅游市场一体化取得突破。京津冀三地旅游部门编制了《京津冀旅游一体化协同发展规划》，发布了《京津冀旅游协同发展行动计划（2016~2018年）》和《京津冀旅游协同发展示范区合作宣言》，重点打造了京东休闲旅游区、京西北旅游圈、首都西南生态与文化旅游发展带等区域内区县旅游联合体，联合发布旅游线路，开通京津冀专列和旅游直通车，发行京津冀旅游一卡通，京津冀旅游资源交易平台一体化工作也已启动。北京和张家口联合承办2022年冬奥会，为京津冀旅游市场一体化发展注入新动能。二是干部人才交流日益密切。北京市与河北省联合出台了《关于围绕京津冀协同发展进一步推进京冀干部人才双向挂职的意见》，并于2015年首次启动京冀互派百名干部人才双向挂职。2016年，京津冀三地在京签署《京津冀三地文化人才交流与合作框架协议》，以促进三地文化人才交流与合作。三是通信一体化取得重大进展。中国移动、中国联通和中国电信三家电信运营商宣布，从2015年8月起，京津冀三地之间取消手机长途和漫游资费。

8. 公共服务均等化水平不断提高

一是医保系统互联互通。以京冀为例，河北省启动了区域医疗机构临床检验结果互认、医学影像检查资料共享试点；环京14个县（市、区）医保定点机构，作为北京医保定点为其参保人提供医保服务；河北燕达医院率先实现与北京基本医疗保险互联互通，成为京津冀地区第一家试点异地就医直接结算的医院。此外，2016年北京、天津以及河北卫计委联合启动京津冀区域医疗机构临床检验结果互认试点工作，132家医疗机构和27个项目纳入首批试点。二是教育资源共建共享。近年来，北京市、区两级与津冀各地方共签署教育合作协议21个，实施合作项目30余个。在京中央高校和市属高校通过整体搬迁等方式向郊区或河北、天津转移步伐正在有序推进。天津科技大学、天津师范大学分别与北京印刷学院、北京大学联合开展研究生培养。河北9个设区市的100余所职业学校与京津职业学校或企业达成合作意向。三是对口帮扶稳步推进。2016年10月,国家发改委等六部委联合印发《京津两市对口帮扶河北省张承环京津相关地区工作方案》。2016年12月,京冀双方签署《全面深化京冀对口帮扶合作框架协议》,津冀双方签署《对口帮扶承德市贫困县框架协议》。根据协议,2016~2020年,北京市、天津市对河北省张家口市、承德市、保定市相关县区开展对口帮扶。其中,北京市13个区对口帮扶张承保三市16个县(区),天津市5个区对口帮扶承德市5个县。在协议中,"十三五"期间共安排帮扶资金47.68亿元。

(三)雄安新区的设立及其重大意义

1. 雄安新区的设立

(1)"雄安"的由来

"雄安"一词,取自河北省保定市雄县、安新县中各一字。"雄"字寓意宏伟、阳刚,"安"字则包含稳定、安康,既体现了地域特色,又符合中华传统文化,契合国家"两个一百年"的奋斗目标、实现中华民族伟大复兴的中国梦的内在要求。

(2)提出时机

从2006年算起,"京津冀协同发展"这一概念已提出了十多年。在这十多年间,京津冀三地在合作方面虽有诸多成果,但并不足以改变京津冀的整体发展格局。从过往京津冀三地合作的经验甚至是教训来看,仅依靠地方政府之间的合作,很难从根本上解决合作中出现的问题。京津冀协同发展面临的主要问题是,北京和天津的集聚效应过于明显,而河北则显得较为羸弱。此时提出建立雄安新区,主要是为了落实2015年4月发布的《京津冀协同发展规划纲要》,是一种实质性推进。从雄安新区与深圳、浦东新区并列的国家级新区定位,以及打造"京津保"新三角的提出①,京津冀协同发

---

① 京津冀协同发展专家咨询委员会委员、中国工程科技发展战略研究院副院长、中国工程院院士谢克昌于2017年4月8日接受新华社记者采访时表示,打造"京津保"新三角,可推动京津冀协同发展,并带动中国北方的改革开放。

展正由"双城"战略向"新三角"战略转变。以设立雄安新区为标志,北京的非首都功能疏解将提升效率,河北省产业升级步伐也将大幅加快。同时,京津冀协同发展将呈现全新局面,对环渤海地区和北方腹地的辐射带动能力也将明显增强,有利于支持华北经济转型发展,从而推动全国经济均衡发展。

(3) 区位选择

雄安新区涉及保定市雄县、容城、安新三县及周边区域,在北京正南偏西方向100公里左右,未来轻轨通勤应该在30~40分钟。雄安新区距保定市区有50公里,开发程度不高,发展空间大。新区的选址为什么选在雄安?中国传统文化关于城市建设有"山川定位立轴线"的思想,中国的传统都是以南北为轴,北京城市中轴线向南延是霸州,但是霸州下面有一个地裂不适合建新城,"后来在这附近找,最后在五个选址里面定了雄县、容城、安新,三个区域联合起来叫作雄安新区"①。总结来说,雄安新区具有如下发展优势。一是区位优势。雄安新区与北京、天津在地理区位上构成一个等边三角形。二是交通便捷。雄安新区将基本形成与北京、天津、石家庄、保定的30分钟通勤圈。三是生态良好。雄安新区内拥有华北平原最大的淡水湖——白洋淀,同时漕河、南瀑河、萍河等多条河流在区域内交汇。四是开发度低。雄安新区人口密度较低,核心区所辖人口尚不到10万人。

2015年三县人均GDP均不足全国人均GDP的50%(见图1),处于全国较落后水平。2011~2015年间,雄县、容城、安新三县GDP年均增速分别为10.9%、4.0%和3.1%,三县中仅雄县勉强达到全国平均增速水平。2016年,雄县、容城、安新三县GDP分别为101.14亿元、59.4亿元和40.01亿元。从经济结构来看,三县仍以传统工业经济为主,以传统重工业为主的第二产业占比分别为70%、57%和50%,均高于全国平均水平(41%)和河北平均水平(48%),产业结构亟待升级(见图2)。

---

① 2017年6月6日,京津冀协同发展专家咨询委员会组长、中国工程院主席团名誉主席徐匡迪院士在出席"中国城市百人论坛"2017年会时指出。

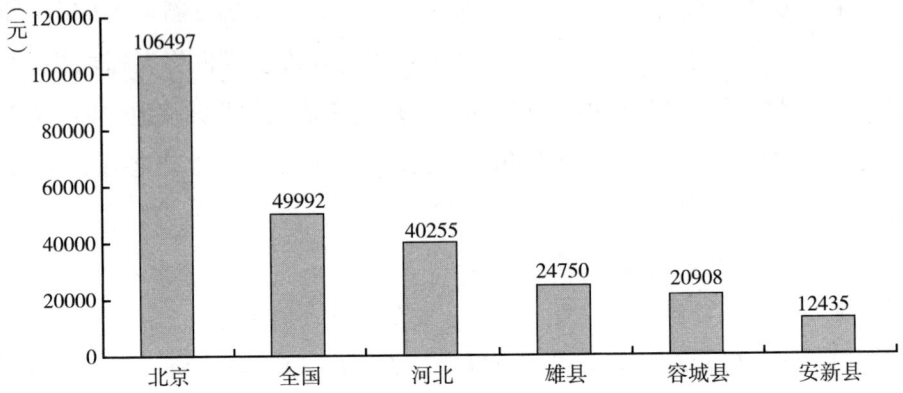

图 1　雄安新区三县 2015 年人均 GDP 与其他地区比较

资料来源：Wind 资讯金融终端。

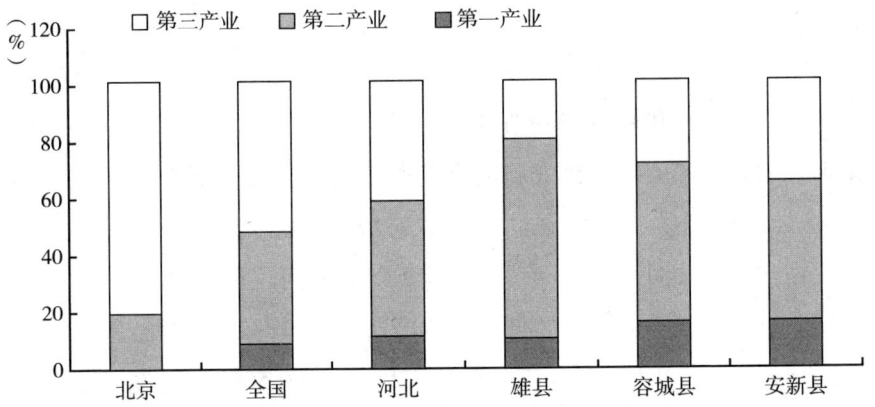

图 2　雄安经济结构与其他地区比较

资料来源：Wind 资讯金融终端。

2. 设立雄安新区的重大意义

设立雄安新区的重大意义具体来说有以下几个方面。一是有利于探索解决"大城市病"新模式。一方面，将吸引部分功能集聚发展，有效缓解北京"大城市病"问题；另一方面，推动北京非首都功能集中疏解，可以避免零打碎敲，提升疏解效率。二是有利于培育全国创新驱动发展新引擎。规划建设雄安新区，可以集聚京津冀乃至全国以及国际的创新要素和资源，打造国内领先甚至具有世界影响力的科技新城。通过推进简政放权、管放结合，深化行政体制改革，构建促进创新的体制机制，为全国其他地区起到表率和示范作用。三是有利于调整优化京津冀三地的城市布局和空间结构。规划建设雄安新区，主要承接北京非首都功能及与之相配套的部分优质公共服务功能，进一步强化要素资源的空间集聚，优化整合现有城镇体系，拓展区域发展新空间。四是有利于促进区域协同发展。规划建设雄安新区，一者通过集中承接北京非首都功能，提升产业层次、创新能力和公共服务水平，缩小与京津两地的经济社会发展差距；再者有利于培育河北新的增长极，形成河北经济发展"两翼"①，加快提升河北经济发展的规模水平和质量效益，实现区域内部良性互动，促进三地协同发展。

二　京津冀协同发展新格局：一体两翼

（一）"一体两翼"概况

2016年3月24日，习近平主持召开中共中央政治局常委会会议。习主席在会议上强调了北京发展的新格局，北京的方向选择具有划时代的历史意义，以前的布局方式仅为"摊大饼"，北京未来的规划是在中心城区的外围，建设城市副中心和各种服务功能的集中聚集地，即北京的"两翼"——以北京为中心，以雄安新区和通州城市副中心为两翼。北京城市副中心落子通州，位于北京的东部，与国贸和燕郊比邻，其地缘意义在于借助市政府迁至通州，带动北三县乃至整个东向和北向的河北腹地发展。雄安新区落子雄县、容城、安新，距离天津、北京均在120公里左右，旨在通过非首都核心功能的集中疏解，带动河北南部地区，乃至华北腹地的发展，重构整个华北地区的城市格局。

---

① 这里的一翼是以2022年北京冬奥会为契机，推进张北地区建设；另一翼是雄安新区，带动冀中南乃至整个河北的发展。

（二）京津冀经济发展的"一体"：北京

1. 北京的"非首都"功能

（1）"非首都"功能含义

北京作为首都，其初始的功能涵盖军事、交通、经济三大类，其余功能即为此三大类的衍生品及附加品。北京的非首都功能，即首都核心功能之外的功能。如过多的教育医疗功能、为区域服务的物流、呼叫中心等人力资源密集的产业，以及一些行政办公功能等。

疏解北京非首都功能、推进京津冀协同发展，是一个巨大的系统工程。深入探究，非首都功能有三层内涵。首先，是首都功能以外的其他功能；其次，是直接导致北京大城市病的功能，有的功能虽然跟四大核心功能有关，但可能导致大城市病，也属于非首都功能领域。因为疏解北京的非首都功能，最终要解决大城市病；最后，有的虽然属于首都功能，但是属于对首都功能起到非支撑性或辅助性的功能，例如中央和国家机关的信息中心或服务中心等。

（2）"非首都"功能的隐患

北京履行的职能过多，使得人口过于稠密、交通严重拥堵。虽然流动人口是经济发展的重要推动力量，但是他们对社会管理系统的冲击让人始料未及。各种矛盾不断积累，造成公共安全事件频发，最终影响社会稳定。长此以往，"平安北京"的压力将会越来越大，再谈"首善之区"更是难上加难。

北京产业结构面临升级压力。北京现在有11.6%的人口从事批发零售业，而且近十年的人口聚集当中，从事批发零售、住宿餐饮、制造业和建筑业的人口占了2/3。这种过多的低端产业和功能是引发北京"城市病"的重要原因之一，进而导致北京产业结构极为不合理。

2. 解决"城市病"的路径

行政主导城镇化发展是北京城市化进程的特色。人口涌入量极大，由此产生诸多问题，这也是诱发北京"城市病"的主要原因。所以，要对症下药，破除北京"城市病"的重要手段就是让市场主导人口的流动。资源配置的主导力量应为市场，而不是政府。北京的人口聚集密度过大的问题同样应交由市场解决。只有借助于市场这一手段，才能从根本上疏解北京密集的人口分布，将北京现有的资源和人口输送到京津冀周边地区，疏解非首都功能，促进北京同周边地区协同发展。

（1）明确城市的边界

任何一个地区的发展都要以环境承载力和资源承受力为底线，北京也不例外。北京应明确城市的三条边界线，包括生态底线、人口上限、城市开发。疏解北京非首都功能腾出的空间不再建设，要留白增距，将其变成绿地，变成公共服务设施。

（2）控制人口的总量上限

北京在2020年的人口总量上限要控制在2300万以内。北京市就业人口和稳定长居人口的落户工作要循序渐进、稳妥推行，保证人口总量控制在合理的范围之内，落实居住证制度迫在眉睫；进一步研究可行的人群转移机制，深化户口随人变动的政策，并积极推行北京人口外迁工作；优化北京地区的住宅出租环境，规范出租行为；加快老城区的直管公房管理体制改革；合理利用优化空间，充分发挥首都核心功能、优化生态环境、提高人民生活水平、增加公共服务设施。

（3）积极响应京津冀的协同发展

北京各个地区要制定各自的战略规划和发展方向，积极响应京津冀的协同发展。北京作为一体两翼的中心点，要积极融入京津冀协同发展的历史进程当中。首先要简化城区布局，加强与非首都功能承接地的交流和对接。其次，"一核"的地位要求北京实现包括生态环境的提升、交通一体化的建设、产业升级等方面的突破。最后，京津冀协同发展的基础为交通一体化，北京与京津冀各地的交通建设应及早完成，如北京新机场的建设、首都外环线的建设、"轨道上的京津冀"建设等。

（4）优化金融生态环境

北京作为首都，多年来对周边地区产生资源吸收效应，周边地区的资源单方向涌向北京，从而导致北京的资源密集度远远高于周边地区。面对此类状况，北京需在改善金融环境方面做出努力，开放其金融市场，将更多的金融资源输送到津冀地区；转变虹吸效应，实现金融的辐射效应最大化，带动周边地区的金融发展；加快疏解金融资源，使其向雄安新区转移。与此同时，雄安新区也有吸收外来资金的需求。将北京过剩的金融资源供给输送给雄安，不仅促进了两地区金融资源的平衡，更是京津冀协同发展的重要一环。

3. 北京各区重新定位

（1）空间分布

根据《北京城市总体规划（2016年—2030年）（草案）》，北京将打造"一主、一副、两轴、多点"的城市空间结构。针对首都核心功能即全国政治、文化、国际交往和科技创新中心，在空间布局上予以明确。其中，"一主"即中心城区，是北京四个中心的集中承载区，重点应优化首都核心功能。"一副"即城市副中心。"两轴"，就是长安街、中轴线和二者的延长线。"多点"即昌平、怀柔、大兴、顺义等10个环围北京的地区。与2004年的城市规划相比，通州新城变成了副中心，"两带"消失，"主城区"出现。

（2）功能分布

中心城区划出四个功能分区：核心区、西北部地区、东北部地区和南部地区。"核心区"主要指东城区和西城区，是政治中心、文化中心和国际交往中心的核心承载区。东城区和西城区已经具有事实上的中央政务区的概念；两区面积共有92.54平方公里，2015年常住人口为220万人，地区生产总值合计5128亿元。"西北部地区"主要指海淀区、石景山区，以科技创新、文化中心为主导功能。朝阳区的东部和北部被划分为"东北部地区"，着眼于国际交往功能和公共文化服务。朝阳区南部和丰台区被划分为"南部地区"，以保障首都核心功能的城市服务为主导功能（见图3）。

根据北京"十三五"规划纲要，作为中心区域的城六区中，东城区和西城区发展的着力点在于提高现代化规划、治理能力，提高综合承载能力。发展目标在于打造国际一流的现代化服务和居住城区。丰台区、海淀区、石景山和朝阳区则主要发展服务业，包括专业化、高端化的金融管理、信息服务、商务服务等生产性服务业，以及高品质的生活性服务业（见图4）。

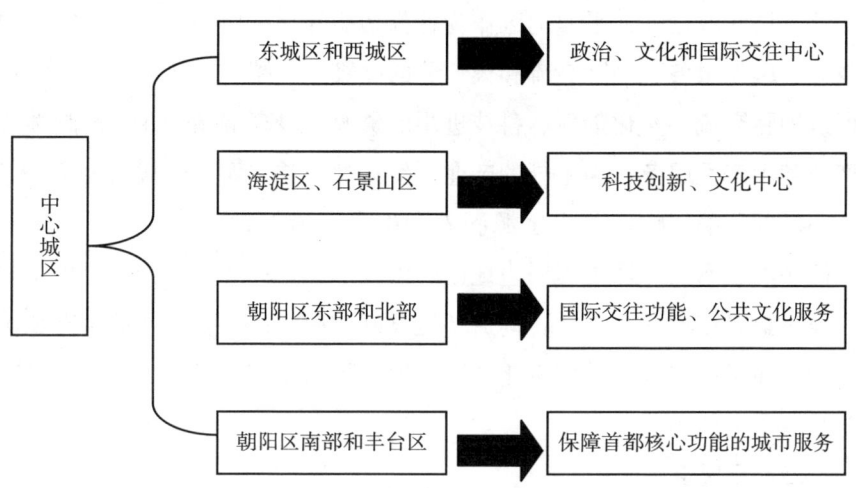

图3 北京中心城区功能定位

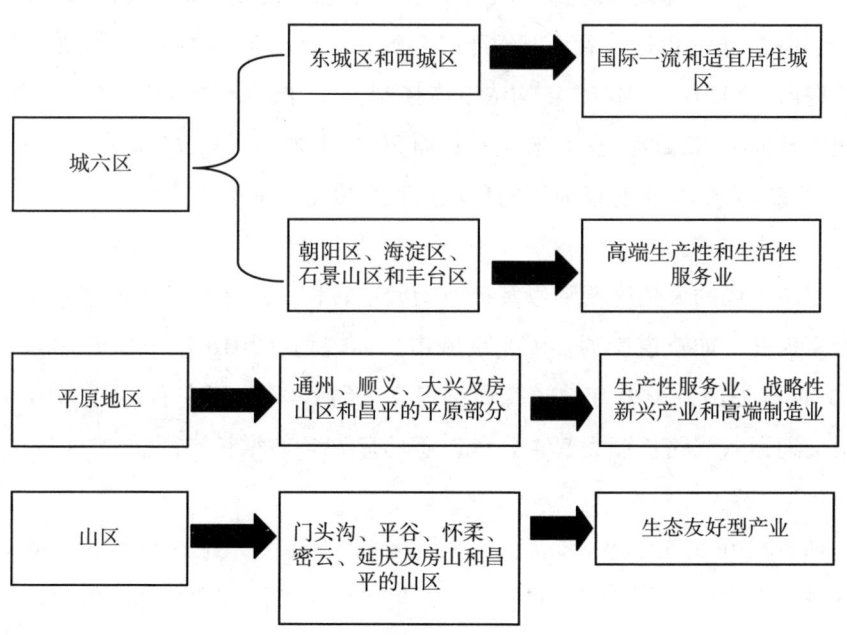

图4 北京各区功能定位

北京城六区之外的平原地区作为首都功能的承接地，主要接受首都的科技教育、医疗服务、国际交流和大部分的高级、尖端、精巧的产业。重点吸收促进国际交流、文化创新、科技进步的资源，以高端制造业、前瞻性的新兴产业和生产性服务业为主导的产业，努力契合首都城市的战略定位。

山区部分的战略任务为水源涵养和生态环境保护。该区域主要涵盖平谷、门头沟、密云、怀柔等周边地区的山区部分。战略定位为发展生态友好型产业，提高旅游服务功能，构造环境友好产业体系。重点发展生态和谐型服务业，在承接首都的教育文化、医疗服务资源的基础上，发挥自身特色，提升公共服务能力。

4. 新北京展望

（1）生态环保

无论是作为中心城区的城六区，还是北京城市副中心，新北京均强调要建设国际一流和谐宜居之都。从《北京城市总体规划（2016年—2030年）（草案）》公布的指标来看，其对于绿色城市、环保治理等均有明确的要求。草案提出，2020年PM2.5年均浓度应控制在56微克/立方米左右，2030年达到国家标准35微克/立方米左右；而2016年则为平均73微克/立方米左右。因此，未来几年北京地区的环保治理力度将会显著加强。

（2）基建交运

城市布局的大幅度调整以及产业的搬迁转移，必然会带来城市基建需求的大幅提升，如轨道交通。《北京城市总体规划（2016年—2030年）（草案）》明确提出，2020年轨道交通里程要达到1000公里左右，而2016年末轨道交通运营线路长度为574公里，还具有74%的增长空间。

（3）地产

随着城市布局的进一步优化，重点区域的地产存在显著的升值空间。按照区域的重要性及受益空间来看，中心城区的东城区和西城区、城市副中心及其周边的通州区和北三县地产将会升值。

未来的北京空间布局将与目前状况大为不同，最主要的一点在于首都圈的成立，也就是将北京与首都圈分离开来。首都圈定位于国家层面上的政治、经济、社会、文化等各方面的中心,而现在北京的政务功能区域,将成为中央直属的功能区。在新纲领的指引下,北京将与首都圈紧密相连,其职能简化为服务与居住。

(三)京津冀经济发展的"两翼"之一:通州

通州独特的区位优势决定了它自古以来就拥有一定的经济地位。目前,通州是环渤海经济圈的核心地区。其首次被提出建设成为北京副中心的时间是 2012 年,此后的两年间,北京市政府报告中都明显提到加快通州的城市副中心建设是重点工作之一。2015 年,《京津冀协同发展规划纲要》在中共北京市委第十一届七次全会上审议通过,这标志着通州正式成为北京行政副中心。

1. 城市副中心地理范围和职能

城市副中心规划面积 155 平方公里,主要是指北京通州新城范围。而通州总面积 906 平方公里,新城只占整个通州面积的 17%。北三县包括河北廊坊市的三河市、大厂回族自治县以及香河县,总面积 1277 平方公里,人口 111.3 万。副中心与通州全区共同建设发展;同时,副中心与北三县进行协同发展,做到各项发展规划、政策与管控统一进行,即城市副中心跟通州区和北三县是核心与外围、中心与腹地的一体化关系。

城市副中心突出行政办公职能,配套发展文化旅游、商务服务。根据北京"十三五"规划的要求,环境友好、人文健康、智慧产业将成为通州行政副中心的主要特色。其主要任务集中在生态和民生保障领域,包括生态空间建设,加快配置教育、医疗、文化、体育等公共服务设施。同时,要调整退出一般制造业、区域性批发市场、区域性物流业。

2. 通州区位优势

京津冀一体化发展中,交通重要轴线为京藏、京沪、京哈、京港澳。通州独特的区位优势在于占据了重要轴线中的两条:京哈和京沪。纵观京津冀一体化的重点区域,西北轴为北京至天津,东南轴为河北燕郊、香河、三河、蓟县等。通州正位于以上两条重要轴线的交点。通州东临河北,西邻北

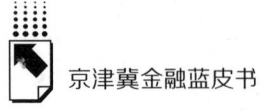

京,与天津的距离适中,此独特的区位优势决定了其在未来京津冀协同发展中的重要位置。

通州在2004年就是北京规划的三座重点新城之一,区域规划当中有大量商业服务地块用以承接北京城市副中心的功能。目前北京及周边区域之中,无论从城市功能、交通条件、城市环境还是产业基础来看,通州是各方面条件最充分和成熟的。据全球的首都副中心建设经验,一般为距离主城区50公里的半径范围,因此通州相对来说是最具有潜质的地区。

通州具有交通和产业规划的基础优势,是首都副中心的最好选择。同时,通州的基础设施建设、产业转移能够很好地辐射河北周边区域。实施通州战略规划能够带动辐射范围内的区域发展。

3. 通州定位及未来发展

未来通州的发展方向在于产业的转换与升级,主要来自北京疏解的产业资源,打造一个全新的北京CBD。产业发展中以文化创新和文化创意为主,更新媒体形式,建立全新的互联网式新媒体产业体系。

通州的战略功能定位于京津冀协同发展中的全新政治、经济、文化、服务中心。从目前住宅区域的积存体量上考察判断,通州将会是未来新北京的居住集聚区域。

通州作为京津冀协同发展的桥头堡,全新的定位和规划也势在必行。未来通州将定位于高端产业发展,打造真正意义上功能完善多样的城市副中心。与此同时,实现这一目标也需要规划、制度、交通、产业方面做出全新的变革。通州未来具体规划如表1所示。

表1 2017年通州各领域规划安排

领域	规划安排
交通	地铁7号线东延、八通线南延、17号线、平谷线2017年底全部开工,于2019年、2020年全部完工
医疗	安贞医院主体院区将迁至城市副中心,预计将于2017年底开工;首都儿科研究所及附属儿童医院拟选址建设通州院区,承担城市副中心及周边居民的儿科基本医疗服务;妇产医院将在通州选址建设新院区

续表

领域	规划安排
教育	首师大附中通州校区,计划2017年第3季度开工建设。北京二中通州分校,计划2017年第4季度开工建设。景山学校通州分校,计划2017年7月开工,2019年竣工。中国人民大学通州新校区,一期工程计划2017年下半年开工,预计2020年完成;二期工程预计2025年完成。人大附中通州学校拟于2017年完成方案设计和前期手续办理,计划2018年开工建设
民生配套	8个公园绿地完成建设改造,路城遗址公园及配套博物馆完成规划;环球主题公园占地4平方公里,已于2016年底开工,预计2020年开园
行政办公区	北京"四套班子"和市属委办局办公所在地。2016年底,首批约65万平方米办公楼主体封顶

4. 通州面临挑战及其应对措施

在京津冀一体化过程中,通州既拥有良好条件和机会,也面临着挑战。京津冀一体化进程对通州来说有利有弊。一方面通州将不再延续旧模式,产业将会升级拔高。但另一方面,怎样更好地实现产业转移和更新换代,将是通州发展必须思考的问题。

借助建设首都副中心,通州新城规划应该高于老城区规划建设水准,按照新型城镇化的理念规划建设,充分发挥联动京津冀协同发展的重要节点作用。通州作为连接京津冀的节点区域,需要实现基础设施、产业链等的同城化,要做到交通引导开发、设施引导品质、环境引导规模、产业引导人口、财税户籍相关的制度改革引导均衡,进而实现通州承担京津冀协同发展的桥头堡作用。

为了能更好地承接京津冀一体化进程,通州应该在体制和机制方面充分改革。通州应适度调整规划,在原有的行政范围内适度跨越,通过东扩使之形成跨区域的大的副中心。要避免北京"摊大饼"的模式或简单的建筑空间连接,应实现功能连接。将来的通州一方面可以满足燕郊、三河的需求;另一方面,通州产业发展还可以解决三河、燕郊的人们就业问题。

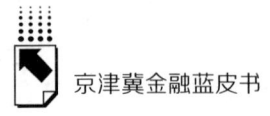

通州作为副中心，其产业结构应定位为高端，集中向高精尖方向发展，摒弃北京中心区发展低端产业和市场的老路。通州未来发展要控制制造业的规模，坚持高端化、服务化、聚集化、融合化、低碳化，重点发展现代服务业和综合性服务功能产业，大力发展生产性服务业，积极完善生活性服务业，大力发展文化创意产业。

（四）京津冀经济发展的"两翼"之二：雄安

1. 现有基础分析

（1）土地供给充足

雄安新区的现行开发部分划分了特定的区域作为起步建设区域，此类区域面积大约为100平方公里。待建设发展进入中期后，发展区域面积达200平方公里。继续深化至远期后，可控制建设的区域面积达2000平方公里。2000平方公里的土地面积为通州的两倍，接近滨海新区。河北省既拥有足够大面积的土地优势，同时又拥有区位优势。

（2）区位优势明显

北京非首都功能的主要转移区域有一定的要求，承接北京、天津、石家庄等大城市的溢出资源的同时，必须具备环境良好、距离适宜，交通便利等特征。雄安新区的范围多属保定市内，而保定历来有"京畿重地""首都南大门"之称，区位优势显著。加之雄安新区是京津与保定的腹地，更突出了其区位优势。雄安现有的交通基础设施较为完好通畅，具备多条铁路与高速公路，与京津、石家庄等大城市之间的车程大约为半小时。保津城际铁路白洋淀站，每天有10趟列车开往保定方向，15趟列车开往天津方向。

（3）资源承载能力较强

雄安新区的水资源丰富。雄安新区所围绕的白洋淀，是华北平原极为珍贵的湖水资源。作为华北平原最大的内陆湖，白洋淀拥有146个大小不一的湖泊，连成了一片面积达366平方公里的湖泊群，其水源来自太行山的9条河流。除此之外，雄安地区拥有丰富的地热资源，污染较小、成本较低，在新区环境友好型建设中将会发挥重要的作用。储存量高达4亿立方米的天然矿泉水资源同样为雄安新区的建设锦上添花，这是继长白山水资源及西藏冰川之外又一储量丰富的天然矿泉水资源集聚区。雄安新区坐拥白洋淀，可满足区域生态用水需求。

（4）现有开发程度较低

相比原有城市基础的区域，雄安开发起步较晚，人口聚集程度较低，具备充足的建设发展空间，这些构成了建设起点、标准双高的开发区的根基。对其进行新区新城建设，社会成本会有效降低，并且能够减少原有城市格局对现代城市理念与规划落地的制约。

（5）拥有一定的产业基础

在国家政策助推下，雄县、容城、安新三县经济发展将直接受益于雄安新区设立，其优势产业将会发挥最大作用成为带动雄安发展的经济增长产业。三地优势产业如下：1）雄县优势产业包括水资源、油气、地热；2）容城县优势产业包括服装业、机械制造、汽车零部件、箱包、毛绒玩具、食品加工等；3）安新县优势产业主要为旅游。除此之外，雄县、容城、安新三县区域内的土地价值将直接受益于雄安新区的建设。

2. 发展规划

（1）雄安在"一体两翼"中的意义

从区域关系上来讲，雄安新区建立之后在京津冀地区构成了北京"两翼"当中的"一翼"，北京主城区的一个翅膀是北京的城市副中心——通州，另一个翅膀就是雄安新区，形成了主城区加两个翅膀的格局。

雄安新区在"一体两翼"中的意义在于它跳出北京去规划建设一个新城。从立足于区域关系的角度，这提供了一种在大格局下探究城市发展建设的新构思。在中国，城市是在行政区划范围之内的，和行政区结合密切，由此看来，雄安新区的意义非常突出。它是一种跳出北京去解决城市问题的思路，一方面对北京的城市功能疏解有意义，另一方面对雄安新区的发展也有意义。所以雄安新区的未来不是孤立的，是和北京的主城区以及副中心，同时和周边大城市紧密结合的。因此，这是一个在大格局下去推动新城新区发展的思路，极具独特性。

（2）有计划分步骤推进建设

合理有序地推进建设包括初始起步区的预征、拆迁工作，重点地区的安置房建造、交通工程的打造等一系列重点工作。在重要功能的承接工程中，力争与基础设施建设协同进行，尽早实现部分成果。要严格规定开发边界线，充分、高效利用土地，避免大面积的房地产开发，禁止违规建设，避免周围地区哄抬房价、炒房等一系列违法行为。控制周边地区的人口。禁止以建设为由破坏白洋淀区的周边生态环境。为拥有一个良好的建设环境，要注意维护搬迁群众的合理利益，加强他们的思想教育工作。

（3）加快机制体制改革创新

加强河北省的行政体制改革，管理机构设置科学有效。在雄安新区的行政建设上，要简化行政手续，提高行政效率，统一行政管理，把管理权限充分赋予雄安新区的行政机构，加强雄安新区的行政服务水平。创新融资筹资方式，让市场成为主导。在涉及金融、财政、土地方面，做好政策的配合和指导。对关键领域和行业，可以在改革中建立实验点，推广先行先试，取得有效成果后扩大范围至整个新区。

（4）统筹区域协调发展

建设雄安新区之初，就应做好规划战略。重视与京津地区的交流与融合，重点在于找到与北京中心城区、城市副中心的功能差异性，树立自身特色。重视雄安在"一体两翼"中的积极作用，在对河北其他地区的辐射带动中，在经济、文化城乡一体化的协调发展中，乃至在整个京津冀协调发展的进程中，雄安新区都扮演着重要角色。

（5）发挥金融的支持作用

就雄安目前金融发展状况而言，与"一体两翼"中其他城市相比，金融资源较为缺乏，且分布不均，金融支持实体经济发展方面效果较差。金融协调发展同产业协调发展不同，转移协同程序较为复杂。所以，对雄安而言，金融发展与其他地区不协调成为其在"一体两翼"中发挥作用的最大短板。在金融领域实现协同是共享金融的内涵反映。目前应合理评估三地金融实力，借助高科技与互联网，加大金融对京津冀协调发展的支撑作用，重点支持生态友好型产业和资源环境的协同优化。充分发挥三地的比较优势，实现三地共赢。

"一体两翼"的金融腹地——雄安应积极主动接收北京的金融溢出资源，吸纳优质金融机构，承接北京金融业的转移，创造健康的金融环境，吸引金融研发中心和金融数据中心来雄安落户；与北京核心金融机构展开合作交流，学习其优秀的金融管理技巧和文化，吸收科学的金融运营经验为己所用，促进金融服务水平的提高。在此基础上，提高雄安整体的金融实力，并促进雄安新区的整体经济建设。

除此之外，雄安应找准差异性定位，构建雄安金融港，着力提供技术信息的服务；积极转变传统金融的服务模式，发展线上金融服务，增强用户的体验感；建设升级金融服务中心体系，发挥联动功能；集中自身的优秀金融资源，打造健康的金融生态环境。

（6）增强金融服务基础设施的建设

加强金融机构对金融服务基础设施建设的创新，构建属于雄安地区特色的政策支撑体系，并提供国家专项资金支持。构建全新的金融信息交流平台，创造健康、完善的金融发展环境，重点在于促进雄安地区的数据平台与信息管理系统平台的建设与改造完善。同时，加强相关法律的制定，为雄安新区金融业的快速、健康发展提供法律上的保障与支持。

（7）增加金融服务覆盖版图

金融业的发展对实体经济的发展有着难以替代的支持和贡献。雄安新区处于建设初期，其内部企业的发展需要金融机构提供一定的资金支持。金融需求主体多样，从工农建设到高新技术开发区的建设、农民合作社的建设都离不开金融业的支撑。面对巨大的金融需求，雄安新区的金融机构应加强对内部产业发展的支持力度，扩大金融机构服务的覆盖面积和版图。立足京津冀协同发展的时代背景，雄安新区的金融机构应加强与周边地区金融机构的交流与合作，使其充分发挥在"一体两翼"中的作用和贡献。

（8）加强金融产品创新

雄安新区应充分评估自身的经济实力与金融发展状况，制定符合自身发展的战略和发展目标,立足原有根基的前提下,提高自身的金融实力;丰富金融工具的类别,创造合理的金融产品,如增加保险类别和种类、拓宽保险人群、丰富证券化产品;增强金融业的活力,加强金融交易范围和频率,提高金融市场的交易效率,从而深入拓展金融市场的广度和深度;提高投资的吸引力,从而达到金融业平稳健康发展的目标。

(9)提高金融业的管理能力

雄安新区的发展搭载京津冀协同发展的专车,必须抓住千载难逢的机遇,积极应对挑战。这无疑对雄安新区的金融从业人员的专业性提出了更高的标准,雄安新区要打造自身的金融人才建设培养基地,积极吸纳海内外优秀的金融从业人员,建立灵活多变的金融从业人员激励制度。在此期间,要符合"一体两翼"中的政策,加强与京津冀其他地区的金融从业人员的交流与沟通,发现金融发展的新活力和新血液,在提高金融业发展效率的同时,保持雄安新区金融发展的动力与活力。

三 京津冀协同发展新动力:雄安新区与滨海新区双轮驱动

(一)明确角色定位

1. 滨海新区

2006年5月26日,国务院正式批复天津滨海新区为全国综合配套改革试验区,这意味着天津滨海新区在建设国家经济区的征程中又迈出重要的一步。天津滨海新区的功能定位是积极参与京津冀协调发展的进程,功能区不仅服务于环渤海地区,还要辐射到"三北"地区,乃至东北亚地区。其建设目标是成为我国北方地区的对外开放的门户、航运中心、国际物流中心、科技研发基地和高级的现代制造业基地。2009年11月,经国务院批准,天津市调整部分行政区划,在原有的塘沽、汉沽、大港区的基础上新设滨海新区,至此滨海新区成为正式的行政区划建制。目前,滨海新区总人口约300

万,核心区建成区大约260平方公里,工厂、商场、学校、火车站、公交、轻轨等基础设施一应俱全。2017年4月,最新发布的"两规修编"中对滨海新区有了重新的定位,即在建立金融创新运营区、国际自由贸易示范区和基地、京津冀协同发展示范区、先进制造和研发创新基地的基础上,向国际化、创新型的生态宜居海滨城市发展迈进。

2. 雄安新区

雄安新区作为承接北京非首都功能的重要转移地,具体的定位包括以下几方面。

生态环保绿色新城区。习近平总书记强调指出,绿色发展是建设雄安新区的必要条件,也是建设生态文明新城区的要求。在建设雄安新区中,要坚持保持生态环境与开发新城区相协调,以生态标杆为目标,杜绝高楼林立密集的情况;要注重建设与生态绿地的合理搭配与安排,在综合考虑绿色生态环境的基础上,确定新区合理的规模,始终坚持"生态、科技、智能、宜居"的发展方向,把雄安建设成绿色、和谐、低碳、环保的新城区,不仅要保持山清水秀的生态环境,还要在此基础上实现人和生态协调发展、生产活动高效有序、生活空间舒适宜居,把雄安打造成美丽的家园。

创新驱动引领区。习近平总书记强调指出,建设雄安新区,不是要走传统的工业聚集发展的老路,要在建设中注重创新,要把新区打造成改革先行示范区。在新区的建设中,坚持制度创新、科技创新,加快推进创新环境的改善,以创新作为雄安新区建设的基石,通过科研院所、高校和科研人员的聚集,并在吸纳京津创新资源的基础上,加快创新的生产转化,使创新驱动发展。要打造一批高科技企业,重点在于营造良好的创新科技载体,建设产城融合、科技研发聚集、创新成果转化的改革先行区,使雄安新区成为京津冀协同创新的重要组成部分。

协调发展示范区。习近平总书记强调指出,雄安新区对整个河北有重要的辐射带动作用,所以其在促进城乡协调发展、社会与经济协调发展、资源与生态协调发展的进程中扮演着不可忽视的角色。雄安新区在承接北京非首都功能的转移、天津和石家庄城市的"瘦身"中发挥重要作用。雄安新区

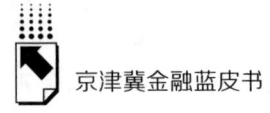

要发展成为生产要素自由流动、公共服务均等、资源环境可承载的区域协调发展示范区,在京津冀建设世界级城市区中提供重要的支持。

开放发展先行区。习近平总书记强调指出,在建设雄安新区的进程中,要注重使之适应经济发展新常态,在全球化的经济浪潮中前行。所以,对外开放成为雄安新区建设中不可或缺的一部分,要坚持在深层次、多领域对外开放。具体而言,雄安新区的建设要与"一带一路"的建设相适应,积极探索政府管理模式的创新,加快建立与国际贸易、投融资相匹配的制度,打造对外开放的新平台,在京津冀对外开放中发挥重要作用。

(二)依据定位找准发力点

滨海新区作为我国北方对外开放的门户、高水平的现代化制造业和研发转化基地、北方国际航运中心和国际物流中心,全区生产总值在2015年占天津全市生产总值的56%,2016年则突破1万亿元,超越了浦东新区。需要看到的是,虽然滨海新区的GDP很高,但是产业结构的发展活力仍旧不足,相比深圳、浦东新区大量的服务业企业和创业型的民营企业,滨海新区除了大量投资带来的第二产业,其第三产业较为薄弱。2016年,全区第三产业增加值占天津市国内生产总值的比重为39.5%。在新的发展时期,滨海新区应从三方面发力。一是加强实体经济。相比雄安新区,滨海新区具有实体经济发展需要的大规模的土地和成熟的配套设施,故应继续加强实体经济的发展。二是加快金融创新力度。滨海新区的定位中肩负金融创新的任务,在拥有自贸区和各类金融创新政策的条件下应进一步加快金融创新力度,与雄安新区金融科技的发展一道,共同为京津冀协同发展服务。三是加大港口发展。天津港作为滨海新区在京津冀区域内最重要的资源,滨海新区应进一步推动天津港发展成为集装箱港。

在实现与滨海新区错位发展的过程中,雄安新区应重点关注四个方面的创新。

一是发展模式的创新。围绕雄安新区建设的关键词主要有生态绿色、改革创新、产城融合等。概而言之,未来雄安新区一定是具有良好的生态基础，通过各个领域的改革创新形成的高端产业拉动、城市配套完善、公共服务齐全的新区。这是一个产业、城市、生态多元融合的新区，而非常规意义上的城市新区。

二是城市规划建设方式的创新。可以看到，在未来雄安新区建设的七大任务中，有四项与城市规划建设密切相关，即"绿色智慧新城、优美的生态环境、优质公共服务、高效交通网"。雄安新区的建设基本上是在一张白纸上绘制蓝图，这也意味着在雄安新区的规划、建设、管理等各个层面都要注重多规合一，规避"大城市病"，探索中国特大城市空间优化、功能疏解的全新模式。

三是土地利用与房地产业的创新。雄安新区一经提出，雄安三县及周边各地政府在短时期内便出台了各项房地产政策。张高丽副总理强调，"要合理把握开发节奏，坚决严禁大规模开发房地产，严禁违规建设，严控周边规划，严控入区产业，严控周边人口，严控周边房价，严加防范炒地炒房投机行为，为新区规划建设创造良好环境"。未来雄安新区的建设应跳出房地产业抬高发展成本、挤压产业空间的怪圈，试行以公租房、廉租房为主的模式。

四是体制机制的创新。七大任务中明确提出，要"推进体制机制改革，发挥市场在资源配置中的决定性作用和更好发挥政府作用，激发市场活力"。在大力推动雄安新区建设的同时，可以借助行政力量，但主要还是要借助市场的力量进行要素的疏解与流动。具体而言，要探索雄安管理的新模式，深化行政管理体制改革；探索新区投融资体制改革，建立长期稳定的资金投入机制，加强社会资本进入，加强雄安新区建设的吸引力。

（三）雄安新区的两个发展要点

1. 金融支持的加强

总体来看，两地的金融支持都是以政府为主导的，但是方式不同。雄安新区现有的金融资源远不能适应城市发展的金融服务需求。在未来的金融资源配置中，应倚重金融市场和机制建设，避免过于依赖间接融资。

（1）"超常规"的金融支持

2017年4月发布的《关于金融支持雄安新区建设的情况报告》中，对雄安新区"超常规"的金融支持主要涉及五大方面。

一是引进金融机构，打造金融资源聚集区。文件提出将积极协调中国人民银行、中国银监会、中国证监会，争取"新三板"、中国信托保障基金、证券投资者保护基金、中国保险保障基金、证券登记结算公司、中国印钞造币总公司以及其他央行直属机构迁入雄安新区；争取银行、证券、保险等金融总部或者区域总部的落户。二是设立金融机构，创建金融业"雄安"品牌。文件提出要争取设立雄安发展银行、雄安信托公司、雄安资产管理公司、雄安证券、雄安基金等一系列雄安品牌金融机构，使用金融增量撬动新区发展。三是为雄安企业上市开辟"绿色通道"。针对雄安当地企业的融资需求问题，文件提出将协调中国证监会，为雄安新区以及周边地区企业挂牌、上市开辟"绿色通道"，对首发企业"即报即审，审过即发"。此次文件中提出的"即报即审，审过即发"制度对解决雄安当地及周边地区企业的融资需求具有实质性的作用。四是创新金融政策，给予重点支持。除了股权融资渠道之外，文件还提出要在信贷投放上对当地企业给予倾斜。要组织相关银行在雄安新区开展金融创新试点，降低信贷门槛，支持新区基础设施建设。五是设立专项建设基金。在解决雄安新区建设的资金需求问题时，文件提出要成立专项基金，在争取各商业银行总行设立专项基金的同时，也希望可以单独设立雄安新区专项建设基金，投入新区基础设施建设和相关产业。

（2）绿色、开放、共享的金融支持

对雄安新区金融支持中的绿色主要体现在四个方面，一是金融要树立绿色发展理念，对高污染、高耗能行业企业，不符合环保要求的企业和项目实施限制性信贷政策，在评审上要更加严格。二是对绿色信贷和债券等绿色金融产品给予支持，推动产业转型升级，更好地服务雄安新区绿色发展。三是要充分利用媒体网络、金融论坛等渠道，加大对绿色政策的宣传力度，提供更优秀的服务条件，不断增强绿色金融的影响力。四是要引导金融机构积极探索绿色金融创新实践、提升绿色金融服务能力和水平，促使企业树立发展绿色产业的理念，支持雄安新区绿色生态宜居城市建设。

对雄安新区金融支持中的开放主要体现在两个方面，一是继续深化金融体制机制的创新,加快金融开放先行先试的步伐,创新金融服务能力,尤其在跨境投融资与人民币的使用、资本项目的扩大等方面加强制度的创新与突破。二是在吸纳境外资金和先进技术的同时,支持新区企业扩大对外投资,积极搭建金融服务平台,为国际贸易投资提供良好的金融服务。

对雄安新区金融支持中的共享主要体现在两个方面,一是推进信贷资金、金融信息、人才等要素的跨区域流动,提高区域资源配置效率,形成促进区域经济发展的合力。二是大力发展普惠金融,提高人民群众金融服务的获得感和满意度,聚焦雄安新区建设中的难点和薄弱点,区别对待、有扶有控,不断优化金融支持方向和结构。

2. 金融科技的落地

鉴于雄安新区提出之际正值我国城市化进程处于关键的变革节点,这决定了新区建设将不能再走重资本、高耗能的粗放式历史路径,而要探索新型优化开发模式。在建设发展雄安新区时,必须要加强科技特别是金融科技(FinTech)的力量。具体有以下几条实施路径。

一是从前端渠道到基础设施全方位助力智慧城市建设。雄安新区以打造国际一流智慧新城为目标,"智慧"应当是新区的立身之本、金融科技之长。在增强金融科技的力量时,一方面可以充分利用金融大数据,在利用人工智能进行分析探索的基础上,与城市整体大数据相融合,利用科技打造智慧城市。另一方面,要着眼于雄安新区的整体规划,尤其是在顶层设计的层面上,部署前端设计,并接入新区的公共服务和各类生活场景中。

二是从居民需求痛点入手,推动宜居城市建设。根据城市发展的一般规律,雄安新区的建设必将吸纳年轻且消费需求旺盛的白领人群,在满足该部分群体消费需求的问题上,金融科技可以充分对电商和用户精准画像提供帮助和支持,在消费信贷领域满足该群体的需求。另外,在新区的规划中,原有居民同样可以借助金融科技的力量享受更好的生活体验,智能投顾、电子商务,甚至大数据反欺诈都可以一试身手。

三是精准服务小微企业,打造创新之城。新区的建设离不开企业的入驻,在可以预见的将来,必定会有大量企业涌入雄安新区。金融科技可以充分利用对小微企业的创新支持模式,降低利率,优化风险。另外,还可以继续支持当地符合产业规划的传统小微企业,这就需要以供应链金融的方式切入,挖掘其数据和经济价值,继而从物流、资金流、信息流等方面对其进行全方位升级改造。

四是大力发展绿色金融,切实保护生态环境。绿色环保、生态宜居是建设雄安新区的精准定位之一,建设发展应与生态环境相协调,创新智慧城市内含了宜居、舒适的生态环境。基于此,金融科技可以发挥重要作用,可以通过对企业污染数据的收集和整理,对目标区域进行检测和监控,利用精准画像技术清晰直观地控制污染问题,不仅在高耗能、高污染的监测上有重要作用,而且为传统产业的升级改造、绿色产业的创新发展提供了有力的支撑。

五是引入沙箱监管,为新区提供良好政策环境。雄安新区可以利用金融科技充分推行沙箱监管。尤其在企业的初步筛选检查中,可适当放宽约束和标准,这不仅可以促进企业与行业的发展,而且从一定程度上降低了金融风险。从监管能力自我进步的角度来说,能够选择雄安新区这样一个行政级别较高、产业集聚且客户和地域都有所限制的地方开展沙箱监管,意义也非常重大。

(四)滨海新区对雄安新区的建设启示

自从滨海新区成立以来,其作为我国北方经济增长极的集聚效应明显增强,与此同时,滨海新区对京津冀范围内城市的辐射带动作用也明显加强。滨海新区还加强与北京疏解非首都功能对接,与京冀有关地区、中关村相关企业开展深入合作,在产业、交通、生态环境三个协同发展的重点领域取得了实质性的进展。总结来说,滨海新区的发展对雄安新区未来建设的启示主要有三个方面。

一是雄安新区的建设是国家在区域经济发展战略层面上设立的"增长极"。未来雄安新区的建设,将与滨海新区并肩担当起打造京津冀世界级城市群的重要角色,不仅可为解决河北经济发展滞后问题建立一个新的增长极,同时又可为缓解北京与天津的过载问题建立一个具有示范作用的疏解承接地。目前,雄安新区仍是一张"白纸",随着雄安新区的建设与发展,预期未来将会成为京津冀城市群第四大增长极。

二是雄安新区作为京津冀协同发展的重要节点规划，必须设立起高端、合理的产业体系。雄安新区的建设将承接滨海新区过去十年来的发展贡献，进一步促进京津冀协同发展，优化京津冀产业空间布局，未来产业发展重点不能仅是承接北京、天津低端产业，还要利用国家给予的优惠政策、特殊权限，重点承接与北京首都功能相关度低的产业环节，如高新技术成果转化落地、金融机构、高等院校以及部分政府机构、央企总部等。

三是雄安新区必须高规格、高质量地编制城市发展规划，优化京津冀城市群的城市空间布局。雄安新区作为新时期首都功能疏解的一块飞地，具有先行先试的特权，应避免以前城市出现的"摊大饼"式的建设模式，合理制定城市空间管制措施及控制指标体系来规范城市规划和建设，协调区域内建设用地指标，尤其是避免房地产企业的大量进入，处理好耕地保护与建设用地之间的关系。在未来的建设中，要认识到自身与滨海新区功能定位上的差异，合理编制城市发展规划，保证经济社会产业地理分布均衡，营造良好的城市发展空间格局。

四 发展机遇与挑战

（一）雄安新区发展初期的困境

回望历史，深圳特区和浦东新区在各自的发展阶段都曾受益于中国经济的高速增长。然而，雄安新区的建设处于一个相对不同的历史时期，其历史使命也将大不相同（见表2）。与深圳特区和浦东新区相比，雄安新区面对的是一个"换挡减速"的经济周期；此外，城镇化程度、地方政府财政和债务情况、公众对改革的预期、私企和普通民众的投资信心、金融体系的整体状况、全球化带来的机会与挑战等等都与彼时不同。在这些背景下，雄安新区的建设不能被简单理解成疏解非首都功能的基建工程乃至规模更大的房地产项目，其发展思路必须区别于过去以天量信贷带动投资进而推动GDP增长的逻辑。

表2 我国三大经济新区比较

	河北雄安新区	上海浦东新区	深圳经济特区
土地面积	起步区面积约100平方公里,中期发展区面积约200平方公里,远期控制区面积约2000平方公里	1210平方公里	1992平方公里
人口规模	113万人	547.5万人	1137.9万人
GDP规模	71亿元,过去10年年均增速为9.3%	7110亿元,过去10年年均增速为14.4%	19493亿元,过去10年年均增速为12.9%
所处城市群	京津冀	长三角	珠三角
发展定位	绿色生态宜居新城区,创新驱动发展引领区,协调发展示范区,开放发展先行区,贯彻落实新发展理念的创新发展示范区	科学发展的先行区,"四个中心"(国际经济中心、国际金融中心、国际贸易中心、国际航运中心)的核心区,综合改革的试验区,开放和谐的生态区	中国经济中心和全球金融中心,国家创新型城市,中国特色社会主义示范市,国际化大都市

资料来源：新华网。

在既没有大城市依靠，也没有港口优势的情况下，处于起步阶段的雄安新区面临不小的困境。首先，对于七大任务之一的"发展高端高新产业，积极吸纳和集聚创新要素资源，培育新动能"，雄安新区由于缺乏科教机构集聚，也没有太好的产业基础，其发展高新技术产业暂时缺乏有效支撑。对于第三产业来说，没有相应的城市发展与经济基础就会很难起步，因此雄安新区发展的起步阶段是否以工业入手仍需斟酌。反观几大经济特区和新区，大多以工业起步，后续依靠工业积累的城市人口和经济基础进一步推动第三产业发展。

其次，雄安没有港口，真正过境的仅有津保铁路，因此当地的物流优势也不突出，对于发展成本敏感型的工业也无优势。三县中，容城形成了以服装业为主、四大支柱产业竞相发展的局面。容城的服装产品涵盖西服、衬衫、休闲、棉服、运动、裤装六大系列。2016年，年产各类服装4.5亿件（套），实现产值256亿元。容城四大支柱产业中包括机械制造，汽车零部件，箱包，毛绒玩具，食品加工，是典型的市场和工业互动发展模式。安新县依靠白洋淀,在加大"旅游兴县"战略实施的同时,如何处理白洋淀里的淀中村与堤上村、实现人与自然和谐共处、维护生态与农民利益的平衡需要进一步思考。除了旅游业,安新县还有有色金属、制鞋、羽绒三大传统产业。2016年,安新县羽绒业年产羽绒服装1000万件,年产值6.7亿元;制鞋业年产各类鞋1.5亿双,年产值45亿元,已成为华北地区最大的鞋业生产基地。雄县则拥有塑料包装、压延制革、乳胶制品、电器电缆四大支柱产业,也属于典型的以轻工业为主。2016年,雄县塑料包装产业实现营业收入145亿元,位列当地四大支柱产业之首;压延制革实现营业收入45亿元,产品占据国内30%左右的市场份额。如何借助新区建设的这一轮东风,结合当地现有的产业基础,推动这些产业做大做强,是当前起步阶段需要考虑的事情。

雄安新区既有地理优势也有劣势,即基础薄弱环节,它缺乏悠久的历史文化沉淀,没有坚实的经济工业基础。反观深圳特区和上海浦东新区,都有着得天独厚的经济区位优势和雄厚的历史文化积累。另外,雄安新区能否真正承担起北京的非首都功能需要实践的检验。北京的央企、高校、政府机关等优质资源搬迁难度较大,会有一系列的利益考究乃至斗争,治愈北京的"大城市病"道阻且难。雄安新区并不能只吸引炒房客,最重要的是吸引其他地区乃至国外的人才、企业、资金。同时,是否能给予雄安新区足够的时间、支持也是一项挑战。雄安新区的雄起需要长期的重视、投入,这也是很大的考验。曹妃甸新区便是前车之鉴,它当年也是河北一号工程,可如今沦为"空城"。

(二)雄安新区面对的机遇

纵使雄安新区成立不久,面对着诸多困难及挑战,但不可忽视的是,雄安新区也同样面临着巨大的机遇。纵观国内外形势,可观察研究出雄安新区拥有内、外部发展机遇。外部机遇有如下四方面。

一是现有的优质资源格局尚小。中国的长三角和珠三角具有市场化程度高、自成体系的优势。但是,其急功近利、缺乏整体和长期布局等市场化问题也逐渐凸显，从而导致中国制造业的科技升级速度较慢。金融业的波动也使得制造业空心化严重，跨国并购失败较多，从而造成国际形象受损。所以，中国目前迫切需要建立一个全新区域，整合优势资源，扩大发展格局。这是雄安新区的机遇所在。

二是东北、西北地区的发展困境。沿海地区的制造业优势并没有实现向东北、西北等欠发达地区的梯次转移，尤其是东北地区面临制造业大退步的困境。而雄安新区的设立就是起到带动中国经济新发展的作用。

三是国家布局的长远规划。此次雄安新区的建设是党中央亲自规划布局，即希望从国家角度布局——在北京周边，又被国家直属。同时，不同于深圳、浦东等地方性新区设立，雄安新区的定位在于国家化。

四是抑制炒地皮乱象。雄安新区设立消息传出，炒房团反应迅速，各种消息甚嚣尘上。国家希望从全国视角规划布局千年大计，就一定会对炒地皮乱象有预见和对策。在未来，不仅冻结房地产政策将大范围实施，国家的逐步赎买也将有序进行。房产收归国有，一方面方便新兴企业租用，另一方面杜绝私有化后的反复炒作。

雄安新区的发展自身拥有一定的优势，第一个优势即受到国家高度重视。建设发展雄安新区，是以习近平同志为核心的党中央做出的一项重大的历史性战略选择，是千年大计、国家大事。

第二个优势是雄安新区定位较为准确。"设立雄安新区，是以习近平同志为核心的党中央深入推进京津冀协同发展做出的一项重大决策部署，对于集中疏解北京非首都功能，探索人口经济密集地区优化开发新模式，调整优化京津冀城市布局和空间结构，培育创新驱动发展新引擎，具有重大现实意义和深远历史意义"。首都北京"大城市病"非常严重，需要另起炉灶，新找一个地方作为北京非首都功能的疏解集中承载地。

第三大优势在于"雄安新区规划范围涉及河北省雄县、容城、安新3县及周边部分区域，地处北京、天津、保定腹地，区位优势明显、交通便捷通畅、生态环境优良，资源环境承载能力较强，现有开发程度较低，发展空间充裕，具备高起点高标准开发建设的基本条件"。总之，雄安新区的设立非常必要、重要，确是国家大事，对于北京、河北乃至整个中国都有着重要意义。但机遇和挑战向来都是并存的，应该既要看到优势也要对困难有清醒认识，关键就在于国家的推动和扬长避短。

五 未来之路

雄安新区的发展必须摆脱中国区域经济发展的传统逻辑。雄安新区发展的驱动力不应单纯依靠各类融资支撑的高投资率，而应该是投资率和资本收益率之间更为均衡的组合和以更高的资本收益率为特点的全新的微观经济基础。同时，当大量创新资源集中在雄安新区，而这些创新资源的供给源头来自不同渠道时，各种不同类型的创新组织可以形成集体力量，加强与行政机构的谈判能力，进而有助于创造有利于创新潜力释放的政策与社会环境。在这种情况下，既有可能在专利、利益分配等方面创立新规则或者进行先行先试，其他地方遇到的问题若能在雄安新区得到较好解决，则可以为全国在技术创新方面的改革和开放积累经验。

雄安新区的千年价值很大程度上在于其既没有既得利益者的束缚，也没有路径依赖的负担，更没有过往片面追求高速增长所累积起来的沉疴。在雄安新区的未来建设中，应以全新的发展理念主导进程，新区的规划者和建设者可以以更大的勇气和智慧去破解中国发展中已经出现和正在出现的各式各样的挑战。当新区建设能够走出一条不再依赖土地财政、房地产经济和只重规模不重投资效率的发展路径时，雄安新区就有可能破题中国经济转型和社会转型。哈耶克曾经说过，"在社会进步的进程中，没有什么是必然的，使其成为必然的，是思想。"为破题中国经济和社会滞延已久的转型，雄安新区的未来建设可以从以下几方面入手：

1. 保持市场与政府作用的平衡

中央政府通过央企力量在雄安新区建设中发挥重要作用，雄安新区未来可能会建设成为国有经济行政特区。雄安新区的建设需要市场看不见的手发挥作用，需要能够让市场在资源配置中起决定性作用的市场经济基础存在。

雄安新区位于具有强大行政约束力的首都附近，位于几次国家级大型产业城区改革并不太成功的京津冀地区，位于民营经济不够发达、民营企业影响力有限的河北省，这些无疑都会影响市场作用的发挥。而市场经济基础主要是指经济自由度、产权保护和企业家精神。如果经济自由度较低，人们没有过多的选择，束缚较多，市场活力就难以释放；如果没有产权保护，个人财产得不到法律保障，经济可持续性无疑会受到很大影响；如果缺少企业家精神，也就缺乏创新和市场活力，整个社会也就失去发展动力。因而，培育市场经济基础，让市场在雄安新区未来发展中起决定性作用，并很好发挥好政府的作用，保持市场与政府作用的平衡十分重要。

2. 形成开放的体制机制

开放就是借鉴人类文明一切有用的成果为我所用，拥抱世界，实现互利共赢。鉴于此，雄安新区应当从新区建设开始，把整体开放作为新区建设的基本要求，而不是在建区之初就设立过多的限制和束缚。开放自然有节奏问题，保持开放节奏的平衡，这是雄安新区拥抱世界、提高其开放型经济水平的必然要求。为实现这一建设目标，营造一个新的商业环境十分重要。要实现以创新驱动经济，提升经济活力，最终提升资本收益率的目标，需要一个有利于创新的公正公平的市场环境。此外，创新活力很难来自在行业中处于垄断地位的大企业，因此如何吸引更多创业者和中小企业，也是新区规划者和建设者应该思考的问题。

3. 人与自然协调发展

雄安新区的发展目标是建设国际高端的现代化城市，需要大量人口的迁入，这会带来人与自然环境的协调平衡问题。雄安新区地处京津冀大气、水环境的敏感带，紧邻白洋淀。根据预测，如果新区最终规划达到2000平方公里，全区的人口至少要超过500万，即在现有110万人口的基础上再增加至少400万人口。为应对这一现象，需要确立新的社会管理体系。众所周知，自由流动的人力资本是一个城市繁荣的基础。雄安新区建设过程中应着力改变户口对人力资本配置的扭曲，从而实现一个真正有活力的劳动力市场，进而提升创业创新的活力和成功率。

4. 平衡房价与市场活力

雄安新区提出后，炒房大军蜂拥而至，这实际是推动雄安新区发展的一大动力。无论是浦东新区建设，还是深圳特区的开发，都吸引了成千上万人前去"淘金"。为了抑制房价暴涨，需要在雄安新区建设初期做一些限定。但仍需认识到，这种限定实际上会影响市场要素的活力释放。没有活力的市场，就不能推进整体的发展。如果市场活力不能有效释放，市场的巨大能力无法显现，无疑不利于长远发展。遏制房价暴涨是必要的，但是一定要有适度的放开。具体要放开到什么地步，既能让市场参与者有积极性，同时又保持稳定健康的发展，这是一个十分值得思考的问题。在雄安新区未来的发展中，既要遏制房价又要保持市场活力。

5. 新区建设与周边地区协调发展

雄安新区要打造协调发展示范区，并对冀中南乃至整个河北省起到辐射带动作用，促进城乡区域、经济社会、资源环境协调发展，就必须与周边发展取得平衡。雄安新区的设立，应当有利于周边地区的整体发展。如应有利于石家庄、天津滨海新区、北京中关村以及京津冀整体的发展。需要注意的是，不能因为雄安新区发展而影响周边地区的发展进程。如果从整体来看，一个新区的开发却带来京津冀地区整体效益下降，这不是理想的效果，所以一定要树立整体发展的观念。

6. 建立复合多层次的金融合作协调体系

首先，要建设新的地方政府财政金融体系。新区经济建设的引擎转向资本收益率之后，将不再依赖房地产经济及由此衍生出来的土地财政。与此同时，新区政府可以考虑编制完整的资产负债表和损益表，寻求市场化的政府信用评级，并以信用评级为基础，发行地方政府债，以此改变地方政府的投融资模式。这不仅可以提升地方政府的债务管理能力，也有助于提升地方政府经济、财政和债务情况的透明性。

其次，促进社会各方协同合作。在地方政府层面，雄安新区政府必须与京津冀各地区的政府加强沟通交流，规避行政隔离弊端与地方保护的缺陷，在增强宣传的同时，加强各金融部门的合作。在金融监管部门层面，京津冀区域金融监管部门需协同联动，在充分合作的基础上，对新区的金融建设给予规范与指引。中国人民银行、银监会、证监会、保监会各派出机构间应充分交流，共同建立雄安新区金融协调监管制度，寻求雄安新区金融发展与京津冀各地金融发展的行动上的一致性。在金融机构层面，京津冀现有的部分商业银行应加大雄安地区的跨区域合作，促进机构和业务沟通交流与流动。在建设资本市场上，京津地区较为强大的证券公司可以推动雄安新区中较有潜力的企业上市，在金融领域加强合作，促进雄安新区资本市场的发展壮大。

7. 改善金融合作生态环境

金融生态环境改善的前提是拥有完善的支付清算体系。在构筑完善的支付清算体系中，可以以银行卡的支付结算作为突破口。石家庄等地的银行已经推出了跨行跨地区的免费转账银行卡。雄安地区可充分借鉴其他城市银行的做法，借助网络技术手段，实现业务和服务的创新，注重跨地区结算的质量和效率。另外，还要加强信用体系建设。完善的信用体系是良好的金融生态环境的基石，是检验金融风险的有力工具。雄安新区的金融环境的建设要构筑良好的信用体系。基于此，首先要在新区内部建立良好的信用体系，并配合金融产品的创新与业务的拓展加以实施。二是要在雄安新区内部建立统一的信用奖惩机制和措施，对信用良好的企业和个人给予部分金融便利，对信用较差的企业和个人设立相关限制。三是在全国人民银行征信系统的基础上，建立起跨地区的信用交流机制，针对不同的信用状况，统一采用相对的宣传与应对方案。总而言之，新区需要与京津冀其他地区加强信用体系的交流与合作，保证金融运营的效率与安全，给雄安新区的发展提供良好的金融生态环境。

8. 明确产业选择与定位

未来，雄安新区将建设成为"绿色生态宜居新城区、创新驱动发展引领区、协调发展示范区、开放发展先行区"，以高端制造业为先导，培育创新的生态体系，在此基础上深入发展，逐步建立生产服务业与高端制造业相融合的现代产业体系。制造业可以吸引和集纳创新要素，代表产业方向，前后关联度高,有利于培育京津冀新的增长极。具体来说,重点打造智慧城市、高新高端制造、生态等三大产业。高新高端制造业包括汽车电子与车联网、人工智能芯片与软件、网络与信息安全产品、智能制造软件、生物制造与基因工程等。

9. 创新投融资模式

首先,要塑造新的发展理念。在雄安新区的建设过程中,不能再片面强调 GDP 增长。若过分强调 GDP 增长率,地方政府完全可以依靠以债务驱动的固定资产投资去实现增长目标。在资本收益率不高的情况下,通过高投资率来实现较高增长率终究是饮鸩止渴。其次,新区建设中应该改变现有的经济政策话语体系,更强调与民众获得感关系更强的经济与社会指标评估。所以,雄安新区应探索社会资本参与多元、可持续的投融资模式。具体而言,建设雄安新区应该充分利用市场机制,推广 PPP 合作模式,吸引更多的创业者和中小企业参与到雄安新区建设当中。

北京金融发展篇

Development of Beijing Financial Sector

B.2
2016年北京金融机构发展

董 亮[*]

摘　要： 2016年，北京金融机构有效把握当前历史机遇，紧紧围绕金融服务京津冀协同发展和"一带一路"等重大国家战略，不断优化自身发展，全年金融业增加值（GDP）占本地区生产总值的18%，北京跻身国际金融中心城市之列。截至"十三五"期末，北京金融业各领域平稳发展：存款余额和贷款余额增速基本与GDP相一致，有力促进经济平稳增长；境内外上市的公司总数、公司规模仍位居国内前列，企业质量和结构不断优化升级；保险业继续保持平稳发展，保险业资产在金融总资产中的比重不断攀升，行业内部结构不断优化；互联网金融等新金融业态继续保持健康规范发展态势，金融业

---

[*] 董亮，天津财经大学经济学院硕士研究生。

为实体经济服务的效率不断提升,北京金融业对区域金融以及全国金融的影响力进一步扩大。

关键词: 北京 金融机构 金融业态 服务实体经济

2016年,在北京市经济回稳、GDP增速(6.7%)基本与全国平均水平持平的背景下,金融产业依然保持良好的增长态势。全市金融业增加值达到4266.8亿元,同比增长9.3%,较去年同期减少8.8个百分点,占地区生产总值的比重为17.1%(见图1),对经济增长的贡献率达23.8%,较去年同期减少10.6个百分点。虽然金融业增加值增速有所下降,但仍然是北京第一大支柱产业,对北京经济发展起着重要推动作用。金融业经营状况受去年资本市场剧烈波动、利率市场化带来的利差收窄的影响,与去年相比盈利水平出现较大程度下降,全市金融业经营状况呈现探底后正当回升的态势。截至2016年12月底,全市金融业总资产共计127.4万亿元,较去年同期增长13.3%;营业收入同比增长1.4%;利润总额同比下降7.1%。

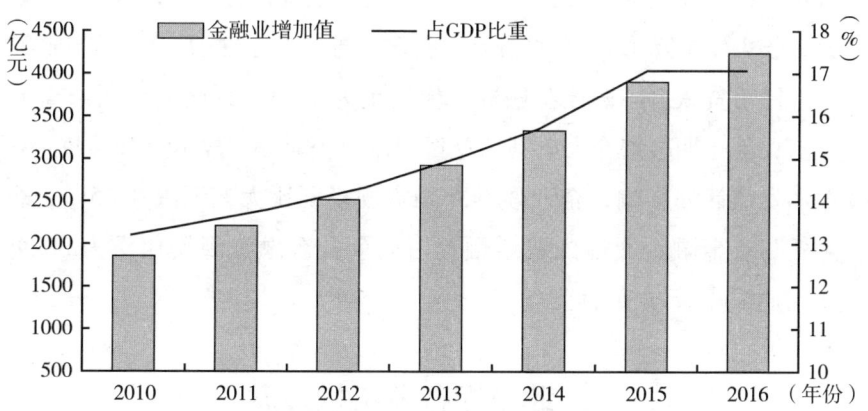

图1 2010~2016年北京市金融业增加值及占GDP比重增长情况

资料来源:国家统计局。

从各金融行业来看，货币信贷市场平稳运行，无重大金融风险暴露。截至2016年12月底，本外币存款余额总计13.8万亿元，较去年同期增长7.7%；贷款余额总计6.4万亿元，较去年同期增长8.8%。资本市场表现较为活跃。截至2016年12月底，北京在A股上市公司总计281家，总股本达到2.3万亿股，占全国总股本41.54%，总市值高达12.2万亿元，占全国全部股票市值24.1%，排名全国第一。在新三板市场挂牌企业1479家，四板为中小微企业服务累计超过4199家。截至2016年12月底，北京地区A股市场新增上市公司17家，全年通过首次公开发行股份（IPO）在A股市场募集资金共计130.3亿元，占全国IPO募集资金的8.2%。保险市场发展迅猛。全年保费收入达到1839亿元，较去年同期增长31%，保险深度和保险密度分别为7.5%和8359元/人（GDP按2.5万亿元估算，人口按2200万人估算），继续保持全国第一。新兴金融业蓬勃发展。2016年全年本市非金融机构支付服务业资产总额较去年同期增长36.4%；营业收入较去年同期增长30.6%。金融信息服务业资产总额较去年同期增长29.8%；营业收入较去年同期增长63.6%。

从社会融资规模来看，受综合民间借贷逐步规范、新兴金融业兴起以及投资者预期回报降低等因素影响，2016年北京地区社会融资规模增量达1.3万亿元，较去年下降12.5个百分点，排名江苏、广东之后，位列全国第三。其中，人民币贷款占同期社会融资规模比重为41.8%，比上年同期高10.1个百分点；受短期融资券大量到期兑付，以及企业发债成本上升导致企业推迟或取消发债计划影响，企业债券净融资规模同比大幅下降47.5%；企业债券融资与非金融企业境内股票融资占同期社会融资规模比重为38.9%，较去年同期下降15.6个百分点。

一 北京银行业机构发展

2016年北京银行业机构平稳运行，继续以服务实体经济为原则不断发展。截至2016年12月末，北京辖区内银行类金融机构为30家，其中A股上市银行10家,非上市银行机构20家。银行业金融机构资产总额21.6万亿元,同比增长9.8%;负债总额20.7万亿元,同比增长9.4%;各项贷款余额7.7万亿元,同比增长8.7%;各项存款余额14.3万亿元,同比增长14.0%;不良贷款余额453.6亿元。

辖内银行业金融机构对小微企业的支持力度不断加大。截至2016年12月末,辖内银行业金融机构小微贷款(含个人经营性贷款和小微企业主贷款)余额8815.63亿元,同比增加1089.25亿元,同比增长14.10%,同比多增503.22亿元,增速高于各项贷款5.44个百分点。

表1 2016年北京市上市银行金融机构一览

序号	公司名称	成立日期	注册资本(万元)	企业性质	总资产(亿元)
1	北京银行股份有限公司	1996	32479412	公众企业	241372.65
2	华夏银行股份有限公司	1992	3648535	公众企业	58958.77
3	中国工商银行股份有限公司	1984	1068557	公众企业	82656.22
4	中国光大银行股份有限公司	1992	1520668	公众企业	59310.5
5	中国建设银行股份有限公司	1954	35640626	中央国有企业	21163.39
6	中国民生银行股份有限公司	1996	25001098	中央国有企业	23562.35
7	中国农业银行股份有限公司	1951	29438779	中央国有企业	40200.42
8	中国银行股份有限公司	1912	8103057	中央国有企业	209637.05
9	中国邮政储蓄银行股份有限公司	2007	4893480	中央国有企业	195700.61
10	中信银行股份有限公司	1987	4667910	中央国有企业	181488.89

资料来源:中国人民银行营业管理部、北京银监局、北京市金融工作局。

辖内银行业积极支持北京实体经济发展取得较好成效。一是大力支持京津冀协同发展战略实施。辖内银行业金融机构立足区域优势互补原则,秉承合作共赢理念,通过金融服务手段切实推进京津冀协同发展战略实施。二是支持重点工程建设。截至第4季度末,辖内银行业金融机构对北京市2016年重点工程项目贷款余额1075.9亿元,共支持了65个项目,其中PPP项目15个;全年累计新发放重点工程贷款628.0亿元。三是牢固树立普惠金融价值理念,持续加大对小微企业支持力度。

二 北京证券业机构发展

截至2016年12月末,北京辖区内证券公司为18家,与2015年持平,其中A股市上市证券公司2家(见表2);证券营业部401家,相比2015年增加53家;期货公司19家,相比2015年减少1家;期货营业部93家,相比2015年减少3家;基金管理公司29家,相比2015年增加4家;管理基金725只,相比2015年增加140只。

表2 2016年北京市上市证券金融机构一览

证券代码	证券简称	省份	上市日期	上市地点	注册资本(亿元)
601198.SH	东兴证券	北京	2015/2/26	上海	27.58
601881.SH	中国银河	北京	2017/1/23	上海	101.37

资料来源:北京证监局。

在经历2015年股灾洗礼之后,2016北京证券业机构资产规模有所降低,市场活跃度显著下降。全年证券市场各类证券成交额421962.9亿元,比上年下29.3%。2015年股灾爆发造成各类机构和个人投资者巨幅亏损,大量资金从A股市场流出,使得2016股市持续低迷。股票成交额135890.9亿元,与2015年同期相比下降55.5%。基金市场也呈现低迷状态,基金成交额为36471.80亿元,与2015年同期相比降低12.7%。由于股市持续低迷,

表3 2016年北京市证券金融机构数量变化

单位:家,只

证券期货经营机构	2016	2015
证券公司	18	18
证券营业部	401	348
基金管理公司	29	25
管理基金	725	585
期货公司	19	20
期货营业部	93	96

资料来源:北京证监局。

资金纷纷流入债券市场,促使债券市场债券成交额大量增长,成交额达到240689.6亿元,与2015年同期相比增长31.9%。

三 北京保险业机构发展

北京保险业发展水平继续保持全国领先。截至2016年末,北京共有保险法人机构66家,注册资产规模达到4853.0832亿元。保险分公司103家,保险中介专业机构402家,保险法人机构、分公司和专业中介机构数量均为全国第一。其中A股上市保险机构3家,资产总额达到38721.13亿元,同比增长9.7%,营业收入达到9868.48亿元,同比增长5.3%,利润总额达到528.61亿元,同比下降37.9%;港股市场上市2家,新三板市场上市4家,区域性股权交易所上市1家(见表4)。按照北京市统计局发布的地区生产总值初步核算数据计算,保险深度7.4%,较2015年提高1.1个百分点,保险密度8467.8元/人,较2015年增加1965.9元/人,发展水平居全国首位。

表4 2016年北京市上市保险金融机构一览

单位:万元

序号	公司名称	上市状态	行业	注册资本
1	中国人寿保险股份有限公司	已上市	人寿与健康保险	2826471
2	中国人民财产保险股份有限公司	已上市	财产与意外伤害保险	1482851
3	新华人寿保险股份有限公司	已上市	人寿与健康保险	311955
4	中国人民保险集团股份有限公司	已上市	财产与意外伤害保险	4242399
5	中国再保险(集团)股份有限公司	已上市	多元化保险	4247981
6	宜信博诚保险销售服务(北京)股份有限公司	新三板	保险经纪商	5289
7	北京恒荣汇彬保险代理股份有限公司	新三板	保险经纪商	7600
8	世纪保险经纪股份有限公司	新三板	保险经纪商	5625
9	北京华谊保险销售股份有限公司	新三板	保险经纪商	1600
10	北京润昌保险代理有限公司	区域股权交易中心	多元化保险	5000

资料来源:北京保监局。

2016年，业务规模实现较快增长。全行业累计保费收入共计1839亿元，同比增长31%。其中财产险保费收入369.2亿元，同比增长7.1%；寿险保费收入共计1101.6亿元，同比增长41.6%；健康险业务共计323.2亿元，同比增长32.8%；意外险业务共计44.9亿元，同比增长19.1%。人身险公司非保险合同业务本年新增交易额共计1693.5亿元，同比增长68.7%。

服务经济社会能力持续增强。北京保险业紧密紧围绕首都城市功能定位，加快推动重点领域发展，保险产品服务更加丰富，风险保障作用不断增强。2016年，全行业赔付累计支出总额596.6亿元，同比增长17.8%。其中，财产险业务赔付累计支出总额229.3亿元，同比增长11%；寿险业务赔付支出共计280.9亿元，同比增长21.2%；健康险业务赔付支出共计72.7亿元，同比增长28.1%；意外险业务赔付支出共计13.7亿元，同比增长19.2%。行业全年累计为全社会承担风险保障235万亿元。其中，责任保险为社会各行各业提供各类风险保障共计7.3万亿元，政策性农险为8.6万户（次）农民提供风险保障258.5亿元，寿险和健康险为人民群众未来的养老和健康积累准备金4935.6亿元。

表5 2016年北京市保险金融机构保费收入与支出情况

单位：亿元

	2015年	2016年
原保险保费收入	1403.89	1838.96
1. 财产险	344.66	369.25
2. 人身险	1059.23	1469.71
（1）寿险	778.20	1101.62
（2）健康险	243.32	323.18
（3）人身意外伤害险	37.71	44.91
原保险赔付支出	506.62	596.64
1. 财产险	206.63	229.31
2. 人身险	299.98	367.33
（1）寿险	231.70	280.90
（2）健康险	56.81	72.74
（3）人身意外伤害险	11.48	13.68

资料来源：北京保监局。

四 北京新兴金融机构发展

2016年,北京市新型金融机构和新兴金融业态获得长足发展。小额贷款公司资本规模持续增加,经营规模不断扩大,有效地为京津冀区域内中小微企业提供了金融支持,对促进中小微企业发展做出重要贡献。互联网金融继续创新发展,P2P网络借贷行业迅猛发展趋势在金融监管加强的环境下有所放缓。

1. 小额贷款公司

小额贷款公司主要是服务于小微企业及"三农"等实体经济专业放贷机构,有效地弥补了传统金融服务在小微金融、农村金融方面的不足,对缓解北京市金融资源配置失衡等问题发挥重要作用。截至2016年12月底,北京辖区内小额贷款公司有96家,与2015年同期相比增加2家;注册资本总计159.17亿元;小额贷款公司从业人员1131人,同比减少58人;实收资本125.5亿元,同比减少7.8%;贷款余额142亿元,同比增长5.3%(见图2)。从2010年底至2015年底,整体来看小额贷款公司数量快速上升,贷款余额也迅速增加,虽然2016年小额贷款公司发展速度有所放缓,但仍呈现稳步上升态势(见图3)。

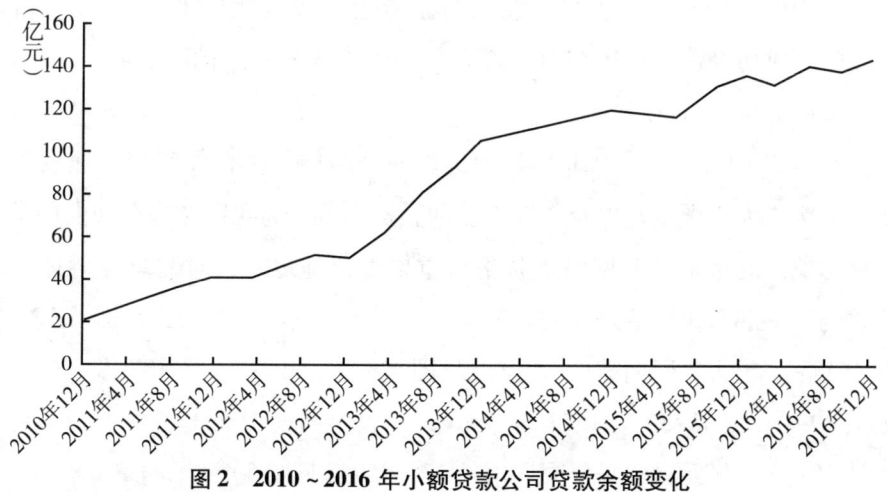

图2 2010~2016年小额贷款公司贷款余额变化

资料来源:Wind数据库。

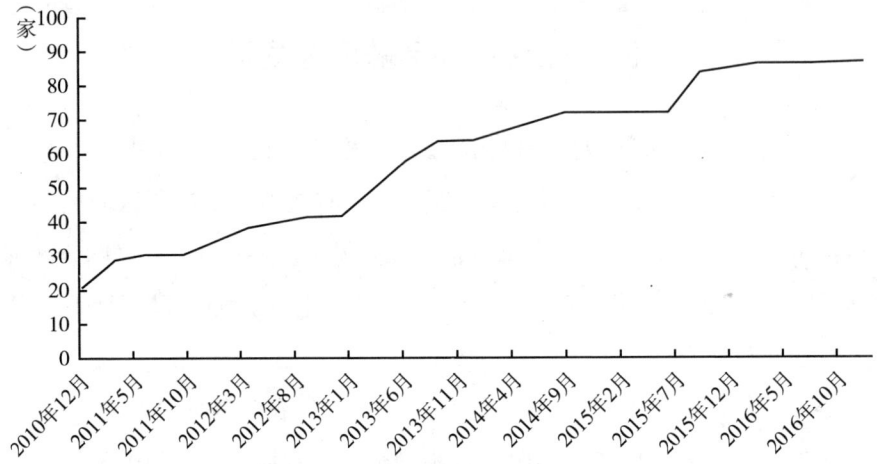

图 3　2010～2016 年小额贷款公司数量变化

资料来源：Wind 数据库。

2. 融资担保机构

截至 2016 年 12 月末，北京市融资性担保机构 96 家，与 2015 年同期相比减少 24 家；融资性担保机构注册资本 571.4 亿元，同比增加 35 亿元；在保余额 2501.1 亿元，同比增长 15.9%；全年新增的 18.9 万户企业得到了本市融资担保机构的担保支持。北京市正常运营股权融资平台 73 家，占比 25.8%，成功筹资金额达 45.17 亿元，占比 36.3%，居全国首位。

3. P2P 网络借贷平台

自从 2010 年以来，P2P 借贷为代表的网络借贷平台在我国快速发展起来，成为广大小微企业以及个人重要的融资手段，为我国经济金融发展带来积极影响。北京是 P2P 网络借贷平台重要聚集地之一，对北京金融体系的完善与发展起着重要促进作用。截至 2016 年 12 月末，北京正常运营 P2P 平台 461 家，较去年同期减少 75 家（见图 4）；出现问题平台 187 家，较去年增加 89 家；投资人数为 1557.26 万人，较去年同期增加 32.7%；贷款余额共计 30169.3 亿元，较去年同期增长 175.9%（见图 5）。

2016 年是 P2P 网络借贷平台金融监管元年，在经过 2011～2015 年疯狂

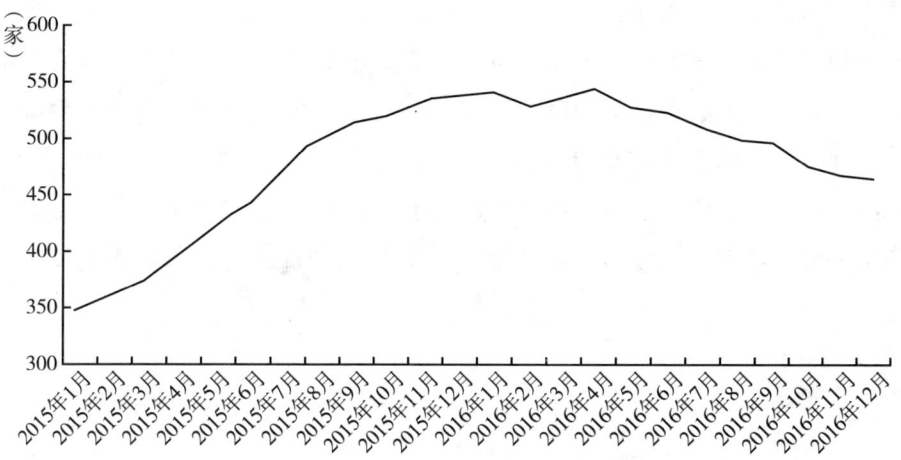

图 4　2015～2016 年 P2P 网络借贷平台数量变化

资料来源：Wind 数据库。

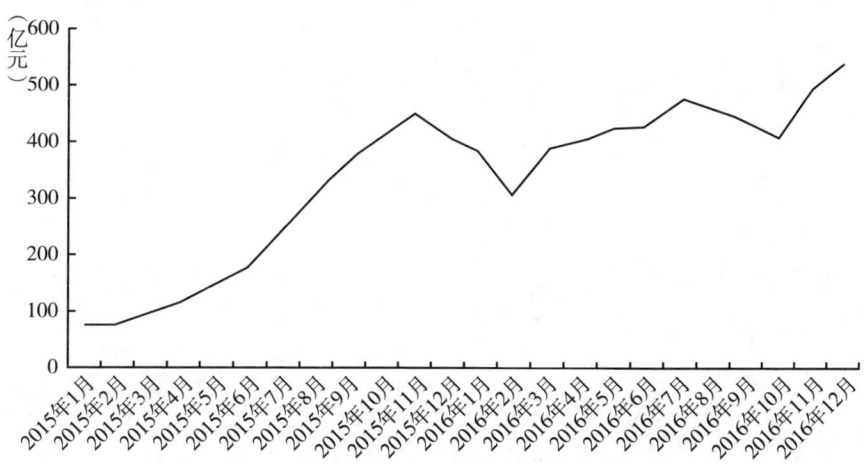

图 5　2015～2016 年 P2P 网络借贷平台贷款余额变化

资料来源：Wind 数据库。

发展的五年后，P2P 网络借贷暴露出大量风险，许多平台出现关闭、提现困难甚至跑路的现象，使得广大投资者血本无归。从 2016 年开始金融监管当局采取一些措施整顿 P2P 网络借贷，银行资金存管开始上线，要求 P2P 网络借贷的资金存放在存管银行，平台不能接触投资资金。经过2016年的治理整顿，北京市查处整治一系列问题平台，使得正常运营平台数量有所减少，但是投资人数和贷款余额出现大幅上升。可见P2P网络借贷平台经过规范和治理，降低了P2P网络借贷风险，增强了广大投资者和借款者对P2P网络借贷平台的信心。P2P网络借贷是对银行借贷体系的重要补充，促进了我国金融体系多元化发展，因此推动P2P网络借贷平台积极健康发展十分重要。

B.3
2016年北京金融市场运行

杜强 董亮*

摘 要： 2016年，北京金融市场迎来全面调整的一年，传统货币市场运行平稳，贷款与存款余额增速有所放缓；虽然上证A股市场开放IPO，但受2015年股灾的影响，A股市场仍然处于震荡调整的熊市阶段，投资者对其投资热情缺乏；北京债券市场增量和存量规模大幅扩大，市场十分活跃，且出现一定程度债券违约的风险；受股市冲击，公募基金行业发展有所减缓，但私募基金行业规模仍不断扩大；保险业与其他行业相反，迎来了急速扩张的一年，并且其规模呈现几何级增长的态势；私募股权投资市场、信托市场、租赁市场、北京股权交易市场（四板市场）全年继续保持平稳较快发展步伐。

关键词： 金融市场 货币市场 股票市场 保险市场 基金市场

一 货币市场

2016年北京市银行货币信贷运行平稳，人民币存款增长稳定，外币存款同比多增。各项贷款保持稳定增长，住户贷款全年增加较多。2016年末北京市金融机构本外币各项存贷款余额如表1所示。

---

* 杜强，天津财经大学经济学院博士研究生；董亮，天津财经大学经济学院硕士研究生。

表1 2016年末北京市金融机构（含外资）本外币存贷款余额

单位：亿元

指标	年末数	比年初增加额	增加额比上年增减
各项存款余额	138408.9	9833.6	-5415.1
其中：人民币	132791.9	9022.2	-6306
其中：住户存款	28012	1271.5	-163
非金融企业存款	50998.3	7145.5	1672.6
各项贷款余额	63739.4	5180	358
其中：人民币	56618.9	6059.4	1038.1
其中：短期贷款	17758.8	1363	61.8
中长期贷款	35340	4397.2	1766.3
票据融资	2061.2	-317.7	-842.2
其中：住户消费贷款	11796.2	2880.9	1166

资料来源：中国人民银行营业管理部。

（一）各项存款情况

截至2016年12月末，北京市本外币各项存款余额138408.9亿元，同比增长7.7%，增长幅度相比2015年12月末低了5.3个百分点。全年本外币各项存款新增9833.6亿元，同比少增5415.1亿元，其中12月当月增加108.9亿元，同比多增3349.3亿元。从2016年初开始，存款余额整体上呈增长态势，到8月达到最高值139500.58亿元，随后几个月存款余额有所减少。人民币存款同比少增，外币存款同比多增。

截至2016年12月末，全市人民币各项存款余额132791.9亿元，同比增长7.3%，增幅比2015年末低6.4个百分点；全年新增9022.2亿元，同比少增6306亿元，其中12月当月增加45.5亿元，同比多增3373.7亿元。全市外币各项存款余额809.7亿美元，同比增长9.4%；全年新增69.7亿美元，同比多增128亿美元，其中12月当月增加3.3亿美元，同比多增0.8亿美元。

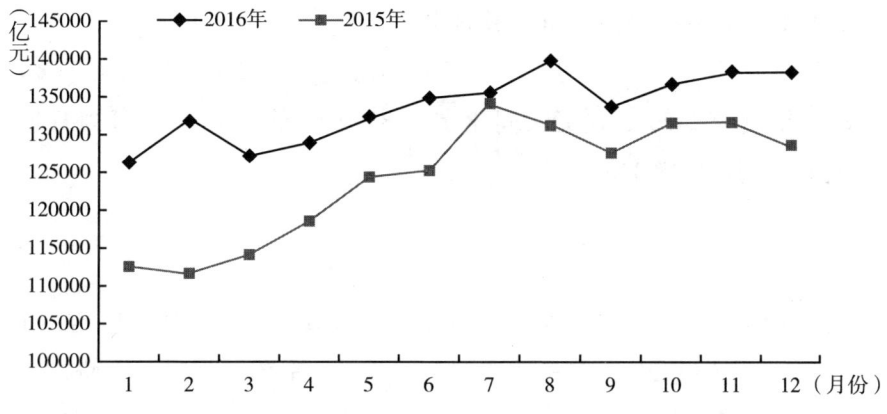

图1 2015～2016年北京市本外币各项存款余额变化

资料来源：中国人民银行营业管理部。

1. 非金融企业定期存款增加较多，广义政府存款同比多增

截至2016年12月末，全市非金融企业人民币存款余额50998.3亿元，全年新增7145.5亿元，同比多增1672.6亿元。其中，12月当月增加2095.5亿元，同比多增45.8亿元。按存款期限分，活期存款总额全年增加1930.1亿元，同比少增1824.6亿元；定期及其他存款总额全年累计增加5215.5亿元，同比多增3497.3亿元。

截至2016年12月末，全市人民币广义政府存款余额29750.9亿元，全年增加3461.7亿元，同比多增895.5亿元，其中12月当月减少2412.3亿元，同比少减384.8亿元。按存款主体分，财政性存款全年减少56亿元，同比少减679.2亿元；机关团体存款全年增加3517.6亿元，同比多增216.3亿元。

2. 全年住户存款同比少增

截至2016年12月末，全市住户人民币存款余额28012亿元，全年增加1271.5亿元，同比少增163亿元，其中12月当月增加326亿元，同比少增508.2亿元。按存款期限分，住户活期存款全年增加900.1亿元，同比少增597.3亿元；住户定期及其他存款全年增加371.4亿元，同比多增434.3亿元。

3.非银行业金融机构人民币存款减少

截至2016年12月末,全市非银行业金融机构人民币存款余额23351.2亿元,全年减少2720.3亿元,同比多减8890亿元,其中12月当月增加54.8亿元,同比多增3463.8亿元。

(二)各项贷款情况

截至2016年12月末,北京市本外币各项贷款余额63739.4亿元,同比增长8.8%,增幅比2015年末低0.3个百分点;全年本外币各项贷款增加5180亿元,同比多增358亿元,其中12月当月增加123.9亿元,同比多增479.3亿元。不同于2015年中段贷款余额迅速增长,2016年全年内贷款余额变化平稳,呈缓慢增长态势(见图2)。

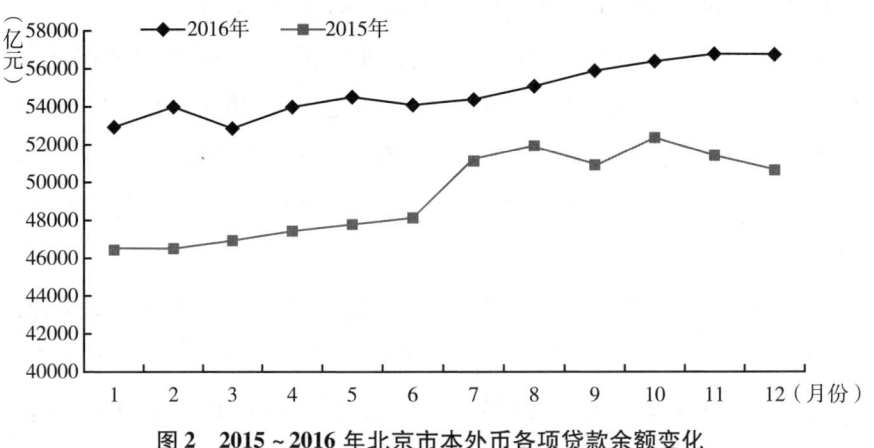

图2 2015~2016年北京市本外币各项贷款余额变化

资料来源:中国人民银行营业管理部。

1.人民币贷款增长较快,外币贷款余额下降

截至2016年12月末,全市人民币贷款余额共计56618.9亿元,同比增长12%,增幅比2015年12月末高出0.8个百分点;全年人民币贷款增加共计6059.4亿元,同比多增1038.1亿元,其中12月当月全市人民币各项贷款总额减少159.1亿元,同比少减502.4亿元。全市外币贷款余额1026.5亿美元,同比减少16.7%;全年外币贷款减少205.5亿美

元，同比多减 97.5 亿美元，其中 12 月当月增加 33.6 亿美元，同比多增 4.5 亿美元。

2. 非金融企业及机关团体贷款同比少增

截至 2016 年 12 月末，全市境内非金融企业及机关团体人民币贷款余额 41263.5 亿元，全年增加 2418.4 亿元，同比少增 387.9 亿元，其中 12 月当月增加 37.8 亿元，同比少增 366.1 亿元。从结构变化看，全年短期贷款增加 1541 亿元，同比多增 237.4 亿元；中长期贷款增加 1250.3 亿元，同比多增 405.6 亿元；票据融资减少 317.7 亿元，同比多减 842.3 亿元。

3. 非银行业金融机构贷款同比多增

截至 2016 年 12 月末，全市人民币非银行业金融机构贷款余额 1108.1 亿元，全年增加 665.2 亿元，同比多增 281.7 亿元，其中 12 月当月减少 385.6 亿元，同比少减 865.4 亿元。

4. 小微企业贷款同比多增，大中型企业贷款同比少增

按人民币贷款企业规模分，2016 年全年大型企业贷款增加 1556.5 亿元，同比少增 682 亿元；中型企业贷款增加 444.8 亿元，同比少增 73.1 亿元；小型企业贷款增加 748.4 亿元，同比多增 249.3 亿元；微型企业贷款增加 367 亿元，同比多增 165.2 亿元。

5. 住户贷款全年增加较多

截至 2016 年 12 月末，全市人民币住户贷款余额 14146.9 亿元，全年增加 2969 亿元，同比多增 1185.2 亿元，其中 12 月当月增加 195.4 亿元，同比多增 19.9 亿元。从用途看，全年个人消费贷款增加 2880.9 亿元，同比多增 1166 亿元；个人经营贷款增加 88.1 亿元，同比多增 19.3 亿。

二　股票市场

截至 2016 年 12 月，北京辖区内 A 股上市公司为 282 家，较上年增加 18 家，占全国上市公司总数的 8.7%，上市公司数量位居各省市前列。其中

沪深主板市场上市 148 家，较上年增加 9 家；中小板市场上市 48 家，较上年增加 2 家；创业板市场上市 86 家，较上年增加 6 家。从上市公司所属行业分布来看，北京上市公司行业主要集中在制造业，信息传输、软件和信息技术服务业，建筑业以及房地产业，约占北京全部上市公司总数的 75%（见图3）。其中制造业上市公司数量最多，为 105 家，其次为信息传输、软件和信息技术服务业上市公司为 52 家。

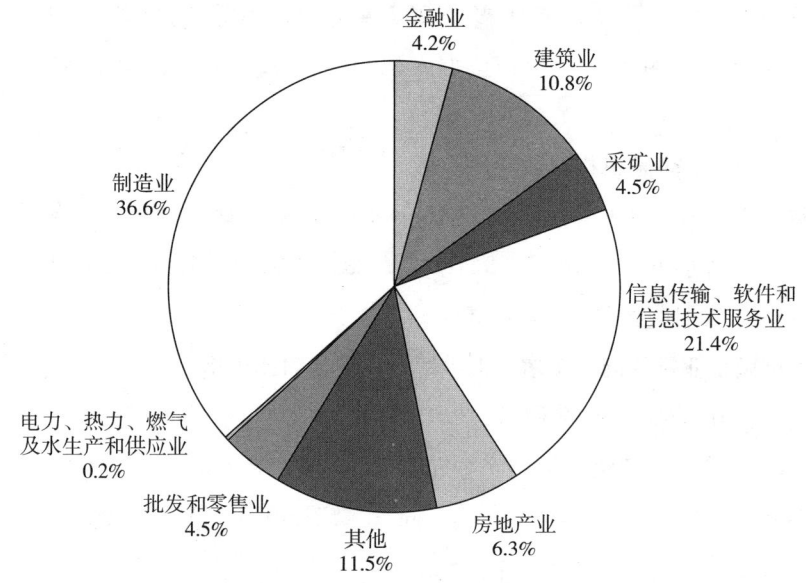

图 3　2016 年北京上市公司行业分布状况

资料来源：Wind 资讯。

经过 2015 年股灾的洗礼，2016 年股市整体处于震荡下跌阶段，股票市场表现较为平淡。截至 2016 年 12 月 30 日收盘，上证指数累计下跌 435.54 点，累计跌幅为 12.31%；深证成指累计下跌 2487.75 点，累计跌幅为 19.64%；中小板指 399005 累计下跌 1921.6 点，累计跌幅 22.89%；创业板指 399006 累计下跌 751.99 点，累计跌幅为 27.71%。北京辖区内上市公司整体表现也较为惨淡，截至 2016 年底，北京辖区内上市公司总股本为 23695 亿股，较上年增加 2.97%，而总市值为 151613 亿元，较上年减少

5.3%。可见 2016 年北京上市公司整体市值出现了不小幅度的缩水。从上市公司总利润看，利润总额为 18354 亿元，较去年仅增加 0.2%，盈利能力有所下降。

三 债券市场

债券市场的发展与开放对保障人民币国际化有效推进、完善金融市场建设、支持实体经济发展、落实"一带一路"倡议都具有重要意义。2015 年以来，债券市场双向对外开放提速，境外机构投资者进入境内市场热情较高。2016 年债券市场开放主要在便利投资者"引进来"和"走出去"方面取得进展。债券市场的不断开放大大提高了债券市场的活跃度，2016 年北京债券市场增量和存量规模大幅扩大，市场十分活跃。

截至 2016 年 12 月底，北京辖区内债券市场发行信用债券总数为 2886 只，债券余额为 80169.2 亿元。2016 年新发行信用债券 1337 只，较 2015 年同期增加 945 只。从新发行债券分类来看，同业存单占新发行债券比例最大，为 38%；其次是公司债和资产支持证券，分别占 22.7% 和 13.5%（见图 4）。从新发行债券信用评级来看，A 级以上信用债占新发行信用债券总量的 46.2%。其中 AAA 级信用债券 375 只，AA 级信用债券 201 只，A 级信用债券 42 只。整体来看北京 2016 年新发行债券信用评级较为良好，未来债券市场信用风险处于可控水平。

从 2014 年开始，债券市场打破刚性兑付，两年以来债券风险爆发速度加剧。尤其是进入 2016 年之后，企业信用债违约更是频繁发生。截至 2016 年 12 月底，发生违约债券共计 79 只，涉及发行企业 35 家，债券违约规模高达 398.94 亿元。与 2015 年全年的违约规模 117.1 亿元相比增加了两倍多。北京辖区内信用违约债券数量也急速增加，由 2015 年的 2 只增加到 2016 年的 6 只，新增违约公司性质皆为民营企业。其中违约规模最大的是中城建集团，截至目前占总违约债券 6 只中的 5 只，违约金额共计 75.5 亿元，其中"12 中城建 MTN1"和"12 中城建 MTN2"是未偿付利息，实际

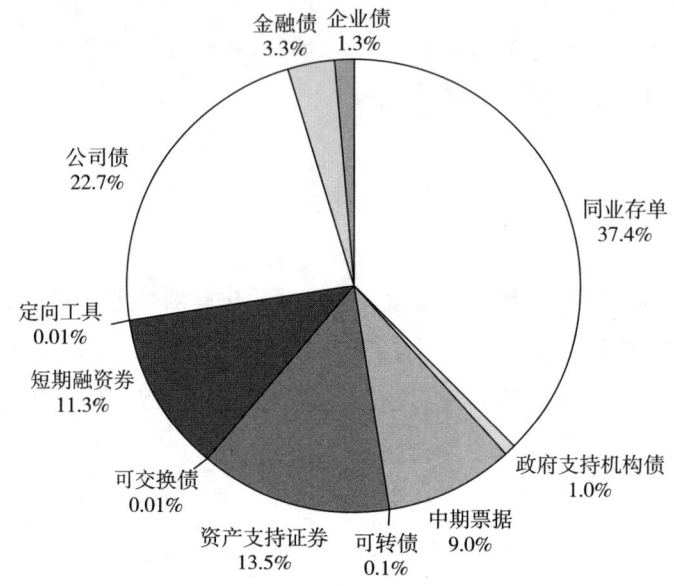

图4　2016年北京各类债券所占比例

资料来源：Wind资讯。

本金违约60亿元。此外，中城建集团尚有未兑付债券161.5亿元，这是未来可能性最大的风险隐患。

表2　北京违约债券一览

违约名称	发生日期	发行人	公司属性
14中城建PPN003	2016年11月28日	中国城市建设控股集团有限公司	民营企业
12中成债	2016年03月10日	中成新星油田工程技术服务股份有限公司	民营企业
11中城建MTN1	2016年12月09日	中国城市建设控股集团有限公司	民营企业
12中城建MTN2	2016年12月19日	中国城市建设控股集团有限公司	民营企业
14中城建PPN004	2016年11月28日	中国城市建设控股集团有限公司	民营企业
12中城建MTN1	2016年11月28日	中国城市建设控股集团有限公司	民营企业

资料来源：Wind资讯。

四 基金市场

1. 公募基金市场

截至 2016 年 12 月底,注册地为北京的且正在运行的公募基金总数为 774 只。2016 年全年新成立公募基金 247 只,相比 2015 年全年新成立公募基金 157 只,增加 61.2%。由于 2015 年 A 股股市低迷,大盘指数震荡下跌,且投资基金很大一部分投资股票市场,所以尽管投资人新成立公募资金的热情高涨,但是 2015 年已成立基金净值跌幅较大(7.72%)。

从公募基金投资类型(一级分类)看,六大类投资基金都有注册地为北京的投资基金参与。其中混合型基金数量最多,为 302 只,其他依次是债券型基金 195 只、股票型基金 111 只、货币市场型基金 105 只、国际(QDII)基金 208 只、另类投资基金 45 只(见图 5)。从 2016 年新成立基金

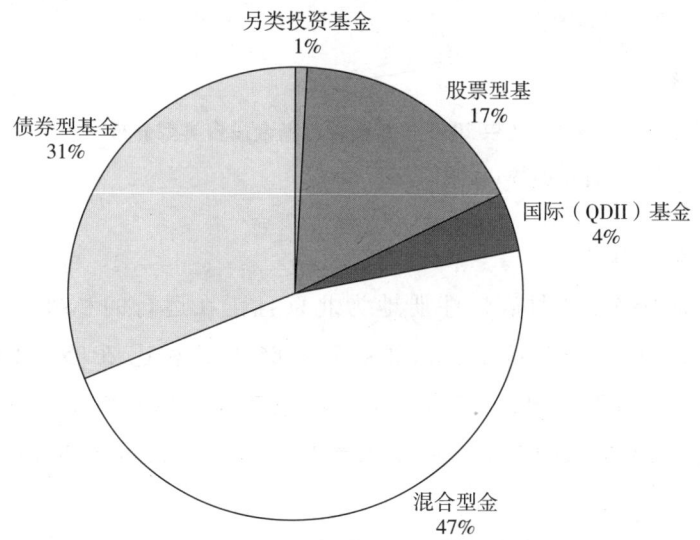

图 5 北京 2016 年现有公募基金投资类型分布

资料来源:Wind 资讯。

类型来看，数量最多的依然是混合型基金，为112只，这是由于混合型基金的投资组合中既有成长型股票、收益型股票，又有债券等固定收益，这样的分散投资可以有效降低投资风险，使收益率更加稳定，从而备受市场青睐；2016年新增股票型基金数量增加较少，仅为15只（见图6），这与2016年股票市场低迷、投资者对股市缺乏投资热情不无关系。

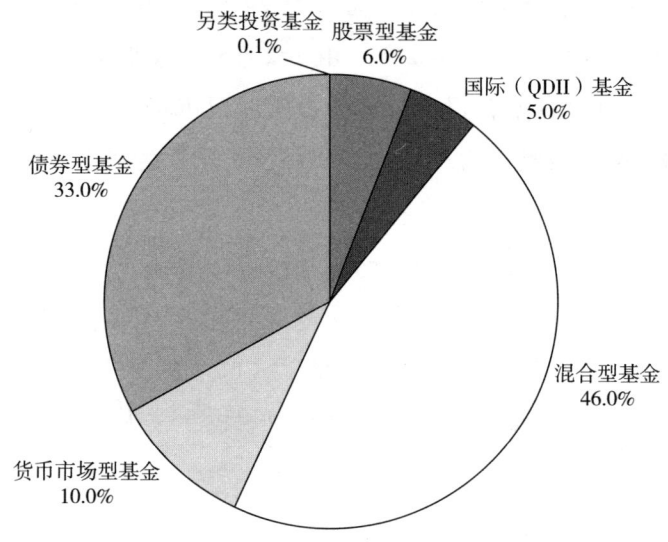

图6　北京2016年新增公募基金投资类型分布

资料来源：Wind资讯。

2. 私募基金市场

截至2016年12月底，注册地为北京且正在运行的私募基金总数为5843只。2016年全年新成立私募基金2486只，相比2015年的2367只增加5%（见图7）。从2014年开始，北京新成立私募基金数量呈井喷态势，尤其是2015～2016年新成立私募基金，更是以每年2000只以上的数量增加。

从现有私募基金分类（见图8）来看，股票型基金占比最大，为71%；其次是债券型基金（占比为14%）、另类投资基金（占比为9%）、混合型基金（占比为5%）、国际基金（占比为1%）。从2016年新成立私募基金分类（见图9）来看，股票型基金比例仍然最大为76%；其次是债券型基金（占比为13%）、混合型基金（占比为6%）、另类投资基金（占比为4%）、国际基金（占比为1%）。

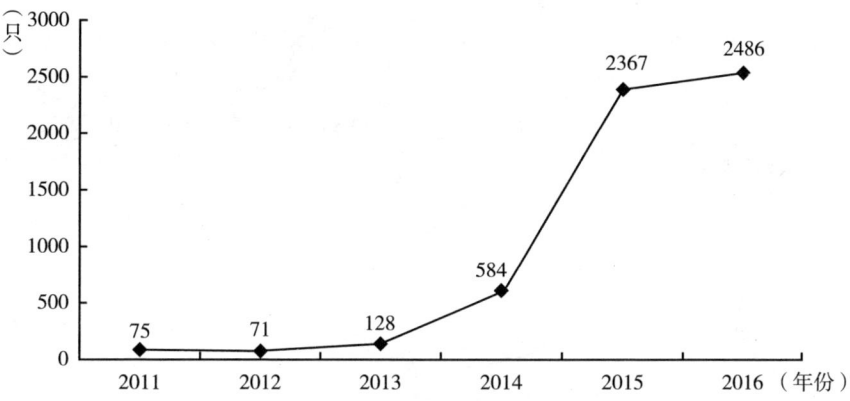

图7　北京现有私募基金数量历年变化

资料来源：Wind资讯。

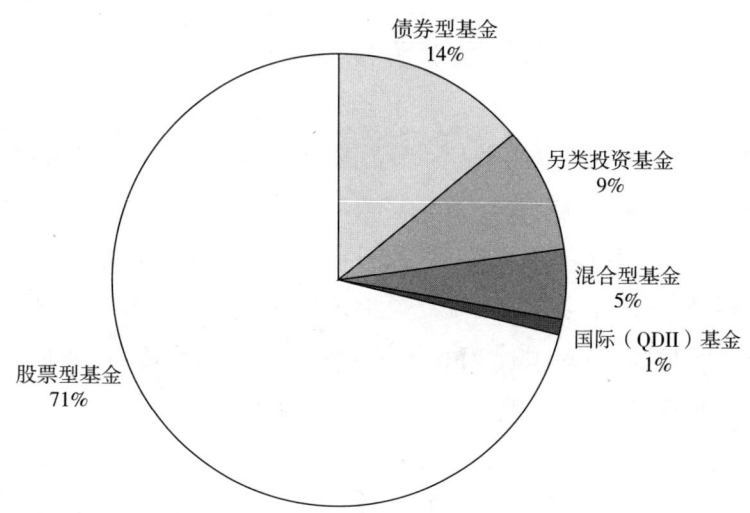

图8　北京2016年现有私募基金投资类型分布

资料来源：Wind资讯。

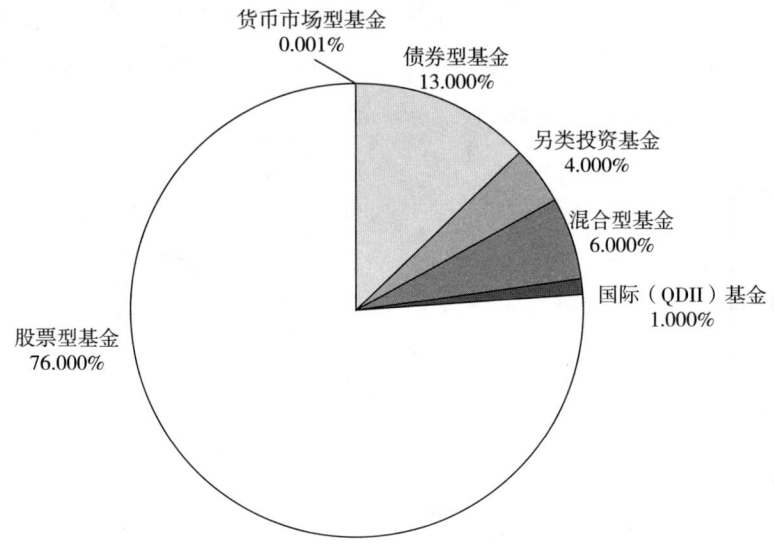

图 9　北京 2016 新增私募基金投资类型分布

资料来源：Wind 资讯。

五　私募股权投资市场

2016 年，北京地区私募股权投资行业规模迅速扩大，无论是募资规模还是投资规模，都为历史最高值。其中，增长幅度最大的为募资指标。据数据统计，在 2016 年下半年，多家优秀投资机构管理人均完成了规模在 10 亿以上的基金募集，有的募集基金规模更是达到百亿级。截至 2016 年 12 月末，北京 PE 指数为 124.00，环比增长 4.88%，同比增长 11.05%。总体来看，北京 PE 指数在 2016 年下半年延续了上半年的探底回升走势，并且逐步突破近年来历史新高（见图 10）。

从指数分项指标看，2016 年下半年募资指标为 126.07，环比增长 9.03%；投资指标为 121.25，环比增长 2.64%；退出指标为 134.33，环比增长 5.51%；信心指标为 120.50，环比增长 3.88%。与募资指标的大幅增长相比，投资指标和退出指标增长相对平稳。根据调研机构数据，投资市

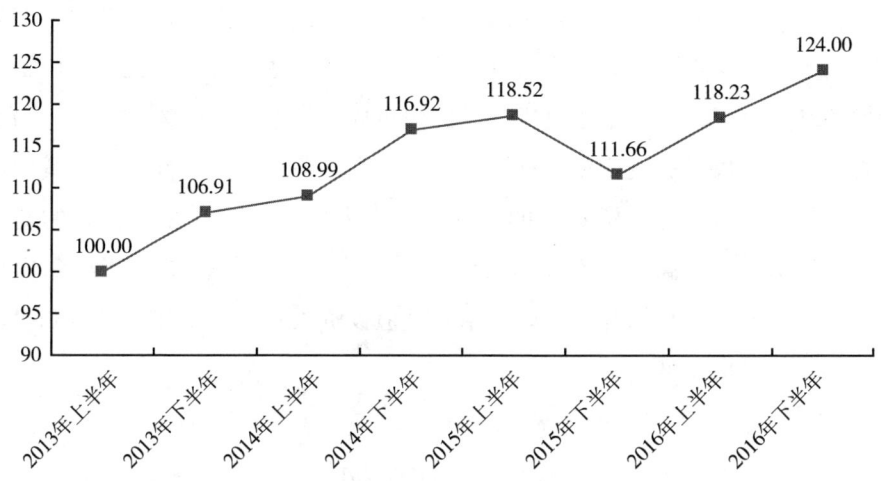

图10 2013~2016年北京现有私募股权市场PE指数

资料来源：Wind资讯。

场规模总体上小幅上涨，其中VC机构平均投资规模下降，PE机构平均投资规模上涨。VC机构投资的企业偏早期，投资风险相对更大，而PE机构投资的企业相对成熟，从机构数据上看，其投资规模并未受经济不确定性影响，下半年并购投资、PIPE投资案例的增多在一定程度上使得PE机构投资规模呈上涨态势。退出指标环比增长5.51%，为近期最大增幅。PE/VC退出环境不断完善，退出渠道多元化，特别是"新三板"企业挂牌数量的增加，为退出指标的良好走势提供了有力支撑。从信心指标上看，2016年下半年募资、投资、退出市场的持续向好给投资人带来了信心的增长。机构投资人对未来半年行业总体评价较上一期微涨，达到1.0，即认为行业未来半年会保持平稳发展态势；而机构对自身业务评价和对被投企业运营情况的未来半年评价都维持在乐观水平，分别达到了1.6和1.8；对于未来募资情况的预期，机构投资人较谨慎，虽相比上一期募资预期分项指标有所增长，但仍然在1以下；而对于投资预期，投资人认为适合投资项目的时间在3~6个月，对未来半年可投的项目数量持谨慎态度。

2016年下半年市场的数据表现和投资人对未来半年募资、投资预期的反差，主要缘于投资人对于未来激烈市场竞争的预期。随着市场升温，部分国有资本通过参与设立股权投资基金进入市场，一些优秀投资机构完成了大规模的基金募资，其中不乏优秀VC机构布局PE基金、并购基金。市场参与者增多，股权投资机构多元化布局，市场竞争愈加激烈。同时，募资的快速增长带来了市场可投资本量的上涨，在未来可投资项目相对稳定的情况下，市场估值会走高，投资成本预计增加。因此，虽然2016年下半年市场募资、投资、退出数据都有很好的增长，但投资人对未来半年的募资和投资预期还是持谨慎态度。

六 信托市场

截至2016年12月底，北京信托市场共有信托公司11家，占全国68家的16.2%，信托市场规模位列全国第一。中国信托网根据全国信托公司年报中的财务和业务信息以及行业统计数据进行测算，2016年北京信托行业总净资产达到809.8亿元，营业收入达到173.6亿元，净利润为93.8亿元。其中中信信托在全国信托公司综合实力排名中以215.56的总分上升到第一位（见表3）。

表3 北京信托市场现有信托机构全国排名

机构名称	得分	排名	上年排名
中信信托	215.56	1	3
民生信托	124.59	14	47
中诚信托	116.43	16	10
外贸信托	99.13	22	13
北京信托	98.69	23	19
金谷信托	81.68	37	62
国投信托	77.80	40	28
英大信托	76.54	43	34
华鑫信托	74.98	46	39
中粮信托	63.47	59	55
国民信托	60.62	60	59

资料来源：中国信托网。

供给侧结构性改革为北京信托行业2016年的新发展和深层次调整打下了良好基调。现如今北京信托业务结构更加合理,事务管理和投资功能逐渐提升,资产主动管理能力进一步加强,资金供给端和需求端更加匹配。信托目前是金融市场中一种较为有效的融资渠道和具有较高收益的金融产品,越来越受到投资者关注,吸引了越来越广泛的投资人群。信托行业今后经营范围的进一步扩大、新一轮城镇化发展促进地方融资的扩大,以及高净值投资者逐渐多元化的投资理念,都将积极地推动信托业的快速发展。

七 租赁市场

2016年北京融资租赁企业的经营业绩取得了较大增长。截至2016年底,全市216家融资租赁企业的总资产达到2775亿元,同比增长24.7%;缴纳税收22.6亿元,同比增长37.8%;资金投放额1411亿元,同比增长19.1%;从业人员5429人,同比增长2.5%。其中外资融资企业总收入为135亿元,同比增长23.9%;税前利润33.7亿元,同比增长12.7%;缴纳税收18.5亿元,同比增长44.5%。2016年北京租赁行业信用建设取得了可喜的成绩。经北京市租赁行业协会向央行征信中心推荐,已有20家北京注册的融资租赁企业获得了接入央行"企业金融信用信息基础数据库"资格。

2016年《北京市租赁行业协会企业年度评测办法》对申请测评的企业进行测评,发布了2016融资租赁10强企业名单。这10家企业的经营业绩含金量十足,他们的总资产为1220亿元,占全部216家融资租赁企业总资产的44%;缴纳税收为11.3亿元,占全部税收的50%;资金投放额为631亿元,占全部投放额的45%;税前利润为21.6亿元,占全部利润的56%。北京地区10强融资租赁企业的平均总资产达到122亿元,平均缴纳税收为1.13亿元,平均资金投放额为63.1亿元,平均税前利润为2.16亿元。获得融资租赁10强企业前三名的是丰汇租赁有限公司、中建投租赁股份有限公司、中国康富国际租赁股份有限公司。

2016年全年北京融资租赁行业性、系统性风险防范工作做得比较好。北京市商务委员会加强了对融资租赁企业的监管工作，组织了两次针对内、外资融资租赁企业的风险排查活动。通过风险排查，摸清了融资租赁企业风险防范的现状，纠正了少数企业风险防范中的不当做法，协助企业弥补了风险漏洞，增强了企业的抗风险能力，从而降低了出现行业性、系统性风险的可能性。另外，通过督促企业按时准确填报"商务部全国融资租赁企业信息管理系统"，北京市的填报率和准确率一直处于全国领先地位。

八 北京股权交易市场（四板市场）

自2013年12月28日北京股权交易市场成立至2016年9月底，中关村股权交易服务集团累计服务中小微企业超过3759家，场内3759家企业分别在标准版、大创板、孵化板、科创板登记托管和挂牌。其中孵化板挂牌企业数量最多，为2812家，占全部场内挂牌企业的75%；登记托管企业823家，占22%；标准板挂牌企业95家，占3%；大创板挂牌企业17家，占0.4%；科创板挂牌企业12家，占0.3%（见图11）。

服务投资者8293户，其中普通户7849，交易个人户323户，交易机构户121户。管理会员机构195家，其中投资管理公司72家，律师事务所47家，会计事务所31家，银行16家，证券公司6家，其他会员和专业服务机构19家。累计办理股权转让2132笔，涉及金额239.56亿元；办理股权增资623笔，涉及金额64.90亿元；备案私募债券36支，涉及金额48.58亿元。帮助企业实现各项融资113.54亿元，其中股权融资66.49亿元，债券融资42.67亿元，路演融资3.63亿元，股权质押融资0.7亿元。

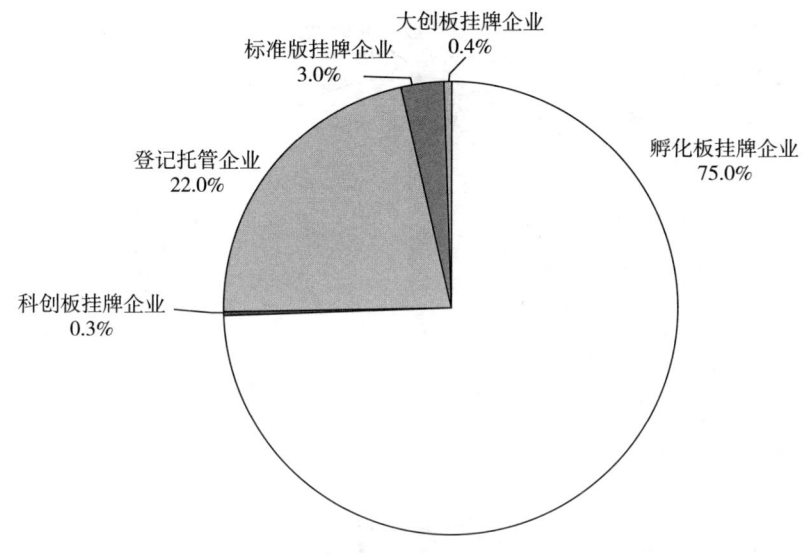

图11 北京现四板市场挂牌类型分布

资料来源：Wind 数据库。

截至 2016 年 9 月底，北京四板市场累计发生股权转让 2132 笔，转让股本 94.62 亿元，成交金额 239.59 亿元，均价 0.95 元。转让方式包括线上交易与线下过户（以协议转让为主）两种，其中可线上交易股本占比 2.1%。在场内 3759 家企业中，共有 70 家托管企业已核准在全国中小企业股份转让系统（新三板）挂牌，其中 62 家的股份已由北登中心转至中国证券登记结算有限责任公司登记存管。

北京四板市场作为资本市场新起点、小微成长大引擎，紧紧围绕创新驱动发展战略，密切配合各级政府，以区域性股权市场建设为根本，以深度融入中关村为载体，以多层次资本市场联动和区域间战略合为两翼，以资管、投行和培训为战略支点，统筹资产经营与资本运营，在严控风险的基础上进一步激发市场活力，为中小微企业快速成长、规范发展提供全方位的初级资本市场服务，全力服务实体经济，为首都构建"高精尖"经济结构、助推京津冀协同发展、推进供给侧结构性改革、促进"大众创业、万众创新"不断做出新贡献。

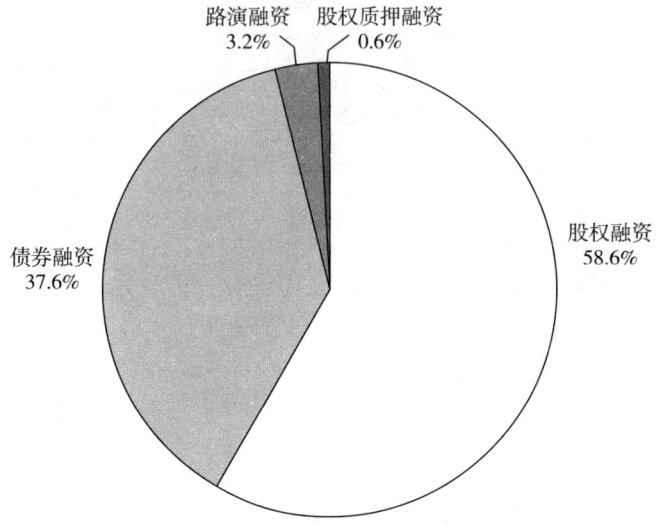

图12　北京现四板市场融资类型分布

资料来源：Wind 数据库。

B.4
2016年北京金融改革创新

王学龙 董 亮*

摘 要： 2016年，北京金融业继续坚持改革创新的发展道路，始终坚持贯彻十八大以来重要会议精神，按照"四个全面"战略布局，贯彻"创新、协调、绿色、开放、共享"的发展理念，推动金融供给侧结构性改革，提高金融服务实体经济效率；深化北京金融业对外开放合作，融入新的国际金融格局；充分发挥北京银行的行业平台作用，积极助推首都实体经济发展；推动京西基金小镇崛起，开启基金业生态圈新模式；加速京津冀协同发展，开拓一体化新进程；积极开展非银行支付机构风险专项整治工作，切实保护消费者权益。

关键词： 北京 服务实体经济 金融供给侧 京津冀协同发展

一 发挥银行的行业平台作用 积极助推
首都实体经济发展

1. 银行业发挥行业平台和纽带作用

2016年，北京市银行业致力于发挥行业平台和纽带作用，引导辖区内各银行机构紧紧追随国家政策导向和改革发展步伐，创新发展，严控风险，积极服务和助推首都实体经济发展。围绕支持供给侧结构性改革这一重大课

---

* 王学龙，天津财经大学经济学院金融系，教授；董亮，天津财经大学经济学院硕士研究生。

题，鼓励商业银行在创新产品和信贷投放等方面积极作为；对"一带一路"为银行业在能源、交通运输、旅游文化等方面的服务转型及国际贸易融资领域提供的发展空间加深认识。银行助力国家供给侧结构性改革、服务好实体经济转型是责无旁贷的，也是实现自身在新形势下转型升级和可持续发展的迫切要求。2017年以来，围绕去产能、去库存、去杠杆、降成本、补短板五大重点任务，根据国家和北京市的产业结构调整以及监管部门的工作要求，北京市银行业开拓思路、创新融资模式、促进结构优化，纷纷推出具体的、细化的、具有可操作性的举措，在重新调整信贷等资源投向、挖掘新的金融需求、填补银行服务供给短板等方面进行了新的尝试，如支持京津冀协同发展、国企并购重组、非首都功能疏解；支持小微企业和民营企业发展，解决融资难和融资贵的问题，努力降低企业融资成本；推出科技金融、绿色金融、文化金融等优质品牌；助推企业转型升级，提高金融有效性，稳健应对金融风险等等。

2. 增强银行业金融服务能力，助力供给侧结构性改革

金融服务和金融供给对于推进供给侧结构性改革至关重要。银行业的信贷支持和普惠金融服务在区域协同、产业调整、城市建设和公共服务等各个领域都具有不可替代的作用。北京银监局认真贯彻执行银监会关于引导银行业金融机构支持供给侧结构性改革的总体要求，引导辖内银行业增加金融服务供给、增强金融服务能力，全力支持北京市"疏功能、调结构、补短板"。

"疏功能"，在支持非首都功能有序疏解方面，北京银监局联合北京市发改委强化政策辅导，搭建银政沟通平台，并协调辖内相关银行建立商圈疏解联席会议机制，签署《小微金融服务公约》，持续做好金融服务工作。在支持京津冀协同发展方面，北京银监局积极联动天津、河北银监局，推动建立三地监管协作机制，同时配合人民银行、市金融局等有关部门完善相关政策方案，引导辖内银行业通过内部组织协同和机制联动发挥整体服务优势。

"调结构"，即通过发展科技金融和文化金融、支持"高精尖"产业发展、推进化解过剩产能等措施，"有扶有控"推动产业结构转型升级，以新经济增长点带动供给侧优化。在2016年底印发《关于北京银行业加强科技

金融创新的意见》、推动银行业加强"六项创新"的基础上，2017年北京银监局重点推进投贷联动试点工作。2016年9月18日，北京银监局与市金融局、中关村管委会联合印发《关于支持银行业金融机构在中关村国家自主创新示范区开展科创企业投贷联动试点的若干措施（试行）》，这标志着正式建立了北京市投贷联动试点风险补偿机制。目前，投贷联动试点初步框架已在北京地区形成，银监会也接到投贷联动试点方案的上报文件。

"补短板"，即通过发展普惠金融和绿色金融，加快修补公共服务和生态环境短板，完善供给侧薄弱环节，提高城市生活品质。按照银监会《关于2016年推进普惠金融发展工作的指导意见》，北京银监局持续加大对小微、"三农"等薄弱领域支持力度，先后印发《关于2016年推进首都普惠金融发展工作的指导意见》《关于做好2016年首都农村金融服务工作的通知》等文件，推动首都普惠金融服务升级。与市国税局、市地税局建立"银税互动联动工作机制"，通过督导辖内银行业开展"银税互动"产品创新、成立信托计划、扩大网点覆盖面等方式持续改进小微、"三农"领域金融服务。

二　基金小镇在京西崛起　开启基金业生态圈新模式

2016年，这个坐落在京西的新型产业生态圈已晨曦初现。北京基金小镇将定位并建设成为国内最大的以生态环保、智慧科技、宜居宜业、业城融合为主题的基金业生态圈。

1. 打造"1小时经济圈"

房山区位于北京市西南部，是距离北京城区最近的郊区，以其优越的地理位置、绝佳的自然环境和便捷的交通路网，被称为"首都的后花园"。"北京基金小镇"则位于京西房山区南部，坐拥长沟泉水湿地公园，占地面积18平方公里，可建设面积1.03平方公里，规划建筑面积约90万平方米。北京基金小镇以"创新、协调、绿色、开放、共享"五大发展理念为建设引领，主要吸引包括创业投资基金、股权投资基金、证券投资基金、对冲基金等各类基金及相关产业链服务机构入驻,打造基金业生态圈,服务金融创新,引领基金业科学健康发展;深度融入京津冀协同发展,助力打造京保石发展轴"桥头堡",引领新常态,助力构建首都"高精尖"经济结构;打造产城融合、职住匹配的现代化、功能性特色小城镇。

2. 金融企业纷纷被吸引入驻北京

基金小镇的目标,是建成有较高价值的基金业交流平台、基金业研究创新平台、基金发行服务平台、股权交易平台以及实体经济金融服务平台,形成以基金及其相关产业链上下游机构为主体的基金业生态圈。"京"字招牌是北京基金小镇最不可抵挡的魅力。除此之外,北京基金小镇构建的"五大平台"也令众多企业纷纷把目光投向北京。在政策上,简化各行政管理部门办事程序,构建"一条龙、一体化、一站式"的服务体系,实现"三证合一"。北京基金小镇打造的是线下公共服务平台和线上"互联网+"平台,为前来入驻的企业提供移动互联、云计算、大数据分析及其他互联网服务。同时,引进律师事务所、会计师事务所、税务师事务所、评级机构、评估机构等中介服务机构,以及基金销售机构、销售支付机构、份额登记机构、估值核算机构、投资顾问机构、评价机构、信息技术系统服务机构等服务外包机构,为入驻机构提供公共服务。

3. 打造基金业生态圈

目前,北京基金小镇已列入北京市"十三五"规划,是北京市推进京津冀协同发展的重点项目。项目实施后,不仅能够成为房山区经济结构向"高精尖"转变的创新实践,更将为北京的经济社会发展注入新的活力。本次北京基金小镇征地拆迁工作涉及东甘池、西甘池、南甘池、北甘池四个行政村,共涉及宅基地1400宗和部分非宅的拆迁,预计年底前完成拆迁工作。与此同时,作为北京市推进京津冀协同发展的重点项目,北京基金小镇还将打造基金业生态圈。据了解,截至目前,北京基金小镇已入驻基金及相关机构111家,管理的资产总规模超过1801亿元,预计到2020年,将引进、培育具有较大规模的基金机构超过500家,管理的资产总规模超过一万亿元。北京基金小镇,正是把握新时期首都城市的战略定位,积极探索政府引导、公司化市场化运作，为经济转型发挥驱动器作用，以金融助推产业升级的新产物，也必将成为北京乃至全国的一个全新的基金业生态圈。

三 北京银行业金融机构京津冀协同发展工作体制机制建设成果显著

为进一步推进京津冀金融协同发展工作进程，在京重点银行类金融机构以不同形式健全工作体制机制、创新金融服务产品。

1. 成立京津冀协同发展领导小组

工商银行、农业银行、中国银行等大型国有股份制商业银行在总行层面建立了京津冀协同发展领导小组，由主管行领导担任组长，小组成员包括总行相关业务部门领导及京津冀三家分行主管行长。领导小组负责全行京津冀协同发展工作的领导决策、统筹协调和组织实施。

2. 建立三地分行轮值制度及联动机制

建设银行建立了轮值行制度，由三地分行按年度轮流牵头落实行内京津冀协同发展工作，有利于全行京津冀各区域工作的全面均衡开展。交通银行建立了京津冀三地分行间业务联动机制，通过定期召开三地分行行长联席会、业务部门碰头会，沟通协调区域重点业务的三地联动具体问题，切实推动重点项目业务落地。

3. 三地农合机构建立跨区域协同机制

北京农商银行作为区域性银行，通过签署三地农合机构战略合作协议，与天津农商银行、河北农信联社建立区域协同工作机制，开展跨区域业务合作。

4. 创新金融服务和产品

工商银行制定了《北京市非首都城市功能疏解贷款管理办法》，给予北京分行特殊政策倾斜。交通银行通过调整经济资本占用、信贷审批绿色通道、差异化FTP定价等一系列行内政策，支持行内对京津冀区域内重点领域重点项目的支持力度。北京银行着力推动"京医通"、"社保卡"、交通"一卡通"等业务在京津冀区域的互通互认、通存通兑等同城化工作。

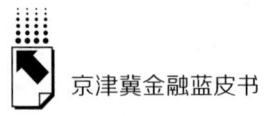

四 加速京津冀协同发展，开拓一体化新进程

为推动落实京津冀协同发展战略，创新金融服务供给，促进区域金融资源优化配置，逐步形成京津冀统一的金融市场体系，近年来，市金融局积极发挥协调服务职能，与金融管理部门协同配合，引导在京金融机构参与京津冀金融协同发展，取得初步成效。

1. 金融监管协同和区域合作的工作框架基本建立

政府层面，北京市金融局已分别与河北省金融办、天津市金融局签署金融合作协议，围绕优化区域金融生态等重点事项建立了合作框架。多次组织召开三地协同发展推进会，京津冀三地金融局（办）、国家金融管理部门、金融机构参加会议，研讨推进协同发展工作。三地金融局（办）共同完善了京津冀金融合作框架和工作机制，目前已形成三地金融局（办）定期会商推进工作的机制。监管层面，积极推动三地金融监管部门加强协调合作，目前三地银监部门已签署银行业监管合作备忘录，其他金融管理部门也正在准备签署合作备忘录，建立更加紧密的监管协同机制。机构层面，推动工商银行、农业银行、中国银行等大型国有股份制商业银行分别建立总行层面的京津冀协同发展领导小组，负责全行京津冀协同发展工作的领导决策、统筹协调和组织实施。

2. 京津冀协同发展重点领域的金融支持力度显著增强

引导在京金融机构围绕非首都功能疏解和交通、生态环保、产业升级三个重点领域率先突破，加大服务支持力度。农业银行与市政府共同发起设立1000亿元的北京市行政副中心建设基金；工商银行北京分行创新设立"非首都城市功能疏解贷款"；泰康养老保险在基础设施建设、轨道交通建设等方面的京津冀一体化重点项目上资金投入额度超过200亿元；中国进出口银行北京分行向邯郸钢铁集团有限责任公司成功发放两笔合计约8.7亿元的人民币世界银行节能项目转贷款，专项用于支持京津冀地区钢铁企业节能减排发电项目；华夏银行与世界银行共同设立"京津冀大气污染防治融资创新项目",华夏银行将提供配套100亿元自有人民币表内外融资,用于京津冀节能减排、新能源、环境治理等领域。北京环境交易所推出河北省首个跨区域林业碳汇项目——承德市丰宁千松坝林场碳汇造林一期项目,挂牌当天即实现两笔交易,成交量3450吨,成交额13.1万元。

3. 探索形成一批金融创新服务模式

推动设立京冀协同发展产业投资基金,截至目前已到位资金100亿元,撬动社会资本214亿元,重点支持了京津冀区域发展。设立了京冀协同发展曹妃甸投资基金一期、首钢园区基础设施建设投资子基金、经纬中国人民币新兴成长基金等三只子基金。中信信托通过集合信托计划向社会募集资金6.08亿元,投资唐山世界园艺博览会项目。中关村科技融资担保与北京银行天津分行签订战略合作协议,此举开创了京津金融合作的新模式,建立起"互信互利、持久稳定"的银担合作模式。中信建投证券为天津市房地产集团成功发行私募债,规模18亿元;首创证券有限责任公司通过"创金惠定向资产管理计划"为天津市房地产集团发放委托贷款4期,金额3.06亿元。

4. 金融市场和基础设施互联互通取得积极探索

推动北京产权交易所、天津产权交易中心、河北产权交易中心联合在京发起成立"京津冀产权市场发展联盟"。支持京津冀协同票据交易中心在京设立。北京银行推动"京医通"、"社保卡"、交通"一卡通"等业务在京津冀区域的互通互认、通存通兑,实现金融服务同城化。华夏银行推出京津冀协同卡,客户在三地办理业务可享受同城待遇。北京农商银行与天津农商银行、河北省农村信用社联合社以及农信银资金清算中心联合发布了"农银通"卡,实现了三地农信系统同城化。

5. 区域金融风险防控联动机制日益完善

在国务院处非办统一指导下,积极对接天津、河北两地处非办,加强沟通会商和跨省协同力度。推动建立京津冀防范和处置非法集资协同工作机制。与津冀打非部门密切联系,及时通报情况,共同做好重大活动期间跨省非法集资案集资参与人稳控工作。协同推进迈源案、成吉大易案、黄金佳案、洛滨案等重特大案件处置工作。重点关注区域互联网金融风险,探索建

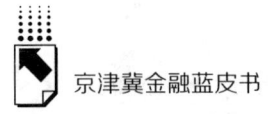

立基于互联网金融风险管理系统的京津冀三地互联网金融企业风险管理档案,加强系统交叉比对验证和综合分析研判,及时监测预警。

五 金融业大力支持供给侧改革 提升服务实体经济效率

1. 全力以赴提升服务实体经济的效率

具体来说,银行体系资金要向转型升级的传统产业和企业倾斜,向战略性新兴产业和科技创新创业企业倾斜,大力支持创新发展。聚焦"一带一路"、京津冀协同发展、长江经济带"三大战略"的重点项目、重大工程等重点领域。要大力支持供给侧结构性改革,将服务实体经济供给侧结构性改革作为改善银行服务的重要内容。推进投贷联动融资试点工作。研究制定银行业落实去产能、去库存、去杠杆的具体政策措施。加大精准扶贫力度,总结推广"银税互动""银税保互动""双基联动""网格服务"等新服务模式,力争实现小微企业贷款"三个不低于"目标。扩大林权和农村土地"两权"抵押贷款试点。支持降低企业成本。

2. 综合排查治理重点风险,严守金融风险底线

具体来说,要努力管控融资平台贷款风险,稳妥应对房企信贷风险事件。严防关联企业贷款、担保圈企业贷款、循环担保贷款风险,防止信用风险传染放大。强化综合并表管理,提高集团风险管控能力。严查纯套利性跨境贸易融资业务,提升银行业市场化、多元化、综合化处置不良资产的能力。开展不良资产证券化和不良资产收益权转让试点,逐步增强地方资产管理公司处置不良资产的功效和能力。综合排查治理资金错配导致的流动性风险,健全完善跨行业跨市场金融业务的监管制度和手段。综合排查治理交叉金融产品风险,加强资管类产品管理,使跨行业跨市场资金流动始终能够"看得见、管得了、控得住"。综合排查治理社会金融风险向银行体系输入,筑牢"防火墙"。严格社会融资管理,进一步加强银行业信息科技风险、操作风险、声誉风险防控力度。

3. 深入推进银行业改革开放

畅通银行业金融机构的市场准入，实现民营银行设立常态化，扩大民间资本进入银行业的渠道和方式。支持民间资本参与城商行和农村中小金融机构的重组改制，支持符合条件的民间资本发起设立消费金融公司、金融租赁公司、企业集团财务公司、汽车金融公司和参与发起设立村镇银行。研究完善投资入股地方银行业金融机构的准入管理，支持地方金融产业集聚发展。推动农村信用社改革，积极稳妥推进农村商业银行组建，提升村镇银行批量化组建、集约化经营和专业化服务水平。设立中国信托登记有限责任公司，建立信托产品统一登记制度。推动银行治理机制改革，继续支持银行业金融机构设立扶贫金融事业部、普惠金融事业部，提升国家开发银行住宅金融事业部支持棚户区改造的能力，支持农业银行深化"三农"金融事业部改革。指导条件成熟的银行对信用卡、理财、私人银行、直销银行、小微企业信贷等业务板块进行牌照管理和子公司改革试点。支持企业集团财务公司扩大延伸产业链金融服务试点，拓展汽车金融公司业务范围，支持汽车产业可持续发展。

4. 进一步提高监管有效性

强化审慎规制建设，重点做好全面风险管理、押品管理、大额风险暴露、流动性风险和交易对手信用风险资本计量、内部审计等规制的研究制定工作，进一步完善境外业务、表外业务等重要业务领域的内部管理和风险防范。健全银团贷款监管规制，鼓励商业银行开展银团贷款。积极参与国际监管改革，提升我国在国际监管改革及实施领域的话语权。强化金融消费者合法权益保护，建立金融消费纠纷第三方事前调解仲裁机制等。

六 加强统筹协调 稳步推进小微商户便民金融服务设施建设

小微商户便民金融服务设施建设工作开展以来，市金融局积极协调各运营机构，周密配合，确保各项工作措施到位、运营规范、成效显著。依托银联商务、拉卡拉等运营单位，组织多场宣传推广专场活动，选取农家院、旅游户、民俗店等特色商户进行重点推广,并为商户代表赠送POS机具、进行业务培训,取得了良好社会效果。2016年是小微商户便民金融服务设施建设的关键之年,北京金融工作局将进一步加大小微商户便民金融服务设施建设工作指导力度,结合运营机构特点继续开展不同形式的宣传推广活动,引导运营机构挖掘潜力,扩大覆盖领域和范围,严格运营管理和风险防控,确保小微商户便民金融服务设施建设合法合规运营,鼓励引导运营机构不断进行业务创新,不断提升服务质量和水平。

七 深化北京金融业对外开放合作,融入新的国际金融格局

1. 推动服务业扩大开放综合试点

及时把握北京服务业扩大开放综合试点这一契机,加大金融业对其政策支持,改善北京的外资型金融机构竞争环境,提升对外投资的管理和服务,加大金融业开放程度。鼓励越来越多的外资型金融机构来北京发展,支持符合政策条件的银行类、证券类、保险类等各种类型的金融机构在国内外各种资本市场筹集资金,支持满足金融风险监管条件的各种境内外资本在北京设立汽车金融公司、消费金融公司、金融租赁公司等非银行类金融机构。推动各类金融机构股权结构优化改革,为符合相关法律、政策条件的国际金融机构在京设立全资、法人和分支等机构提供政策上的便利。支持符合相关法律、政策条件的国外金融服务中介机构来北京发展。

2. 广泛开展与国际金融机构交流合作

建立国际金融市场之间交流合作机制,并使之常态化,推进与国际金融机构的合作,将北京建设为国际金融交往中心。推动促进在京举办高水平、高规格的国际性金融交流对话活动,探索创新金融业对"一带一路"国家战略的服务模式。积极推动各国之间金融监管改革的合作,严防系统性国际金融风险。支持国际金融市场之间互联互通,推动权益类资产、大宗商品等各种金融要素有效流通转移。

3. 积极推进人民币国际化的进程

积极服务于实现人民币国际化,加大人民币的跨境使用,提升国际货币体系中人民币的地位和话语权。支持推动北京企业与"一带一路"沿线国家贸易和投资中采用人民币进行结算。积极鼓励北京金融机构在境外开展人民币的贷款业务,加强人民币为标的金融产品的创新。争取创新型外汇改革政策在北京优先试行。支持在北京非银行金融机构和非金融企业积极参与银行间外汇市场。争取北京金融机构成为以人民币为标的的金融产品交易做市商,增加境外分支机构的人民币贷款支持与优惠力度,为国际市场提供更丰富与优质的人民币为标的金融产品和投资渠道。

4. 全面服务"一带一路"国家战略

充分发挥"丝路基金"等中长期开发投资基金作用,做好"一带一路"沿线国家和地区的基础设施建设、资源开发和金融合作等项目投资,吸引更多中长期开发投资基金落地北京。支持北京当前有一定实力的金融机构与境外金融机构建立"一带一路"发展联盟,通过金融平台跨境共享,包括开设境内外分支机构、并购等多种方式和渠道积极拓展国际金融业务,为国内企业向全球化发展提供境外金融支持和服务。支持北京的银行类金融机构积极承接"一带一路"倡议所需的金融服务,在重点发展国家和地区开展金融业务布局,为国内企业发展国际市场提供金融支持和服务。

八 开展非银行支付机构风险专项整治工作,保护消费者权益

截至2016年,全国共有267家支付机构获准从事支付业务,业务范围包括网络支付、多用途预付卡发行与受理、银行卡收单等。支付机构对推动支付服务创新、改进和提升支付服务水平发挥了积极作用,但在其业务快速发展中也暴露出一些问题,如违规经营、挪用客户备付金等风险事件时有发生;同时,有一些机构未经许可违规从事支付业务,扰乱了金融秩序,客户合法权益缺乏有效保障。支付领域的乱象也助长了地下钱庄、电信诈骗、非

法集资等违法犯罪行为。

为贯彻落实党中央、国务院决策部署，促进支付服务市场健康发展，切实防范支付风险，中国人民银行会同十三部委制定并印发了《非银行支付机构风险专项整治工作实施方案》，按照安全与效率兼顾、鼓励创新与规范发展相结合、服务与监管并重、监管标准一致性的原则，促进支付机构坚持服务电子商务发展和为社会提供小额、快捷、便民小微支付服务的宗旨，坚守支付中介的定位和职能，同时清理整治无证机构，遏制市场乱象，优化市场环境。

专项整治工作的重点内容，一方面是开展支付机构客户备付金风险和跨机构清算业务整治，包括加大对客户备付金问题的专项整治和整改监督力度，建立支付机构客户备付金集中存管制度，逐步取消对支付机构客户备付金的利息支出，规范支付机构开展跨行清算行为，按照总量控制、结构优化、提高质量、有序发展的原则，严格把握支付机构市场准入和监管工作；另一方面是开展无证经营支付业务整治，排查梳理无证机构名单及相关信息，并根据其业务规模、社会危害程度、违法违规性质和情节轻重分类施策，整治一批典型无证机构，发挥震慑作用，维护市场秩序。

天津金融发展篇

Development of Tianjin Financial Sector

B.5
2016年天津金融机构发展

马亚明 唐雪晴*

摘 要： 2016年，我国经济发展面临国内外诸多矛盾叠加、风险隐患交汇的严峻挑战。面对错综复杂的国内外经济形势，天津全市上下在市委、市政府的领导下，加快适应经济的新常态，积极推进供给侧结构性改革，将新的发展理念落到实处，把握时代的机遇，实现天津历史性窗口期的顺利度过，为京津冀协同发展提供支持，促进区域经济的协同并进。数据显示，2016年全市实现地区生产总值17885.39亿元，较2015年增长9.0%。其中，第一产业增加值220.22亿元，增长3.0%；第二产业增加值8003.87亿元，增长8.0%；第三产业增加值9661.30亿元，增长10.0%。金融业增加值1735.33亿元，

---

* 马亚明，天津财经大学经济学院，教授；唐雪晴，天津财经大学经济学院硕士研究生。

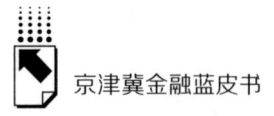

增长率达9.1%,占全市生产总值的9.7%,金融业的繁荣为天津市经济发展贡献了巨大的力量。2016年,天津市金融业准确把握经济发展新常态下稳健货币的调控意图,银行、证券和保险三大传统金融机构发展良好。在此基础上,信托、保理、小额贷款以及互联网金融等新兴市场得到了发展的良机,天津金融改革创新的步伐进一步加快。

关键词： 天津　金融改革　协同发展

一　天津市银行业机构发展

2016年天津银行业继续保持良好态势,从业人数达到64859人,资产总额为47038.1亿元,共有中外资银行业金融机构3174家。其中,在3122家中资银行业金融机构中,法人机构42家;在52家外资银行业金融机构中,法人机构1家。营业网点机构3174个,同比增长5.8%,增速较上年提高4.1个百分点（见表1）。在京津冀协同发展的战略背景下,2016年天津金融机构将支持京津冀协同发展作为己任。

截至2016年底,天津银行业累计为京津冀发展提供融资额4265亿元,呈逐年增加态势。天津银行业资产总额从2013年的3.6万亿到2016年的4.8万亿,增长33.3%。

表1　2016年天津市银行业金融机构情况

机构类别	营业网点			法人机构数（个）
	机构个数（个）	从业人数（人）	资产总额（亿元）	
大型商业银行	1253	28867	12295.8	0
国家开发银行及政策性银行	13	530	2810.2	0
股份制商业银行	418	11167	9663.0	1
城市商业银行	336	7837	9251.9	1

续表

机构类别	营业网点			法人机构数（个）
	机构个数（个）	从业人数（人）	资产总额（亿元）	
小型农村金融机构	571	8707	4473.5	2
财务公司	7	216	439.2	6
信托公司	2	296	88.1	2
邮政储蓄	416	2733	941.6	0
外资银行	52	1155	847.6	1
新型农村金融机构	93	1458	341.5	18
其他	13	1893	5885.7	12
合计	3174	64859	47038.1	43

资料来源：中国人民银行天津分行、天津银监局。

1. 存款少增，贷款同比多增

截至2016年底，天津市金融机构本外币存款余额30067.03亿元，较2015年同期增长6.81%，增幅明显。各项贷款余额28754.04亿元，同比增长10.62%。相比非银行业金融机构和住户存款的小幅增长，非金融企业存款和广义政府存款降幅明显。

2016年以来天津市金融机构本外币存款有所减少，从12月的数据来看，本外币存款余额减少248.42亿元，较2015年同期少减321.43亿元。其中，非银金融机构存款增加17.37亿元，同比少增288.67亿元；政府存款（广义）减少140.36亿元，较2015年同期少减168.90亿元；相比较下，住户存款增加较多为32.15亿元，但仍然比2015年少增91.62亿元；非金融企业存款减少显著，为155.85亿元，较2015年多减111.93亿元。

从2016年全年数据来看，天津市金融机构本外币存款增加1917.66亿元，较2015年少增1051.47亿元。非银金融机构存款增速缓慢，仅增加91,95亿元，较2015少增966.82亿元；政府存款（广义）增加较多，较2015年多增524.21亿元，实现666.83亿元的规模；非银金融企业存款虽有增加，但增速大幅放缓，较2015年少增745.25亿元；全年来看，住户存款仍然较2015年有所增长，多增60.61亿元。

2016年12月，贷款数额开始小幅下降，主要表现在非金融机构以及相关机关团体的需求量放缓，住户贷款未降反增，非银金融机构贷款环比维稳。金融机构贷款有所增加，但增长幅度明显减弱，较11月少增17.86亿元。

贷款方面，2016年全年天津市金融机构各项贷款继续保持2015年增长迅猛态势，全年增加2759.37亿元，较2015年同比多增94.45亿元。非银金融机构贷款减少，较2015年同期减少12.91亿元。非金融企业及机关团体贷款规模虽有扩大，但增速开始回落，同比少增924.28亿元。受房地产市场影响，住户贷款增幅巨大，较2015年同比多增982.30亿元。

表2　2016年天津市人民币贷款各利率浮动区间占比

单位：%

月份		1月	2月	3月	4月	5月	6月
合计		100.0	100.0	100.0	100.0	100.0	100.0
下浮		18.4	11.7	19.4	22.4	29.8	31.8
基准		23.1	27.5	31.6	27.2	23.1	28.4
上浮	小计	58.5	60.8	48.9	50.4	47.1	39.8
	(1.0~1.1]	27.7	23.7	24.2	22.9	20.5	18.8
	(1.1~1.3]	19.7	19.3	13.3	15.7	15.6	11.3
	(1.3~1.5]	7.1	10.0	7.2	7.6	6.8	5.9
	(1.5~2.0]	3.4	7.5	3.0	3.4	3.2	2.8
	2.0以上	0.5	0.4	1.1	0.8	1.1	1.0
月份		7月	8月	9月	10月	11月	12月
合计		100.0	100.0	100.0	100.0	100.0	100.0
下浮		40.1	28.3	26.2	30.3	36.4	34.7
基准		17.0	25.0	30.7	34.2	21.6	33.3
上浮	小计	42.9	46.8	43.1	35.4	42.0	32.0
	(1.0~1.1]	18.5	18.6	19.4	14.0	16.2	13.7
	(1.1~1.3]	13.0	12.6	13.4	11.3	11.8	9.3
	(1.3~1.5]	7.9	8.2	5.7	6.4	7.6	4.5
	(1.5~2.0]	2.1	5.7	3.0	2.0	4.2	2.9
	2.0以上	1.3	1.6	1.5	1.7	2.2	1.6

资料来源：中国人民银行天津分行。

2. 表外融资规模缩小

受融资需求下降和表外业务监管加强的影响，商业银行部分表外融资业务逐渐向表内转移，导致表外融资规模下降。2016年，天津市银行业金融机构表外融资净减少78亿元，同比少减886亿元。其中，委托贷款增加1120亿元，同比多增335亿元；信托贷款增加99亿元，同比少增14亿元；未贴现银行承兑汇票减少1297亿元，同比多减1207亿元。

3. 大型银行创新步伐加快

2016年11月，在工商银行总行的支持下，工盈（天津）股权投资管理公司得以在滨海新区成功设立，全方位创新支持京津冀的健康发展，作为新型基金平台，"工盈投资"为充分防范金融风险，将通过出资参与的方式，与其他金融机构一起，设立风险资产创新处置基金、混合所有制改革基金等。"工盈投资"的设立，将加快天津国企改革的步伐，为天津注入创新能量的同时可为京津冀的协同发展提供强有力的支持。

国开行天津市分行立足开发性金融机构特点，积极探索金融服务发展的有效模式和方法，发挥规划先行融资融智、银政合作、大额批发中长期投融资等优势，破解实体经济融资难题。首先，不断在融资模式上找到创新突破点，重点解决重大项目资金不足问题，通过创新金融工具将资金融入项目建设中，比如设立专项建设基金等。同时，积极落实总行部署，始终将京津冀协同发展项目作为重点支持领域，全力保障专项基金及时到位。

采用全新的研发模式，充分发挥科学技术在研发中的作用，将规章制度的审批流程在线化，极大地提高了工作管理效率。金融服务的产业链条化推动金融有效程序化发展，采用自动关联与识别技术将客户信息与个人信贷系统里的信息进行匹配识别。

棚户区的改造一直是全国建设工程的重点，发行私募债为棚户区改造提供资金，作为首个利用直接融资的债务融资工具的地区，天津开辟了金融创新的良好篇章。此外，不断丰富产品种类以及拓宽服务范围是金融机构打造核心竞争力的首要之选，法人金融机构创新推出应收账款服务平台，通过汇总信息为应收账款的债权人、债务人以及资金提供方提供高效率服务。加大力度研发银行卡和货币基金的一体化，创新业务品种。

4. 多家银行开展投贷联动业务

中国银行、天津银行等多家银行签署《投贷联动合作协议》，与各区域自主创新示范园区一道，将行业引导扶持、风险分担、科技金融服务创新等领域的优势充分发挥出来，深化多层次的互联互通，为科技创新创业企业的发展提供更全面的金融服务。

二 天津市证券业机构发展

资本市场作为社会融资的主要场所，为经济的快速发展提供保障。改革开放以来，资本市场在改革中谋发展，资本市场结构逐步完善，形成了债券、股票、期货等百花齐放的融资格局。资本市场的丰富，能够为社会提供稳定的投融资渠道，为社会资源的优化配置提供支持，为改革开放的深化提供重要的支持力量。

2016年，天津市新增证券公司分公司6家，证券公司营业部增加13家。截至2016年底，天津市共有法人证券公司1家，证券分公司19家，证券营业部146家，证券投资咨询公司1家，证券投资咨询分公司3家，证券信用评级公司公司1家，基金管理公司1家，私募基金管理人379家，私募基金产品1274只，开放式基金52只，期货公司6家，期货营业部30家，期货交割库52家（见表3）。

表3 2015~2016年天津市证券业机构数量同期变化情况

单位：家，只

指标名称	2016	2015
法人证券公司	1	1
证券公司分公司	19	15
辖区证券营业部	146	132
基金管理公司	1	1
私募基金管理人（已登记）	379	499
私募基金产品（已备案）	1274	383

续表

指标名称	2016	2015
证券投资咨询公司	1	1
证券投资咨询分公司	3	1
证券信用评级公司	1	1
独立基金销售机构	4	3
开放式基金	52	46
期货公司	6	6
辖区期货营业部	30	29
期货交割库	52	50

资料来源：天津市证监局。

1. 法人证券公司发展态势良好

2016年在严峻的市场环境中，在股债双杀的市场形势下，特别是在2016年底债券市场的巨幅波动时，自营投资业务仍坚持安全稳健的理念，严守合规底线，加强风险控制，投资收益率在行业中保持领先地位。传统业务在经营模式和组织机构方面不断推进转型与创新，取得了一定效果。

法人证券公司在严峻的市场环境下，稳健运营，收入情况仍然乐观。截至2016年末，法人证券公司资产总额比2015年增加485522.56万元，授信额度大幅增加，同业拆借限额大幅提高。2016年的券商分类监管年度评级中，公司获得B类BBB级。

截至2016年12月31日，法人证券公司总资产5321345.96万元，其中客户交易结算资金884601.59万元，自有资产总额4436744.37万元。金融资产账面价值4116040.06万元，占总资产的77.35%；货币资金和结算备付金占总资产的18.91%，货币资金和金融资产占比较大，资产流动性保持良好态势。

图1显示，法人证券公司各项业务发展还不够均衡。2016年公司利润构成中，经纪业务占比下降24.15个百分点，自营业务和投资银行业务占比分别提高了4.28和10.19个百分点。传统基础业务薄弱仍然是公司发展的短板。同时，创新业务收入规模依然偏小，经纪、投行等基础业务的整体盈

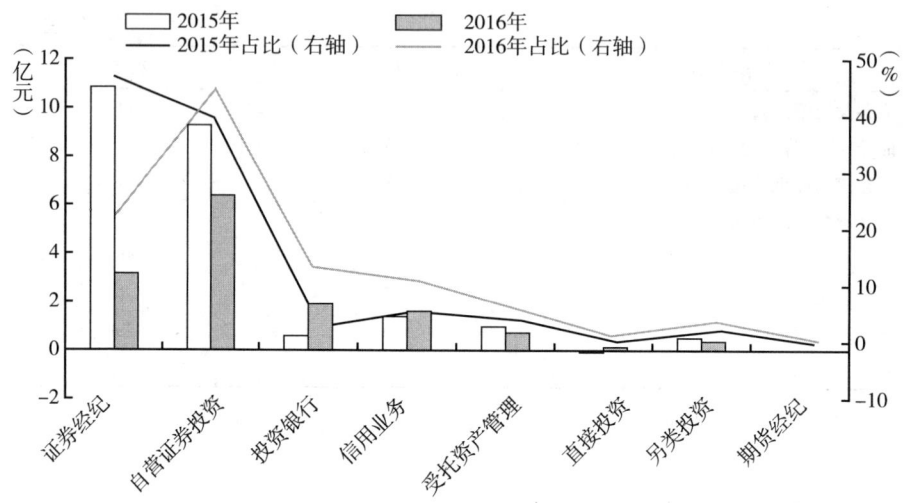

图1　2015和2016年各项业务营业利润的情况

资料来源：渤海证券股份有限公司2016年年报。

利能力有待进一步提升。

2. 上市公司总市值略有降低

截至2016年末，天津市辖区内上市公司45家，上市公司总股本592.13亿股，比上年同期增长10.3%；总市值5481.47亿元，较上一年同期减少581.23亿元。全国中小企业股份转让系统（新三板）得到大力发展。2016年，天津市新三板挂牌企业164家，比2015年增加85家（见表4）。

表4　2016年天津上市公司情况

指标	单位	2016	2015
上市公司总股本	亿股	592.13	536.83
上市公司总市值	亿元	5481.47	6062.7
新三板挂牌公司	家	164	79

资料来源：天津证监局。

3. 新三板挂牌企业快速增长

2016年，在国家政策的指引下，天津着力开展全国中小企业转让系统,进一步丰富了天津资本市场结构。2016年12月31日,新三板共有10163家挂牌公司,天津市有171家新三板企业,占比1.7%,比上年增加79家。从天津市新三板企业市值排行榜看,有3家企业市值超过20亿,还有22家企业市值不足1亿元,而市值在1亿~3亿元、3亿~5亿元、5亿~10亿元、10亿~20亿元的企业分别有14家、11家、8家、5家。从行业分布来看,软件和信息技术服务业企业数量最多,有9家企业;其次是专用设备制造业,有8家企业;再次是商务服务业,有6家企业。总体来看,辖区内挂牌公司已经成为天津经济社会发展中最具潜力、最富活力、最有成长性的经济体,已成为增加就业的重要载体、财税收入的重要来源,创新驱动的强劲动力。

三 天津市保险业机构发展

保险市场作为资本市场的重要组成部分,2016年天津在政府部门的有关政策支持下,保险覆盖范围更加深化,保险业的发展为社会和经济发展做出了巨大的贡献,充分发挥经济补偿和风险管理的作用。截至2016年底,全市共有保险总公司29家,其中中资保险公司26家,外资保险公司3家。

1. 保费收入增长较快

2016年,天津市保险业机构共实现原保险保费收入529.5亿元,同比增长32.9%。其中,财产保险业务实现保费收入127.6亿元,同比增长6.05%;人身保险业务实现保费收入401.9亿元,同比增长44.5%。人身保险业务中,寿险业务实现保费收入349.6亿元,同比增长47.7%;健康险和人身意外险分别实现保费收入44.7亿元和7.7亿元,同比增长为31.67%和2.86%。2016年,天津市保险业赔付支出177.7亿元,同比增长27.33%。其中,财产险赔付支出94.4亿元,同比增长42.05%;人身险赔付支出83.3亿元,同比增长13.95%(见表5)。

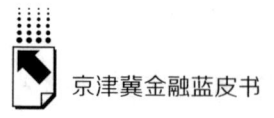

表5　2016年天津保费收入和赔付支出

单位：万元

原保险保费收入	5294869.34	赔款、给付	1776732.54
1. 财产险	1275594.45	1. 财产险	944050.59
2. 人身险	4019274.89	2. 人身险	832681.95
（1）寿险	3495614.24	（1）寿险	664414.83
（2）健康险	446959.32	（2）健康险	146638.05
（3）人身意外伤害险	76701.33	（3）人身意外伤害险	21629.07

2. 车险市场稳健发展

商业车险改革启动一年以来，天津车险市场实现稳健发展，具体呈现以下特点。一是保费收入稳中有增，商业车险拉动作用明显。2016年车险保费收入98.29亿元，同比增长8.84%。其中，商业车险同比增长10.48%，对车险新增保费贡献度为87.29%。商业三责险占车险保费比重同比上升2.4个百分点，车损险占比下降1.29个百分点，险种结构得到进一步优化。二是经营效益明显改善。车险整体实现扭亏为盈，交强险继续保持盈利，商业险承保亏损额同比减少1.04亿元。三是出险频率呈下降趋势，社会管理功能日益凸显。全年车险有效报案件数同比下降15.3%，出险率下降6.84个百分点，说明商改后费率的"奖优罚劣"机制能够有效提升车主安全驾驶意识。四是商业车险投保率上升。2016年商业车险投保率为75.8%，同比上升5.8个百分点，改革后保费与风险更加匹配，提升了客户的投保意愿。五是行业核心竞争力提升。改革后，各财险公司通过两个自主系数的运用，对不同风险水平的机动车厘定不同的商业车险费率，迈出了公司自主定价的第一步。下一步，部分财险公司拟通过车联网、大数据等先进技术，改善经营管理，改进客户体验，为深化商业车险改革做好准备。

3. 监管不断加强

2016年，天津保监局在中国保监会的正确领导下，将党中央、国务院、保监会的决策落到实处，深入部署政府信息公开，密切联系监管重点和群众关注重心。强化组织领导，建立健全制度，优化提升服务，进一步提高政府信息公开工作水平。

一是建立健全制度机制。根据保监会相关规定，在全局印发《天津保监局全面推进政务公开实施方案》（津保监发〔2016〕68号），进一步推动和深化我局政务公开工作，明确了政务公开工作的指导原则、工作目标、任务分工等。二是及时公开各类信息。在外网及时公开行政许可、行政处罚、统计数据、工作动态等政府信息，进一步提升监管工作的透明度，促进依法行政。三是加强互动回应。严格按照相关规定，做好局长信箱办理工作和依申请公开工作，提升响应速度和服务质量，增进公众对保险监管工作的认同支持。四是完善各类办事指南。根据中国保监会取消和调整行政审批事项精神，对外网办事指南进行修订完善，明确法律依据、申报材料、审查原则或标准、审查期限等内容，提高行政办事效率。五是发挥媒体作用。支持新闻媒体将自身实际参与到监管活动中去，提升对重大决策的了解，将新闻网站、商业网站等新媒体的网络传播力和影响力发挥到最大化，在宣传指引方面加强针对性和有效性。

4. 创新模式不断涌现，市场活跃程度高

天津人身保险公司充分利用"互联网+"技术，提高客户服务水平。一是平安人寿在手机APP上推出家庭医生服务，由自聘专业医生团队，提供线上坐诊及日常疾病用药、营养保健和心理健康咨询等健康管理增值服务；二是太平洋人寿推广电子签名技术，解决投保人和被保险人"非同城异地"或"同城异地"投保难的问题，并通过应用电子签名技术、留存影像资料等，有效防范代签字风险；三是富德生命人寿推出"E服务自助终端"，为客户提供实时预约投保、保单管理、保单查询、保单变更、续期在线交费等服务；四是多家公司通过微信公众号为客户提供在线理赔、保全和保单贷款等功能。

天津市全民意外伤害保险经办机构积极与天津高校开展合作，建立大学生实习基地，制定教学计划，提供专业培训资料，指定老师定期辅导，并采用轮岗模式培养综合能力和应变能力，以此引导和鼓励优秀应届毕业生选择从事保险工作。截至2016年上半年，天津市全民意外伤害保险经

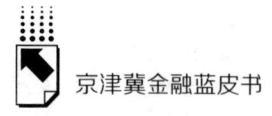

办机构与天津中医药大学、天津市医学高等专科学校等大专院校签订实习协议,以天津市意外险中心为实习基地,已培养"医疗+保险"复合型人才20余人。

四 天津市其他金融业机构发展

1. 互联网金融市场

近些年来互联网金融行业的发展对金融行业的影响是空前的,为深化传统金融和改革提供了新渠道、新思路,同时也带来了全新的挑战。互联网金融的出现,打破了传统金融原有的格局,奠定了未来的发展方向。天津作为北方的经济中心,有能力也有义务担当起重任,将互联网金融的改革创新着眼于经济建设的方方面面。作为深化改革和创新的切入点,将会为金融的发展带来良机。

天津的滨海新区作为国家级的综合配套改革试验区,多年以来受到了国家政策的大力扶持,互联网金融企业如雨后春笋一般在滨海新区扎根。创新金融行业的先行先试为天津经济的发展提供了肥沃的土壤,金融创新的氛围也在逐渐变得浓厚。

互联网金融的发展离不开技术层面的支持。近年来,天津市将人才培养、引进放在重要位置,技术研发水平有了显著提高,这些进步为天津互联网金融的发展提供了有力支持。互联网金融走在金融创新的前沿,凭借与中小微金融天然的密切联系,获得巨大的发展动力。从天津金融发展的角度来看,发展互联网金融行业是具有远见卓识的。紧紧抓住互联网金融发展的时代机遇,天津必然会上升到一个新的台阶。同时互联网金融也会作为金融创新的突破口,带动金融行业的健康持续发展。

互联网金融的出现在很大程度上冲击了银行业传统的业务模式,大量的资本流入新兴的互联网金融行业。互联网金融作为全新的投融资渠道,如何衔接与资本市场的关系,构建多层次的资本市场体系,一直是亟待解决的问题。实际上,地方性产权交易中心开始尝试将股权交易与互联网金融融合起来。比如,"浙里投"是浙江产权交易中心搭建的互联网金融服务平台,其通过这个平台,不断探索新型的业务模式。

互联网金融的发展一直受到国家的高度重视。在2016的《政府工作报告》中,李克强总理明确指出要规范互联网金融的发展。2015年7月,人民银行等十部委联合发文《关于促进互联网金融健康发展的指导意见》;2016年10月,国务院办公厅公布了《互联网金融风险专项整治工作实施方案》。天津市委、市政府也对引导互联网金融规范发展做出部署:2015年11月,天津市政府印发了《天津市金融改革创新三年行动计划(2016—2018年)》,2016年又在全市范围内启动了互联网金融风险防范专项整治工作,目前已接近尾声。天津市互联网金融协会的成立,正是对党中央、国务院关于互联网金融政策精神的坚决贯彻,是对市委、市政府推进互联网金融健康发展决策部署的有效落实。

天津市互联网金融协会于2016年12月29日正式成立。天津市互联网金融协会以天津市金融工作局为业务主管单位,由中国人民银行天津分行、天津银监局、天津证监局、天津保监局进行业务指导。

天津市互联网金融协会的成立,顺应了行业规范发展的客观规律,契合了全国互联网金融风险专项整治的总体要求,是天津市互联网金融进入全新时代的里程碑。作为金融行业的自律组织,互联网金融协会将深刻贯彻党中央、国务院和天津市委、市政府关于规范发展互联网金融的各项任务,在符合国家监管法律法规的基础上,发挥保护行业合法权益和规范从业机构市场行为等作用,践行自律协会的职责,致力于推动区域金融改革创新,维护互联网金融市场稳定秩序,为天津市互联网金融行业健康、快速、可持续发展贡献力量。

天津市拥有我国北方唯一一家自贸区,金融生态环境良好,金融改革创新走在全国前列,自贸区的设立为互联网金融的发展提供了优质的平台和巨大的创新空间,必将引领天津市互联网金融行业取得更好、更快的发展。

2. 融资租赁市场

天津作为全国金融租赁重要的聚集地,已经形成品牌优势,形成全国规模最大的金融租赁聚集区。在一系列利好政策的推动下，2016年天津租赁业继续保持快速发展，吸引了大量投资者，尤其是大批外资企业在津设立。截至2016年底，总部设在天津市的各类融资租赁公司（不含单一项目租赁公司、分公司和海外收购的公司）达到1185家，比2016年初的697家增加了488家。天津融资租赁业务不断创新，已经形成了报税租赁、融资租赁出口退税、离岸租赁、售后回租、联合租赁、委托租赁等多种业务模式相互补充的租赁市场。天津东疆自贸区为中国目前最大的融资租赁聚集区，全国约60%的工程机械、70%的船舶、80%的大飞机、90%的公务机、100%的钻井平台，基本都是在以东疆为主的天津滨海新区完成。

2016年，渤海金控海外兼并继续取得进展，海外收益超过总收益的80%。在此背景下，天津渤海租赁年内完成两次增资，注册资金达到218.7亿元人民币，成为中国注册资金首超200亿元人民币的租赁企业。

B.6
2016天津金融市场运行

唐雪晴 杨帆*

摘　要： 2016年天津金融市场运行平稳，货币市场交易平稳增长。在2016年的同业拆借市场上，天津无论是融入金额还是融出金额较往年都有较大提升。股市方面，天津进一步加快上市步伐，优质增产显著提高。在市场不断去杠杆、债券违约风险不断加大的情况下，天津债券市场凭借谨慎的风控体系以及优质的企业资源，实现债券交易额15702.39亿元，增长19.9%。此外，基金市场、期货市场、租赁市场、新型交易市场以及外汇市场，也都在各自的领域取得显著进步。

关键词： 天津　金融市场　金融创新

一　货币市场

天津货币市场交易平稳增长。2016年天津市银行间同业拆借市场累计完成信用拆借1914笔，同比下降0.62%；累计金额11058.6亿元，同比增长29.3%；净融入资金9365.1亿元，同比增长30.0%。

在2016年的同业拆借市场上，天津无论是融入金额还是融出金额较往年都有较大提升。除个别月份外，全年数值小幅波动，在12月时达到全年

---

* 唐雪晴，天津财经大学经济学院硕士研究生；杨帆，中国滨海金融协同创新中心研究员。

峰值。2016年,天津同业拆借融入金额平均值为1209.8亿元,融出金额平均值为1345.35亿元。

表1 2016年天津市同业拆借情况

单位:亿元,%

	融入金额	占市场	融出金额	占市场
1月	1037.73	1.1164	1238.01	1.3318
2月	622.10	1.0293	799.90	1.3234
3月	1337.46	1.1793	1490.66	1.3144
4月	1037.72	1.0774	1131.35	1.1746
5月	879.08	0.8845	989.13	0.9952
6月	1015.56	0.9385	1228.34	1.1351
7月	1201.90	1.0423	1327.74	1.1515
8月	1357.72	0.9883	1594.77	1.1609
9月	1271.99	1.1370	1414.50	1.2644
10月	1067.10	1.0933	1182.50	1.2116
11月	1806.44	1.4710	1821.57	1.4833
12月	1882.88	1.6360	1925.73	1.6732

资料来源:中国外汇交易中心。

银行间市场在货币市场中起着主导作用,近年来天津银行间货币市场规模快速扩张,主要有以下三方面原因。一是天津银行业的经营业态逐步转为资产驱动模式。在全国银行业转型的趋势下,天津银行业也转变了经营业态,由过去关注存贷利差模式转变为资产驱动模式,资产和负债的匹配导致债券资金趋向短期化。二是来自天津银监局的压力。随着资本监管指标由存贷比逐步转向资本充足率,信贷项目占用资本多,而投资项目占用资本较小,促使银行投资类项目比重增加,例如"买入返售证券",主要包含的资产类型就是票据类资产。三是存款利率市场化推动理财产品向货币市场工具配置。在我国,存款利率市场化主要通过理财产品实现,而银行理财产品的投资标的主要集中于债券及货币市场工具。根据中国债券网发布的《中国银行业理财市场年度报告(2016)》数据,总体上说,2016年理财产品收益率随金融市场收益率下行而下行,理财产品对社会财富的吸引力下降。叠加

2016年末开启金融去杠杆监管，无论是提高负债资金成本、MPA考核还是同业负债监管都意味着银行资产的扩张受到控制。因此，2016年理财增幅已较2015年及此前的增幅显著下降。

而2016年，从理财收益率角度上说，随着资产收益率的上行，理财产品的收益率吸引力也将有所提升，因此2016年初以来个人理财产品的销售情况也是比较乐观的。但是另一方面，由于同业存单、同业理财等监管，同业理财方面则呈现较大规模压力，同时今年银行表内外资产的增长均受到了MPA考核等监管。因此，综合考虑，我们认为2017年理财的增速最可能沿着监管上限发展。从结构上说，2016年受制于理财产品收益率低迷，个人理财产品增长缓慢，而金融市场资金则显宽松富余，同业资金需求旺盛，因此同业理财成为银行为实现规模快速扩张而大肆发展的理财产品种类。

2016年同业监管成为重中之重，同业套利链条也将进入实体经济的资金成本层层提升，因此同业理财占比定会面临大幅下降。在同业乱象得到整治后，银行的竞争重心将重新回归传统的个人零售等业务。整体上，2017年个人理财产品的占比应将重新上升。

原先更多依靠同业资金弯道超车的中小行将回归发展均值，除非显现自己特殊的竞争优势。因此2016年城商行、农商行理财产品的高速增长将在2017年难见，中小银行的理财产品占全市场的比例也应较2016年有所下降。在理财投资资产方面，随着未来受同业负债监管及套利资产到期后续发压力的减轻，同业存单发行量应有所萎缩。同时，监管对非标资产定义内涵有所扩充，非标受限额管理投资额度空间更加有限。因此，2017年预期收益率型理财产品配置债券的比例拟应进一步提高。

二 股票市场

2016年，天津进一步加快上市步伐，优质增产显著提高，产业结构优化升级，经营管理效率成效明显，公司业绩稳步提升，海内外投资者大批慕名前来。2016年天津上市公司总股本增加，总市值下降。

截至2016年末,天津上市公司总数为45家,其中A股公司40家,AB股公司1家,AH股公司3家,AS股公司1家。在上海证券交易所上市的有23家,在深圳证券交易所主板上市的7家,在中小板上市的8家,在创业板上市的7家(见表2)。新三板挂牌公司164家。上市公司总股本592.13亿股,比上年同期增长10.3%,总市值5481.47亿元,较上一年同期减少581.23亿元。

表2 2016天津上市公司基本情况

单位:家

指标名称	2016年	2015年
上市公司	45	42
其中:A股公司	40	37
AB股公司	1	1
AH股公司	3	3
AS股公司	1	1
其中:上交所上市公司	23	22
深交所主板上市公司	7	7
中小板上市公司	8	6
创业板上市公司	7	7

资料来源:天津证监局。

三 债券市场

从调级情况来看,2016年发行人主体级别调高122家,调低55家;债券债项级别调高131只,调低25只。调整后,主体级别向AAA级、AA+级集中,债项级别主要向AA+级集中。从行业看,级别调高的发行人和债券集中在房地产、非银金融、建筑装饰、综合类行业,调低较多的行业有建筑装饰、房地产、综合类、化工、公用事业。公司债券市场发生401起负面事件,10只债券发生实质性违约;2016年负面事件发生次数较2015年增加了87.4%。

2016年公司债出现发行高潮。其中,受信用风险、流动性风险影响,4月、12月发行量出现下降。在房地产、产能过剩行业公司债券分类监管的政策影响下，两类债券12月无发行。沪深交易所成功首发绿色公司债、熊猫公司债、可续期公司债、双创债，交易所债券创新品种增多。信用风险趋升，信用事件增多，市场波动加剧，延期取消发行增多。风控措施陆续出台，债券市场监管加强。

在市场不断去杠杆、债券违约风险不断加大的情况下，天津债券市场凭借谨慎的风控体系以及优质的企业资源，实现债券交易额15702.39亿元，增长19.9%，增长速度强劲，对天津金融市场的有序发展发挥着积极的作用。

四 基金市场

2016年，天津开放式基金份额和开放式基金资产净值均稳步提升，基金份额从2015年12月的6608.72亿份上升到2016年12月的8143.85亿份。

截至2016年底，天津开放式基金52只，较上年同期增加6只，开放式基金份额8453.12亿份，开放式基金资产净值8449.67亿元（见表3）。法人基金管理公司经营状态良好，稳健运营。

表3 2015~2016年开放式基金情况

指标名称	单位	2016年	2015年
开放式基金	只	52	46
开放式基金份额	亿份	8453.12	6732.00
开放式基金资产净值	亿元	8449.67	6739.30

资料来源：天津证监局。

五 期货市场

截至2016年末，天津市期货公司6家，辖区内期货营业部30家，期货交割库数52家。期货公司代理交易额3081.72亿元，代理交易量539.64万手。与上年同期相比，期货营业部、期货交易额和交易量均有所上升。

表4 2016年天津辖区内期货公司情况

指标名称	单位	2016年	2015年
期货公司	家	6	6
辖区期货营业部	家	30	29
期货交割库	家	52	50
代理交易额	亿元	3081.72	2815.64
代理交易量	万手	539.64	687.90

资料来源：天津证监局。

六 租赁市场

"金改30条"政策的落地为天津自贸区融资租赁的发展提供了政策支持，自贸区、融资租赁业在2016年继续保持稳定增长态势。中铁建、中民投、中海油、中节能等众多央企及大型企业纷纷在天津自贸区创立融资租赁公司；工银、国银、民生、交银、招银等银行系金融租赁公司，在东疆注册了众多项目公司，开展更加高端的跨境租赁业务，覆盖飞机船舶、基础设施、海洋工程、工程机械、生物医药等多个领域，为促进实体经济发展、服务经济转型升级发挥了积极的作用。

截至2016年9月底，金融租赁合同余额约6660亿元，比2015年底增加810亿元；内资租赁合同余额约4800亿元，同比增加900亿元；外商租赁合同余额约为5240亿元，同比增加890亿元（见表5）。

天津滨海新区凭借政策优势和区位发展环境，吸引了大批优质融资租赁企业入驻，逐渐发展成为全国最大的融资租赁聚集区，规模效益显现。截至2016年底，总部设在天津市的各类融资租赁公司（不含单一项目租赁公司、分公司和海外收购的公司）达到1185家，融资租赁合同余额约为1.91万亿元。

表5 2016三季度天津市融资租赁业务发展概况

单位：亿元，%

	2016年9月底业务总量	2015年底业务总量	比上年增加	比上年底增加	业务占比
金融租赁	6660	5850	810	13.8	39.9
内资租赁	4800	3900	900	23	28.7
外资租赁	5240	4350	890	20.5	31.4
总　计	16700	14100	2600	18.4	100

资料来源：中国租赁联盟、天津滨海融资租赁研究院。

据中国租赁联盟和天津滨海融资租赁研究院统计，截至2016年9月底，在以注册资金为序的全国内资试点融资租赁企业十强排行榜中，天津渤海租赁有限公司以150亿元人民币排名榜首（见表6）。

表6 2016年全国融资租赁企业十强排行榜（截至2016年9月）

单位：亿元

排名	企业	注册时间	注册地	注册资金
1	天津渤海租赁有限公司	2008	天　津	150
2	浦航租赁有限公司	2009	上　海	76.6
3	长江租赁有限公司	2004	天　津	67.9
4	中航国际租赁有限公司	1993	上　海	49.36
5	国信租赁有限公司	2015	济　南	36
6	上海电气租赁有限公司	2006	上　海	30
6	国泰租赁有限公司	2007	济　南	30
7	庞大乐业租赁有限公司	2009	唐　山	29.17
8	中车投资租赁有限公司	2008	北　京	23
9	汇通信诚租赁有限公司	2012	乌鲁木齐	21.6
10	丰汇租赁有限公司	2009	北　京	20

资料来源：中国租赁联盟、天津滨海融资租赁研究院。

为了支持和优化航运服务业发展，天津积极引进和设立一批在航运方面具有较强专业能力的知名银行、保险公司、租赁公司和私募基金，加快推进中国进出口银行在津设立金融租赁公司，吸引其他金融租赁机构设立航运租赁专业子公司。探索引导渤海租赁、泰达控股等具有实力的金融机构与国际知名机构开展合作,提升在航运金融方面的竞争力。积极推动银行、证券、基金、信托公司、金融租赁公司等金融机构设立航运服务部门,为航运企业提供信贷、结算、债券发行、融资租赁等服务。配套一批经纪、公估、法律、会计、船舶检验等航运金融专业中介服务机构。推动金融机构、航运企业和中介机构开展合作。

为了积极推动航运融资租赁业务创新,鼓励符合条件的各类社会资本在天津发起设立金融租赁公司,支持金融租赁公司在天津注册成立专门从事交通运输或其与航运金融有关业务的专业子公司。依托东疆保税港区,积极开展特殊目的公司(SPV)单船融资业务,推进航运金融租赁业务国际化,建设具有国际先进水平的全球飞机租赁中心和船舶、海洋工程结构物租赁基地。推动设立航运产业基金,支持航运企业开辟新的融资途径。

"一带一路"倡议的提出,为全球数十个国家带来发展的机遇,"一带一路"沿线基础设施的建设将会带动沿线各国机场、港口、铁路、电信等基础设施建设的新潮,将加快我国融资租赁企业走出去的步伐,未来的市场机遇较为明朗。国家航空市场作为"一带一路"建设的重点,将带动我国航运、贸易、旅游等领域迅猛发展,促进我国企业走出国门,向国际化标准看齐。资料显示,截至2016年底,天津东疆保税港区融资租赁公司达到650家以上(不含SPV),融资租赁飞机数量突破800架,注册资本达到2000亿元人民币,租赁资产规模突破500亿美元,飞机租赁业务规模约占全国的90%。为响应国家"一带一路"建设的号召,工银租赁将飞机租赁作为业务开展重点,开展了多项优质项目。天津渤海租赁企业的飞机租赁起步虽晚,但赶超迅速。截至2016年12月末,天津渤海租赁已在我国境内的天津东疆、广州南沙、深圳前海和海南海口保税区共设立38家SPV公司。渤海租赁以SPV方式成功操作落地20架飞机,涵盖空中客车、波音、巴航工业等制造商生产的A330、A320、B787、B737、E195等多型号的宽体和窄体客机。另外还以渤海租赁本体为平台,操作过两架通航直升机租赁业务,总业务规模逾90亿元人民币。截至2016年12月末,渤海租赁在沿线13个国家和地区开展飞机租赁业务,租赁资产近330亿元人民币。

为推动天津融资租赁业创新发展，2016年的融资租赁业创新发展座谈会上，参会企业从业务实际出发，提出九条建议。一是争取税收突破。融资租赁发展关键在税，希望出台支持租赁业发展的优惠税收政策。二是协调市场监管委，解决动产融资租赁标的物登记不明晰造成标的物重复登记的问题。三是协调市房地产管理局对售后回租不动产权属登记不明晰问题。四是尽快解决融资租赁行业属性不明确、税类归属不清问题，便于企业在纳税融资方面享受优惠政策。五是加快建立融资租赁资产交易平台，盘活大量融资租赁良性资产。六是建立融资租赁同业拆借市场。七是引导并培育租赁企业开拓国际化的融资渠道，积极协调有关部门对跨境租赁业务在外汇审批上建立绿色通道，提高审批效率。八是明确通过融资租赁方式推动天津装备改造升级政策延续性，建议补贴政策向租赁公司倾斜。九是建议政府采购引进租赁模式问题。

上述九条措施是天津租赁行业协会在分析了行业发展的总体情况，把天津与全国融资租赁的发展水平进行优势对比后提出的巩固天津融资租赁业发展优势的意见，全面推动了天津租赁业创新发展，为租赁业"十三五"期间更加健康地发展奠定了良好基础。

七 新型交易市场

天津股权交易所（简称天交所）于2008年9月在天津滨海新区注册营业，是依据国务院批准设立的公司制交易所。天交所的设立为全国非上市公司股权交易创造了更加良好的条件，成为全国非上市公司股权交易的重要融资平台。2008年成立以来，凭借资本市场成熟的经验，为中小企业、科技成长型企业搭建融资平台，为上市公司熟悉资本市场规则提供渠道，公司治理结构更加严谨，核心竞争力逐渐增强，实现快速健康成长；建立健全上市公司孵化和筛选机制，丰富了上市公司的后备资源，打造主板市场、中小板市场、创业板市场和境外资本市场相互融合的局面，为活跃市场、创造投资价值提供了重要支持。

天交所市场采取"集合竞价+报价商双向报价+协商定价"的混合型交易定价模式，为投资人的进入和退出提供了便利。采取"双层次、多板块"的市场交易体系，三大企业板块包括传统行业板、科技创新板、矿业板，两个市场层次包括全国市场和区域市场，共九套财务准入标准，特别适合中小微企业和科技创新型企业。

截至2016年12月31日天交所累计挂牌企业967家（见图1），其中A板挂牌企业697家，B版挂牌企业270家。

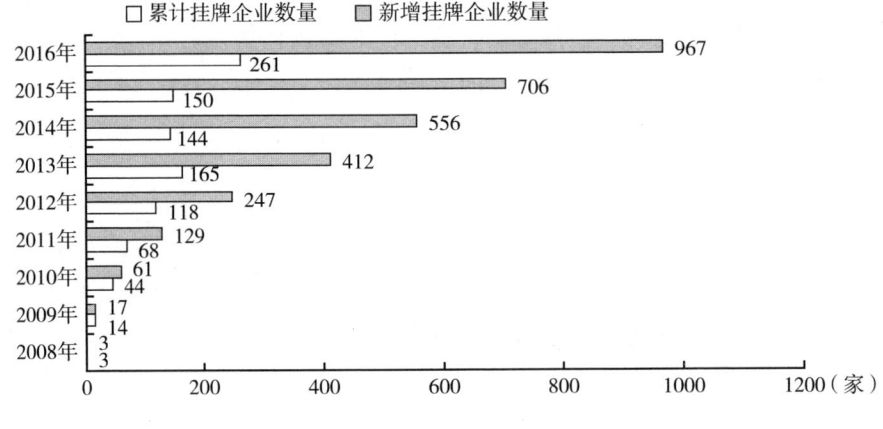

图1 天交所挂牌企业数据统计

资料来源：天津股权交易所统计月报。

天交所挂牌企业分布在全国31个省、自治区和直辖市（见图2），覆盖178个市，涉及18个行业、71个子行业。

天交所积极建立挂牌企业诚信档案，督促服务机构完成现场检查报告，挂牌企业累计披露定期报告9818份，包括挂牌交易公告、三会公告、停复牌提示、重大事项及其他自愿披露信息在内的各类临时披露报告14453份。

天交所累计实现各类融资总额合计302.02亿元。其中，直接融资91.76亿元（挂牌前私募42.76亿元，后续增发49.00亿元）；间接融资210.26亿元（股权质押融资88.62亿元，带动银行授信贷款121.64亿元）。

目前已有60家企业共计备案170只私募债券，备案金额185.78亿元，

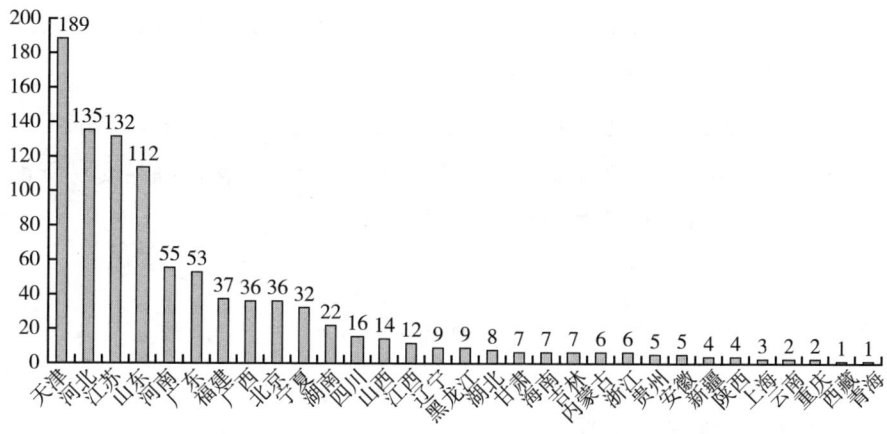

图 2　天交所挂牌企业省份分布情况

资料来源：天津股权交易所统计月报。

其中已有 291 期发行完成并挂牌，累计发行金额 108.63 亿元。

截至 2016 年，天交所市场累计总成交量为 30.46 亿股，累计总成交金额为 74.81 亿元（见图 3）；累计挂牌企业总股本（股权类）359.50 亿股（A 板 313.30 亿股，B 板 46.19 亿股），总市值 1259.90 亿元。

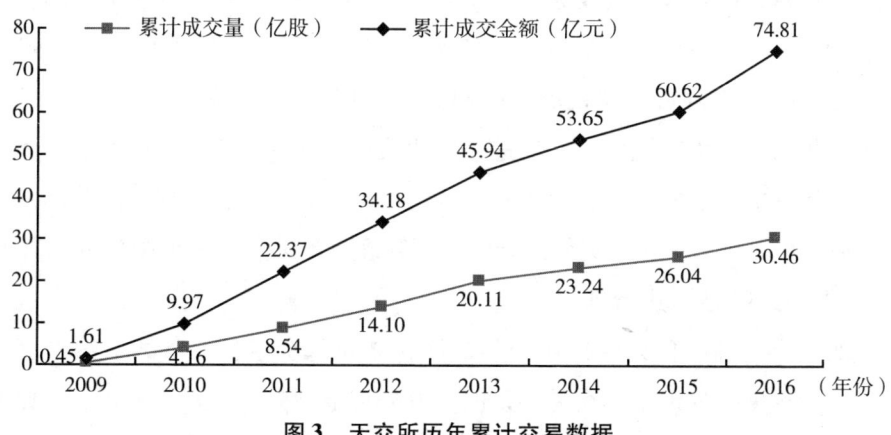

图 3　天交所历年累计交易数据

资料来源：天津股权交易所统计月报。

在滨海新区"先行先试"政策的激励和天津市政府的鼓励下，渤海商品交易所应运而生，创建以来一直保持稳健的经营作风。在交易所市场监督管理委员会的指导监督下,渤海商品交易所将稳健经营与创新服务落实到细节之处,积极探索新的市场交易方式,比如保证金结算方式、客户服务方式、实货交割方式等业务创新。在符合国内外市场交易品种需求的前提下推出创新的交易品种。从创立伊始到现在的阶段性胜利,渤海商品交易所正以自己的品牌形象和品质服务为国际所熟知信任。

八 外汇市场

1. 外汇市场机制不断创新

在经济新常态的背景下,国家外汇管理局天津分局主动以实现国际收支基本平衡为目标,加强国际收支核查工作,强化外汇形势监测分析,深化经常项目外汇管理改革,继续推进资本项目试点工作,严厉打击各项外汇违规行为,做好天津自贸区准备工作。

中国（天津）自由贸易试验区（以下简称"天津自贸区"）在国家外汇管理局天津分局深化外汇管理改革中发挥着重要作用。2015年4月21日,天津自贸区正式挂牌成立,天津、广东、福建三个自贸区是继上海自贸区后的第二批自由贸易试验区。2015年12月11日,中国人民银行正式发布金融支持天津自贸区建设的30条指导意见（以下简称"金改30条"）,对关于扩大人民币跨境使用、促进租赁业发展、支持京津冀协同发展、完善金融服务功能等方面的内容给予指导。随后,国家外汇管理局天津分局发布《推进中国（天津）自由贸易试验区外汇管理改革试点实施细则》对天津自贸区"金改30条"进行细化。

2016年,银行间外汇市场交易活跃,规模稳步增长,市场份额显著提升。前三季度,外汇市场交易确认的业务处理金额为5.7万亿美元,同比增加46%;市场份额为50%,同比增加8%,三季度末市场份额更是达到56%。随着2016年11月外汇掉期交易确认期限范围扩大至T+1交易,其市场份额将扩大至60%左右。同时,随着银行间外汇市场对外开放程度的加深,境外央行类机构也将成为外汇交易确认参与主体。

2016年外汇储备管理始终将守住不发生系统性金融风险放在首位。同时，国家外汇管理局天津分局积极做好自贸区政策落地后的组织实施工作，及时总结试验区政策实施成果和不足，研究如何促进投融资汇兑等政策措施发挥效果，推动试验区实体经济发展，更好地使天津发展服务于试验区国家战略。

前期交易中心推进的 C-Forward 业务，能够进一步提高银行间外汇远期市场的交易效率。C-Forward 即标准化人民币外汇远期交易，银行间外汇市场人民币远期会员均可参与，以双边授信为基础、报价自动匹配、结合点击成交。2016 年 5 月 3 日开市后，具有 C-Trade 前台权限的交易员用户可以对 C-Forward 产品进行报价和交易。在推出前，交易中心通过多项措施深入了解市场对该业务的需求，提早进行了市场推介，包括通过会员走访和座谈会深入调研市场需求，提供针对性的业务培训，通过发布《银行间外汇市场标准化人民币外汇产品交易指引》和《外汇掉期评优补充规则》等文件规范该业务的交易秩序。这些都为该业务顺利推出并满足市场实际需求奠定了基础。

2016 年 5 月 3 日，针对人民币外汇远期交易，交易中心推出在以双边授信为基础、报价自动匹配、结合点击成交的 C-Forward 交易模式。目前，C-Forward 提供人民币对美元的固定期限和固定交割日两种人民币外汇远期交易品种。固定期限人民币外汇远期包括 1 天、1 周和 1 个月共 3 个标准期限合约品种；固定交割日人民币外汇远期包括 3 个最近的连续日历月和随后 3 个最近的连续季度月共 6 个期限合约品种。现有人民币外汇远期会员无须另外申请，在完成授信、风控和清算等方面的准备工作后即可参与 C-Forward 交易。

C-Forward 交易在双边授信额度内，按照价格优先、时间优先的原则自动进行订单匹配，是创新对外汇远期交易机制的革新之举。在 C-Forward 订单自动匹配成交的前提下进行双边授信，事前额度能够降低参与者限额管理压力，降低操作风险。匿名报价机制不仅保护了报价方的交易信息，也保证了系统自动筛选可成交的市场最优价格，系统行情显示带有可成交量的可成交价格，提高了远期市场交易效率和透明度。C-Forward 在交易系统、成交数据流、交易确认、清算和收费等方面都与原来的远期交易保持一致，参与者不需要进行系统或业务变更，节约了交易成本。

上线以来，34 家银行以会员的身份参与到 C-Forward 交易，交易量维持在 75% 的稳定水平，这项新业务极大地提高了人民币外汇远期市场的活跃度。2016 年 5 月至 9 月，人民币外汇远期日均交易量较 1~4 月增长 2.5 倍，较 2015 年同期增长 3 倍。C-Forward 各固定期限品种和大部分固定交割日品种均有成交，其中 1 天、1 周和 1 个月等短期限交易较为活跃。同时，随着市场流动性逐步增强，C-Forward 各期限品种的买卖报价点差也在逐步缩小，特别是 1 个月以下短期限品种的点差由上线初期的 30~70 个基点左右，大幅收窄至目前的 2~15 个基点，长期限品种的点差则稳定在 150 个基点左右。

2. 外汇期权交易提高效率

2016 年 7 月，银行间外汇市场在外汇期权产品的基础上，创新推出了期权组合交易。期权组合交易的推出，极大地提高了银行间外汇期权市场的交易效率。期权组合交易由六个产品组合而成，分别是看涨期权价差组合、看跌期权价差组合、风险逆转期权组合、跨式期权组合、异价跨式期权组合和蝶式期权组合。

期权组合交易的推出丰富了银行间外汇期权市场交易种类，在看涨、看跌期权的基础上提供了更丰富的风险管理和盈利模式，有利于银行更好地表达自身交易策略。该业务上线以后，交易中心进一步推出了复制粘贴报价、批量行权等功能，缩短了产品的交易时间，进一步提高了市场效率。

期权组合交易自上线到 2016 年 9 月底，共有 33 家会员银行参与交易，基本涵盖了目前外汇期权交易活跃的会员。从交易量看，期权组合成交活跃，目前日均交易量超过 25 亿美元，在期权市场的份额保持在 67% 以上。期权组合交易活跃推动了期权成交大幅增长，2016 年 7~9 月，人民币外汇期权日均成交量为 38 亿美元，较 1~6 月增长约 1.5 倍，较去年同期增长 2.3 倍。从交易品种和期限看，参与者在组合品种上更偏好蝶式期权组合和异价跨式期权组合，在期限上则更倾向于一个月之内的短期限交易。

在推出期权组合交易的同时，交易中心与国际主流定价服务供应商Numerix合作，上线了期权定价模块。该项功能在现有期权交易系统中嵌入定价模块，增强了期权交易的定价功能，有利于期权市场公允价值的形成。期权定价功能上线后，定价效率高，计算结果准确，得到会员机构广泛欢迎，对辅助期权交易发挥了积极的作用。

B.7
2016年天津金融改革创新

唐雪晴*

摘　要： 新常态下，经济和社会发展最根本的动力就是创新。2016年天津金融在新常态下谋求发展，金融机构体系日趋完善，自贸区的建设也在政策的扶持下，建设加速。农村金融改革也取得了显著成效。展望2017，将会有更加广阔的发展空间，完善天津市商业运营环境，推动资本项目可兑换的发展，纵向开放可兑换的深度。在自贸区支持和发展具有天津特色的金融业务，大力支持航运金融的发展。

关键词： 天津金融　金融改革　制度创新　天津自贸区

一　天津金融改革创新主要成就

1. 金融机构体系日趋完善

2016年有多家新的金融机构落户天津。全国领先的全球化大型民营投资集团中民投旗下融资租赁运营平台——中民国际融资租赁股份有限公司（以下简称"中民投租赁"）在12月7日和12月14日分别于江苏银行北京分行和上海浦东发展银行天津分行签订长期战略合作协议。两家银行将分别为中民投租赁提供100亿元授信额度，这也是中民投租赁多渠道拓展资金来源，建立良好的银企合作关系，促进银企共同发展的积极实践。根据合作协

---

* 唐雪晴，天津财经大学经济学院硕士研究生。

议，江苏银行北京分行和上海浦东发展银行天津分行将充分利用广泛的服务资源，为中民投租赁提供包括但不限于表内外授信服务、国际业务服务、供应链金融服务、投资银行服务等多层次、多领域的优质优惠的金融服务。

2016年12月20日，天津同创云科技术股份有限公司（以下简称同创云科）成功登陆新三板。同创云科注册地在华苑产业区，成立于2009年4月，2015年10月完成股份制改造，注册资本500万元，主要从事安防产品的研发、生产、销售以及技术服务，同时依托公司的研发实力，为客户提供高清监控可视化管理、垃圾智能分类平台、气象远程监测系统等多领域整体解决方案。据披露，截至2015年末，该公司总资产1092.42万元，净资产638.29万元。2015年全年实现营业收入1568.31万元，净利润93.12万元。

此外，2016年12月29日，天津市互联网金融协会第一次会员大会暨成立大会在中国人民银行天津分行召开，协会首批会员单位有80多家，基本覆盖了天津市金融体系的主流业态和新兴业态，包括银行、证券、保险、信托、租赁、第三方支付、征信、众筹、网贷、货币经纪公司等金融机构。协会的成立，适应了互联网金融行业规范发展的趋势，契合了全国互联网金融风险专项整治的总体要求，标志着天津互联网金融进入全新发展阶段。下一步天津金融局将会同"一行三局"做好协会的主管和指导工作，认真贯彻党中央、国务院和市委、市政府关于规范发展互联网金融的各项决策部署，按照国家金融监管法规的要求，充分发挥协会行业自律组织职能，促进天津金融改革创新，维护互联网金融市场秩序，推动天津互联网金融行业健康、规范、可持续发展。

2. 天津自贸区建设加速

自天津自贸区挂牌以来，依托国家政策优势以及"一带一路"建设和"京津冀协同发展"国家战略，金融创新与发展成果不断突出。在扩大人民币跨境使用、深化外汇体制改革、促进租赁业发展方面进行了深入的探索并取得了一定的成就。2015年，在天津自贸区内设立了北方唯一一家民营银行金城银行，这对于自贸区金融创新乃至全国金融改革都具有促进作用。天津自贸区金融改革创新具有市场优势，对产业聚集、简政放权和推进人民币国际化具有重意义。但在自贸区金融创新发展中仍要注意不要一味追求发展速度，仍要坚持金融创新、符合天津金融体量以及金融环境，并突出天津特色。未来天津自贸区金融创新发展中应注意不断完善金融产业链，提升社会资本水平，注重金融人才的引进与培养，发展具有天津特色的金融业务，持续推进人民币国际化进程，加快资本项目可兑换先行先试，进一步防范风险，加强自贸区金融监管。

2015年3月24日，中共中央政治局审议通过天津自由贸易实验区总体方案。2015年4月21日上午10时，中国（天津）自由贸易试验区（简称天津自贸区）正式挂牌成立，与上海、福建、广州自贸区共同享用同样的负面清单。建立天津自贸区是党中央、国务院做出的重大决策，是在复杂的国际环境和国内新经济环境下，继续扩大对外开放、全方位深化改革、加速促进京津冀协同发展战略的关键战略。同时，天津自贸区加入了世界自由贸易区。自此，以天津自贸区为依托的天津市新一轮改革开放正式开启。

天津自贸区是北方首个自贸区，它的战略定位与京津冀协同发展紧密相连。在学习和复制上海经验基础上，积极寻找京津冀协同发展和对外开放的增长源泉，努力打造一个法制化、市场化、国际化的经营环境，为我国全方位深化改革和扩大对外开放的广度和深度寻找新方法，起到服务国家、示范带动的积极作用。

天津自贸区的核心任务是制度创新，根本目标任务是可推广、可复制，在此基础上，天津自贸区积极发展成为京津冀协同发展的对外开放新平台、制度创新试验田、全国改革开放先行区和面向世界的高水平自由贸易园区。自贸区总体目标是，历经三到五年的改革探索，天津自贸区将成为国际化高水平的自由贸易园区，国际化高水平意味着投资便捷高效、金融产品和服务丰富完善、汇聚一大批高端产业、贸易自由化程度较高、法律制度完善、监管全面有效、示范辐射作用显著，对京津冀协同发展起到良好的先导作用。天津自贸区之所以与众不同是因为极具天津特色，具体包括通过创新制度增进实体经济的福利；重视航运与经济的结合，如航运税收、航运金融等，借助"一带一路"的国家战略促进经济向前迈进，并带动整个环渤海经济圈的发展。如何具体进行天津自贸区创新实践、辐射华北经济圈，如何在自贸区发展实践中形成一般性规律为国家所借鉴并起到示范带头作用，是一个长期坚持探索并不断开拓创新的艰难过程。

2016年是"十三五"规划的伊始之年，天津市政府、各界金融机构始终将习近平总书记的系列讲话作为精神指导，努力贯彻中央的思想作风，在推动改革创新的同时，不忘防风险、稳增长；将严谨的工作作风渗透到每一个细节，做好重点工作，做到明确主要矛盾，抓住重点，争取取得工作的进一步突破；以"新十条"出台为立足点，将小微企业的贷款风险补偿机制推进落实，为小微企业的融资提供便捷的渠道，实现小微企业的健康持续发展。"金改30条"政策的出现，为推动自贸区金融改革创新提供了载体。资本项下各项目可兑换度得到显著提高，金融机构开展人民币与外汇衍生品交易得到允许。

自贸区政策支持租赁公司从境外拆借人民币，允许依法境外发行相关人民币债券。对募集到的资金用途也放宽使用限制，允许资金在自贸区内的运作。此外，境外母公司控股的租赁公司在自贸区内同样具有发行债券的资质，自贸区给予跨国资本充分的自由，跨境双向人民币资金池业务有序开展，为方便租赁公司开展直接投资，可以在银行办理外汇登记业务，意愿结汇业务的开展为外商资本与国内资本提供了广阔的发展平台。

开展十余项业务模式创新，比如搭建全国性的租赁资产流转平台，开展租赁物权属登记查询和司法保障、融资租赁公司接入中国人民银行企业征信系统、融资租赁公司兼营保理试点等。在全市范围内开启采用中小微企业贷款风险补偿机制，合作金融机构加大资金支持力度，积极研发金融创新产品、工具和服务模式，为中小微企业发展提供了强劲支持。

近年来，自贸区的租赁业务逐渐丰富，逐渐聚集了更多优质租赁公司，相应的创新业务模式也层出不穷。为降低客户融资成本，工银金融租赁作为全国金融租赁的领头羊，在自贸区创新开展保税租赁业务，这一业务避免了名义出关而带来的不必要的成本，将交易主体锁定在"境内关外"。保险公司为租赁业务的开展提供了支持，中国出口信用保险公司通过开展海外租赁

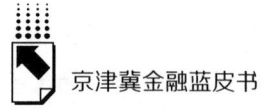

保险服务，为企业解决融资难问题，此项业务的开展降低了船东融资成本，为船舶设备的出口提供了融资便利。此外，太平洋财产保险公司则采用为租赁企业增信的方法，降低双方违约风险与成本，能够缩短企业获得资金的时间，为租赁企业提供便捷的融资渠道。外币现金管理平台的搭建，为租赁企业便捷使用境内外汇资金提供平台；采用发行中期票据的方式为企业融资，为企业资产增加流动性，优化资本结构。

3. 自主创新示范区增长迅猛

滨海新区首次提出双创（创新创业）特区概念。自2015年9月21日双创特区在中心商务区揭牌以来，滨海新区创新创业聚集态势已初见成效，形成了创新创业生态圈。2016年1月"双创特区"企业的"双创通"企业管家服务平台正式上线运行，为创新创业企业提供代理记账、税务审计、商标注册等"一站式"服务。

《京津冀协同发展规划纲要》为滨海新区的发展带来难得的机遇，为滨海新区的经济发展注入新的增长活力，拓展了新的合作和发展空间。作为天津经济发展的重点地区，滨海新区积极创建京津冀三地要素汇集、产业融合、互动创新示范区，打造京津冀创新发展的驱动力，承接大项目、好项目，将深化改革作为滨海新区的发展信仰。滨海新区不断加深与中关村国家自主创新区和白洋淀科技城合作，推进建设"天津滨海—中关村科技园""京津合作示范区"等载体建设，通过打造中关村科技成果转化基地、海洋科技成果产业化基地为天津以及京津冀的发展提供支持。

4. 农村金融改革深化

在农村金融改革的步伐继续加快的2016年，农村类金融机构充分发挥特色优势，通过准确定位，把握好改革的趋势，实现了质的飞跃。农业发展银行的业务范围进一步拓展，致力于保障民生重点领域，防范金融风险，将重点着力支持农村基础设施。三农问题一直是关系我国民生发展的重点领域，推动三农问题与商业运作的有机结合，将会更好地推动农村经济的向好发展。为提高邮政储蓄资金的流动性，健全邮政储蓄信贷与融资平台搭建，组建邮储银行，发挥邮储在基层的融资作用。从政策层面，放宽农村金融机构的准入条件，积极发展村镇银行等新型农村金融机构。农村金融机构的逐步设立，带动了农村经济的健康发展，为农业企业融资提供融资渠道，降低了融资成本，有利于农业的良性循环发展。通过建立扶贫信贷体系，降低了农业不确定性风险，保障了农民的权益。

天津滨海农商银行为涉农企业和农户提供综合化金融服务，将创新的金融服务方式融入经营理念当中，坚持金融创新，为客户提供全方位、系统化服务。为发挥金融支持实体经济的本质功能，天津滨海农商行加大对涉农县区的信贷投放力度，为促进区域农村经济的发展起到了巨大的作用。截至2016年6月底，天津滨海农商行涉农贷款87.04亿元，涉农科技类企业贷款余额8.67亿元。积极拓展研发创新业务，开发特色融资产品，比如为涉农企业推出"合意贷"等，逐步实现了将存款增长用于当地信贷投放的目标，为涉农企业解决融资难、融资成本高等问题提供了新思路。

二 天津金融改革创新发展前景

1. 完善金融产业链，推动产业集群发展

区域金融的核心竞争力在于拥有一条完善的金融产业链。金融产业集群效应显著。通常来说，产业集群需要四个方面支撑，分别是企业间分工紧密且形成复杂网络关系、特定区域空间上的集聚、产业链相对完整和产品专业化生产。天津商业保理和融资租赁体系基本符合上述四方面，且相关政策充足到位。随着融资租赁市场的发展壮大，实体产业采用融资租赁模式的接受度加强，以及贸易融资的便捷性蕴含着潜在的海外市场，未来应该有广阔的发展空间。同时，《天津自贸区金融支持意见》显示，在人民币国际化的大背景下，境外财富管理或金融产业投资基金为主的金融机构集群的形成，可以推进金融产业找到新的发展源泉。

2. 提升社会资本水平，完善天津市商业运营环境

良好的社会资本有利于加强金融企业的信任度，增强企业合作的意向，降低企业间交易成本，加快行业内知识的扩散和应用，并且可以将外部规模经济效用最大化。同时建立发展相应的商务服务业,包括会计审计及税法、金融咨询、科技、金融信息等,在一定程度上对金融第三方服务机构的全面发展起到促进作用。

3. 优化天津市金融从业人员结构

努力建设成结构化的人才梯队,提升天津市目前金融从业人员的专业素质是工作的关键。天津市应出台相关配套措施,面向世界引进高素质金融人才,加强金融学科专业建设,支持高校和相关科研院所开展高水平的学术研究。此外,还应制定和出台一系列吸引高端金融人才落户天津的政策。其中应该包括就业、住房、子女上学等方面的优惠措施,还应包括税费减免、财政支持等政府让利的优惠政策,加强对高端金融人才的吸引力。

4. **在自贸区支持和发展具有天津特色的金融业务,大力支持航运金融的发展**

鼓励金融机构创新有关航运的金融产品,比如船舶(飞机)出口买方信贷、船舶(飞机)抵押融资和港口基础设施建设融资等。面对航运业发展不断增加的融资需求,大力发展航空、飞机租赁和航运产业投资基金,鼓励区内拥有离岸业务资格的商业银行扩大相关业务品种和服务。加快推动保险业务的前进步伐,设立航运保险公司,扩大海上保险险种,如海上工程保险和飞机保险等,努力建设并运营航运要素交易平台。

5. 持续推进人民币国际化进程

在自贸试验区内,在增加从境外借用人民币规模方面,应不断下放给金融机构和企业更多的权利;继续支持金融机构和企业发行境外人民币债券,所吸纳的资金可调回区内使用;给予企业境外母公司或子公司发行境内人民币债券的权利,可根据企业具体情况,在境内外使用所吸纳的资金,为人民币"走出去"奠定基础;继续加强人民币金融产品的创新与构建,扩大使用境外人民币在境内投资金融产品的范围,增加境外人民币投资回流的方式和方法;在金融基础设施平台的基础上,继续发展进行人民币计价、航运、产权的股权和金融资产等要素的交易,向区内和境外投资者提供人民币计价的结算和交割服务。

6. 推动资本项目可兑换的发展，纵向开放可兑换的深度

在外债宏观审慎管理的理念指导下，对内外资企业外债政策统一管理，进行外债资金意愿结汇的实践。支持区内金融机构进行人民币与外汇衍生品的交易，区内证券期货机构可进行资产管理、跨境经纪等业务，区内保险机构也可以进行境外投资尝试。对于自贸试验区内的企业，可以扩大境外中长期国际商业贷款的专用额度。对于境外企业，可以依托自贸试验区的平台进行特定品种期货的交易。对于区内达到要求的投资者，可以在境内外证券期货市场上进行双向投资，对扩大个人可兑换的限额进行深入探索。达到要求的境内个人投资者可进行境外投资尝试，诸如境外实业、不动产和金融类投资。

7. 加大自贸试验区金融监管力度，切实防范风险

加大自贸试验区金融风险防范和监管的强度，着重加强跨境资金流动风险的管理与监督，全方位监测企业和个人跨境收支及其风险；不断研究监管的新方法，积极建设区内金融监管协调机制。在国家对天津自贸区改革试点授权的基础上，严格遵守法律法规，逐渐放开金融机构的进入，对区内的金融业务金额高管人员实行备案制，简化行政审批环节和手续；切实了解金融机构跨市场和跨行业的发展特色，在此基础上不断构建系统性风险防范和预警体系。

河北金融发展篇

Development of Hebei Financial Sector

B.8 2016年河北金融机构发展

宋 欢[*]

摘 要： 2016年，河北省认真贯彻落实党和国家的政策，准确运用宏观调控手段，积极"稳增长、调结构、促改革、惠民生"，在国民经济、社会福利等各方面稳中有进，不断取得新的成绩。本文通过对2016年河北省金融机构数据的分析，发现2016年河北省金融机构的发展呈现出以下趋势：银行业稳健运行，组织体系更加完善，贷款增速适度加快，信贷结构进一步优化，利率市场化改革平稳推进，贷款利率明显下行，支持实体经济力度提升；证券业健康稳定，期货业发展依然面临挑战；保险业加快发展，服务民生能力不断提高；小额贷款公司、互联网金融均保持良好的发

---

[*] 宋欢，天津财经大学经济学院硕士研究生。

展势头。

关键词： 河北金融机构 非银行业金融机构 金融支持实体经济

2016年，面对"压产能、治污染、调结构、转方式"的艰巨繁重任务，河北省认真贯彻落实党和国家的方针政策，准确运用宏观调控手段，在全省上下的共同努力下，经济发展取得了可喜的成绩，全省国民经济增长继续保持着稳中有进的态势，同时经济增长动力不断增强，经济增长结构调整初见成效，实现"十三五"良好开局。2016年河北省产业增加值高达31827.9亿元，成功跨上3万亿台阶，相比2015年上涨了6.8%。其中，一季度经济增长6.5%，上半年增长6.6%，前三季度和全年均增长6.8%，呈现逐季加快的态势。从第一、第二、第三产业的数据分析，第一产业增加值为3492.8亿元，同比增长3.5%；第二产业增加值为15058.5亿元，同比增长4.9%；第三产业增加值为13276.6亿元，同比增长9.9%（见图1）。

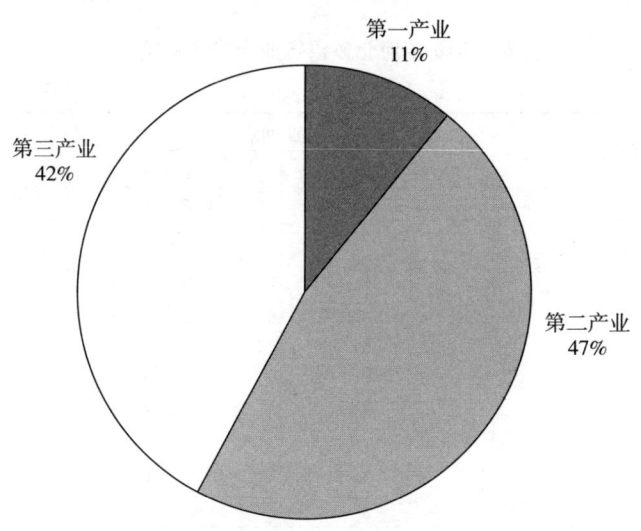

图1 2016年河北省产业增加值比重

资料来源：河北省统计局。

在河北省经济增速换挡、结构转型升级的背景下,全省认真执行稳健的货币政策,金融业发展迅速。2016年,河北省金融业增加值为1692.2亿元,比上年增长13.7%,占全省GDP的5.3%,比上年提高0.1个百分点,可见金融业对河北省经济社会发展的贡献作用进一步提高。

一 河北省银行业机构发展

河北省"引银入冀"工程实施以来,通过"引进、下延、外扩、新建"的方式,使河北省银行业机构不断发展壮大,银行业机构体系不断完善。在已经过去的"十二五"这五年期间,股份制商业银行(广发银行、平安银行)、城市商业银行(北京银行)、外资银行(汇丰银行)四家银行在河北省境内开设分支机构;河北省原有的8家城市商业银行实现跨市、跨区域发展;村镇银行从原来的0家发展到目前的73家。截至2016年底,河北全省共有各类银行业机构11653家,比"十二五"初期新增2049家(见表1),初步实现了种类多、功能全、覆盖广的银行业机构体系。

表1 2016年河北省银行业金融机构情况

单位:个,人

机构类别	营业网点		法人机构数
	机构个数	从业人数	
国有商业银行	3276	76997	0
政策性银行及开发银行	165	3623	0
股份制商业银行	491	10166	0
城市商业银行	1155	22315	11
农村合作机构	4881	47601	152
农村新型机构	209	3076	73
非银行业金融机构	9	589	9
邮政储蓄机构	1461	9583	0
资产管理公司	4	211	0
外资银行	2	67	0
合计	11653	174228	245

资料来源:中国人民银行石家庄中心支行。

1. 资产规模进一步扩大

截至2016年底，河北省银行业金融机构资产总额为68345.7亿元，较2015年增长9631亿元，增幅为16.4%。其中，国有商业银行资产总额26634.1亿元，较2015年增加2330.2亿元；政策性商业银行及开发银行资产总额为4456.4亿元，较2015年增加593.2亿元；股份制商业银行资产总额为4812.2亿元，较2015年增加99.3亿元。

2. 存款稳步快速增长，活期化趋势明显

如表2所示，中国人民银行石家庄支行统计显示，截止到2016年末，河北省金融机构本外币存款余额为55928.87亿元，相比2016年初增加了7001.28亿元，比2015年多增1892.95亿元，同比增长14.31%（见表2）。

表2　2016年河北省金融机构（含外资）本外币存款

单位：亿元

时间 项目	1月	2月	3月	4月	5月	6月
各项存款	49941.19	50603.25	51776.44	52313.92	52700.25	53951.65
一　境内存款	49920.27	50590.10	51763.13	52300.37	52687.03	53940.03
1. 住户存款	29754.33	30748.16	31214.12	30851.02	30984.59	31436.76
（1）活期存款	8911.31	9228.76	9426.84	9097.20	9084.75	9313.99
（2）定期及其他存款	20843.02	21519.41	21787.27	21753.82	21899.85	22122.78
2. 非金融企业存款	11646.08	11502.62	11993.29	12272.94	12290.85	12693.78
（1）非金融企业活期存款	4869.24	4730.21	4919.84	5155.21	5139.71	5494.97
（2）非金融企业定期及其他存款	6776.84	6772.40	7073.45	7117.72	7151.15	7198.81
3. 政府存款	7769.80	7587.38	7752.05	8361.46	8541.60	8793.33
（1）财政性存款	1510.07	1364.02	1069.98	1950.18	1838.95	1828.83
（2）机关团体存款	6259.73	6223.37	6682.07	6411.28	6702.65	6964.50
4. 非银行业金融存款	750.06	751.93	803.67	814.95	869.98	1016.17
二　境外存款	20.92	13.16	13.32	13.55	13.23	11.61
时间 项目	7月	8月	9月	10月	11月	12月
各项存款	53993.46	54793.06	55179.45	55123.67	55463.05	55928.87
一　境内存款	53984.28	54783.26	55170.19	55113.81	55452.55	55918.15
1. 住户存款	31465.16	31741.27	32379.02	32207.78	32482.54	32870.97

续表

时间 项目	7月	8月	9月	10月	11月	12月
（1）活期存款	9303.99	9446.38	9914.32	9817.62	9870.81	10148.93
（2）定期及其他存款	22161.17	22294.89	22464.71	22390.16	22611.73	22722.04
2. 非金融企业存款	12651.24	12807.62	12970.03	12928.91	13124.70	13660.77
（1）非金融企业活期存款	5533.40	5633.19	5814.63	5908.92	5978.66	6572.60
（2）非金融企业定期及其他存款	7117.83	7174.43	7155.40	7020.00	7146.05	7088.18
3. 政府存款	8928.35	9189.81	8756.41	9029.05	8806.35	8401.60
（1）财政性存款	1995.63	1992.76	1596.94	1757.44	1653.30	1193.25
（2）机关团体存款	6932.72	7197.05	7159.47	7271.60	7153.05	7208.35
4. 非银行业金融机构存款	939.54	1044.56	1064.72	948.07	1038.96	984.81
二　境外存款	9.17	9.80	9.26	9.86	10.50	10.72

资料来源：人民银行石家庄支行。

从结构看，个人存款增速持续低于单位存款。2016年，河北省单位存款新增3070.89亿元，同比多增1182.00亿元，比年初增长17.15%，同比提高5.36个百分点；个人存款新增3602.82亿元，同比多增519.46亿元，比年初增长12.33%，同比加快0.53个百分点。单位存款全年保持较快增长，社会整体资金供给充足。

从期限看，存款保持快速活期化趋势。活期存款新增3953.73亿元，相比2015年多增2133.28亿元，比年初增长22.67%，同比提高11.01个百分点；定期存款新增1908.64亿元，同比少增73.69亿元，比年初增长8.37%，同比减少1.15个百分点。

3. 贷款较快增长，支持供给侧结构性改革成效明显

截至2016年末，河北省银行业本外币贷款余额37745.85亿元，扣除不良贷款核销及政府债券置换等因素之后，仍比2016年初增加5137.38亿元，相比2015年多增581.21亿元，同比增长15.75%，高于全国2.95个百分点。此外，每个季度贷款均以1000亿以上的规模均匀增加，第一季度新增贷款1341.81亿元，第二季度新增1172.08亿元，第三季度新增贷款1149.62亿元，第四季度新增贷款1473.87亿元。新增贷款的增加为河北省2016年经济转型升级提供了有力的资金支持。

表3　2016年河北省金融机构（含外资）本外币贷款

单位：亿元

月份 项目	1月	2月	3月	4月	5月	6月
各项贷款	33434.68	33472.37	33950.28	34214.95	34595.83	35122.36
一　境内贷款	33376.68	33415.35	33893.76	34159.37	34540.62	35068.99
1. 住户贷款	9243.72	9282.25	9530.94	9737.28	9962.01	10267.09
（1）短期贷款	2489.86	2462.17	2507.20	2501.81	2509.27	2552.97
消费贷款	581.93	555.22	580.72	573.50	574.93	601.85
经营贷款	1907.94	1906.95	1926.49	1928.31	1934.34	1951.12
（2）中长期贷款	6753.86	6820.08	7023.73	7235.47	7452.74	7714.12
消费贷款	5675.29	5738.53	5935.26	6133.88	6337.75	6573.70
经营贷款	1078.57	1081.55	1088.48	1101.59	1114.99	1140.42
2. 非金融企业及机关团体贷款	24132.96	24133.10	24362.82	24421.09	24578.62	24801.90
（1）短期贷款	9966.56	10076.11	10202.17	10169.41	10179.99	10222.17
（2）中长期贷款	11837.18	11693.53	11859.25	11928.84	12055.46	12222.19
（3）票据融资	2111.60	2135.10	2069.63	2083.15	2095.50	2117.21
（4）融资租赁	132.36	134.94	137.95	139.74	141.16	144.06
（5）各项垫款	85.25	93.42	93.81	99.94	106.50	96.26
3. 非银行业金融机构贷款				1.00		
二　境外贷款	58.00	57.01	56.53	55.58	55.21	53.37

月份 项目	7月	8月	9月	10月	11月	12月
各项贷款	35552.96	35721.14	36271.97	36604.16	37050.70	37745.85
一　境内贷款	35500.32	35668.28	36219.21	36551.89	36998.96	37694.07
1. 住户贷款	10456.15	10735.27	11110.82	11335.78	11628.90	11846.29
（1）短期贷款	2524.19	2549.17	2576.39	2530.66	2527.57	2496.97
消费贷款	587.06	605.62	614.05	585.96	597.91	601.62
经营贷款	1937.14	1943.54	1962.34	1944.70	1929.66	1895.35
（2）中长期贷款	7931.95	8186.10	8534.43	8805.12	9101.33	9349.32
消费贷款	6790.33	7030.73	7359.83	7636.46	7907.53	8138.44
经营贷款	1141.62	1155.38	1174.60	1168.66	1193.81	1210.88
2. 非金融企业及机关团体贷款	25044.17	24933.01	25108.40	25216.12	25370.06	25847.78
（1）短期贷款	10256.17	10253.32	10308.60	10262.64	10168.52	10251.48
（2）中长期贷款	12326.08	12198.94	12301.87	12365.40	12468.75	12869.23
（3）票据融资	2200.57	2219.66	2252.89	2288.94	2415.17	2408.80
（4）融资租赁	146.31	148.03	149.68	202.26	219.76	247.71
（5）各项垫款	115.04	113.05	95.36	96.88	97.86	70.56
3. 非银行业金融机构贷款						
二　境外贷款	52.64	52.86	52.76	52.26	51.74	51.77

资料来源：中国人民银行石家庄中心支行。

从行业投向看，新增贷款的行业集中度呈现快速上升的态势。2016年新增贷款主要流向房地产、交通运输仓储和邮政业、水利环境和公共设施管理业、批发和零售业、建筑业，分别新增贷款3058.90亿元、374.63亿元、247.30亿元、219.62亿元、195.08亿元，占全部新增贷款的79.43%。其中，占比最多的是房地产业，占全部贷款的59.33%，即全年新增贷款的六成投向了房地产行业。房地产业贷款余额首次突破万亿，上升至10168.80亿元，在各项贷款余额中的占比由年初的21.78%跃升至年末的26.90%。

2016年，河北省银行业在不良资产化解处置中主要有两个特点。一是化解处置方式多样化。既有传统的清收、以物抵债、核销等方式，也有近年来新兴的资产证券化等方式；既有被动的应对处置，也有积极对企业采取帮扶措施，通过改善企业的融资和经营状况实现贷款质量转好。二是化解处置力度加大。2016年，河北省银行业机构通过清收处置等方式共消化不良贷款579.06亿元，同比增加256.37亿元。其中，批量转让和贷款核销的方式得到更广泛的运用。2016年全年批量转让不良贷款225.47亿元，贷款核销209.42亿元，同比增加130.36亿元。

4. 不良贷款"双升"，信用风险暴露压力增大

截止到2016年末，河北省银行业不良贷款余额高达831.78亿元，相比年初增加了153.95亿元，上涨了22.7个百分点；不良贷款率2.20%，相比年初增加了0.12个百分点。可以看出，河北省银行业金融机构不良贷款数额和不良贷款率仍然存在着明显的"双升"趋势。不过，随着河北经济转型升级的稳步推进，"双升"速度有所放缓，不良贷款问题会逐步得到控制，总体风险依然可控。

5. "四项措施"引导河北银行业提升实体经济服务

（1）十个方面引导银行业提升金融服务能力

河北银监局制定《河北银行业进一步提升服务实体经济发展质效的指导意见》，提出"十个促进"措施，从支持重大战略实施、促进产业结构调整等十个方面有针对性地引导银行业提升金融服务能力，促进实体经济转型发展。同时建立了强化组织领导、严格评估报告、完善激励约束等三项机制，明确了各方工作任务。

（2）五项活动促进协作对接

河北银监局分别以"创新、协调、绿色、开放、共享"为主题，举办了"盘点十二五，展望十三五"等五项活动。其中，"河北银行业支持沿海经济发展行"活动，促成3家银行与政府签订战略合作协议，23家银行与43家企业签订总额512亿元授信协议。"践行绿色金融，共建美丽河北"专题推介会，当场推介河北省2016年重点项目340个。

（3）开展回头看检查研制服务新方法

河北银监局持续加强对银行业支持实体经济情况的定期分析，对发现的问题及时督导，研究制定服务实体经济新方法、新举措。开展"两个加强""两个遏制"回头看监管检查，其中对落实经济结构转型升级和供给侧结构性改革的政策要求，支持战略新兴产业、高新技术产业等进行检查，以监管约束的形式将服务实体经济落到实处。开展民营企业贷款融资难、融资贵问题专项检查，促进民间投资健康发展。组织河北省银行业违规收费行为自查，持续规范服务收费行为。

（4）把握历史机遇，提升服务水平

抓住京津冀协同发展这一国家战略，把握2022年冬奥会这一历史机遇，积极引导银行业机构主动对接产业转移、交通体系建设、生态环境治理等重点项目，全力支持冬奥会建设。2016年末，河北省支持京津冀协同发展项目表内外授信余额10674.37亿元，较年初增加1575.5亿元，增长17.32%，其中对"三个率先突破"领域表内外授信达5485.98亿元，较年初增加583.7亿元。持续加强服务价格管理，降低企业融资成本。截至2016年末，21家全国性商业银行分支机构的收费项目由平均251项降为188项，平均每家减少63项，降幅为25.10%；11家法人城商行的收费项目由平均71项降为60项，平均每家减少11项，降幅为15.49%

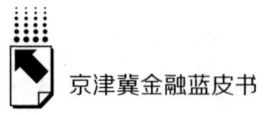

二 河北省证券业机构发展

2016年,河北省证券经营机构和期货经营机构处于调整收缩的状态,私募基金规模有所提升。

1. 证券经营机构

如表4所示,截至2016年12月31日,河北辖区共有证券公司1家,分公司20家,较2015年增加了3家;证券营业部224家,相比2015年末增加了5家,证券投资咨询公司1家。

表4 2016年河北省证券业机构数量情况

	分类	数量
证券经营机构	证券公司(家)	1
	证券分公司(家)	20
	证券营业部(家)	224
	证券投资咨询公司(家)	1
期货经营机构	期货公司(家)	1
	期货营业部(家)	34
私募基金	辖区私募基金管理人(家)	108
	管理的私募基金(只)	153
	管理的私募基金规模(亿元)	150.37

资料来源:河北省证监局。

2015年上半年股市的暴涨吸引了大量资金流入股市,股市异常活跃,使得2015年河北省证券行业累计交易金额、营业收入、净利润暴涨。2016年股票市场相对比较难稳定,证券业营业金额、营业收入、净利润等向正常值回归。2016年河北省证券经营机构累计交易金额4.28万亿元,同比增长-43.24%(见图2);累计营业收入27.06亿元,同比增长-58.82%;累计净利润8.61亿元,同比增长-76.34%;期末托管市值2988.18亿元,同比增长-2.59%;A股证券账户906.99万户,同比增长24.90%。

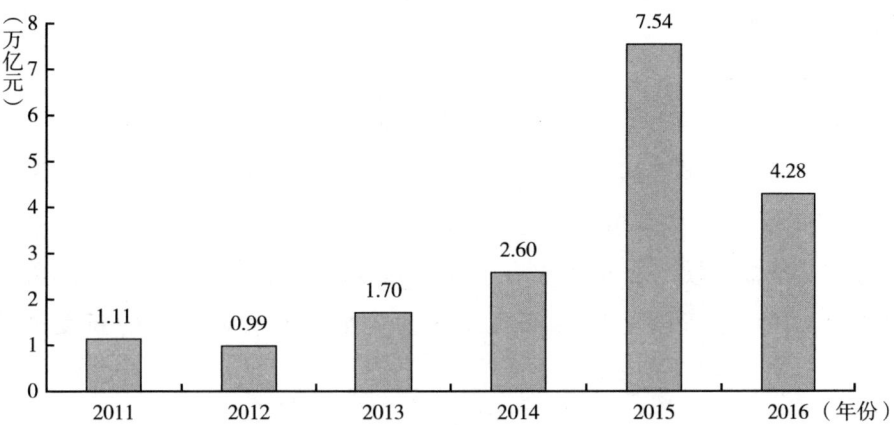

图2　2011～2016年河北省累计证券交易额

资料来源：河北省证监局。

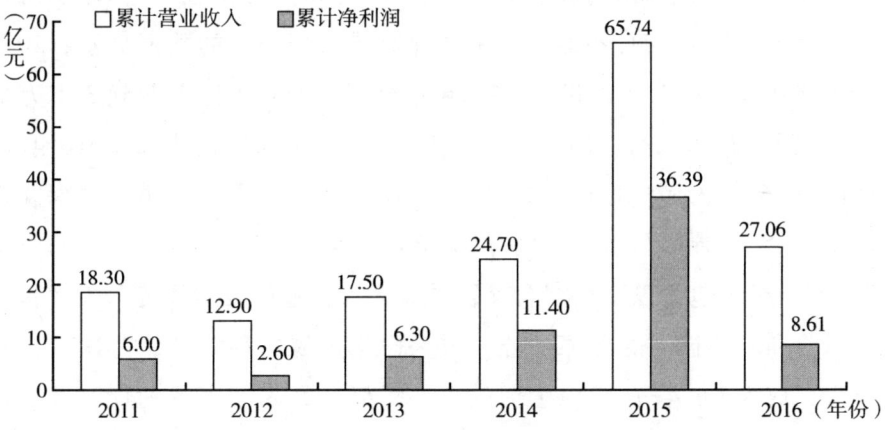

图3　2011～2016年河北省证券业累计营业收入与累计净利润

资料来源：河北省证监局。

2. 期货经营机构

截至2016年12月31日，河北辖区共有期货公司1家，期货营业部34家。累计代理交易额21313.46亿元，同比增长-59.73%；累计营业收入0.67亿元，同比增长-30.41%；累计净利润-0.14亿元，同比增长-78.07%；期末保证金23.56亿元，同比增长21.61%；客户5.21万，

127

同比增长 7.09%。

3. 私募基金

如表 4 所示,截至 2016 年 12 月 31 日,河北辖区已登记私募基金管理人 108 家,同比增加 -54.81%;已备案私募基金 153 只,同比增加 93.67%;认缴规模 150.37 亿元,同比增加 57.90%。可以看出 2016 年河北省基金规模与去年相比有了较大幅度的提升,同时资金管理人大量减少,在一定程度上反映出河北省基金业进入汰劣存优的新发展阶段。

三 河北省保险业机构发展

2016 年,中国保险行业发展迅速,对经济的"助推器"作用和对社会的"稳定器"作用日益显现。中国保监会最新公布的数据显示,2011 年全国保费收入仅 1.4 万亿元,2016 年全国保费收入已上升到 3.1 万亿元,上涨了 121%;行业净资产从 2011 年的 5566 亿元增加到 2016 年 11 月底的 1.76 万亿元,增加了 252%。2016 年我国保监会提出了"保险姓保"的理念,"保险姓保"就是指保险业的发展要"立足主业、回归本位",其中至少包含以下三层含义:首先,保险业的发展要充分发挥保险分担风险和补偿损失的保障功能,成为国家发展的稳定器;其次,保险业要真正成为人民群众健康生活的重要支撑,是人民生活的保障器;最后要在"脱虚向实"中成为实体经济的助推器。2016 年我国保险业的发展始终践行这一理念。以大病健康保险最新数据为例,2016 年大病保险已覆盖城乡居民上升至 9.66 亿人,直接受益人数累计超过 800 万,患者实际报销比例在基本医保的基础上普遍提高了 10 个至 15 个百分点,整体报销比例达到 70%。就目前看,我国保险业已进入一个服务国家治理体系和治理能力现代化的新格局,个人税收优惠型健康保险和巨灾保险工作不断向前推进,大病保险覆盖面不断扩大,农业保险全面铺开,责任保险产品体系日益健全,对经济"助推器"和社会"稳定器"作用逐步增强。

与我国保险各行业发展情况一致，河北省保险业在2016年呈现出稳健发展、逐步扩张的良性发展趋势。如表5所示，截止到2016年底，河北省辖区内有1家保险公司总部，66家中资保险公司分支机构，相比2015年底增加了10%；7家外资保险机构，与2015年持平。总的来看，河北省保险业覆盖面日趋完善，布局合理程度逐步提高，服务河北省经济发展作用显著，保险服务能力再上新台阶。

表5 2016年河北省保险业机构数量情况

单位：家

项目	2016年数量
总部在河北省的保险公司	1
其中:财产险经营主体	1
人身险经营主体	0
保险公司分支机构	
其中:财产险公司分支机构(中资)	34
财产险公司分支机构(外资)	1
人身险公司分支机构(中资)	32
人身险公司分支机构(外资)	6

资料来源：河北省保监局。

1. 各项保费收入与赔付指出均稳步增长

如图4所示，2016年河北省保险业机构原保费收入合计1495.27亿元，相比2015年末增长了28.5%。在所有的保费收入中，人身险收入所占比例较高，2016年人身险保费收入1053.14亿元，同比增长37%，占全部保费收入的70.4%。其中寿险业务保费收入为888.04亿元，相比2015年末增长38%，健康险和人身意外险保费收入分别为139.47亿元和26.62亿元，较2015年末增长42%和12%；财产险收入相比人身险较低，为442.13亿元，同比增长10.6%。

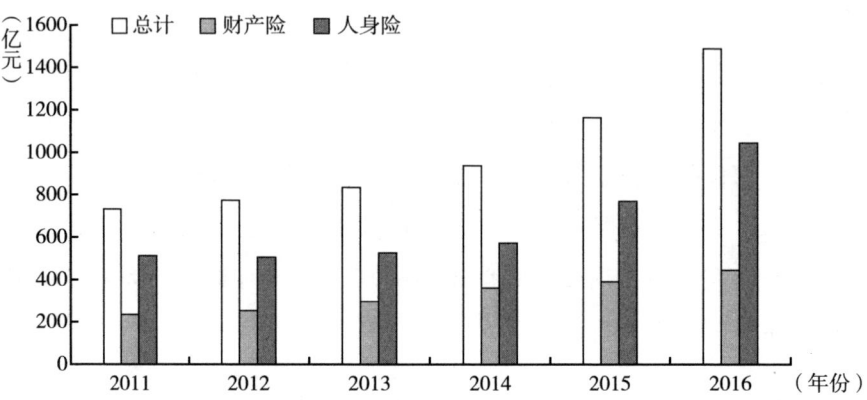

图4　2011～2016年河北省保险业保费收入情况

资料来源：河北省保监局。

如图5所示，近几年来河北省保险业赔付支出呈现稳步上升的态势。2016年河北省保险业赔付支付合计548.21亿元，相比2015年末增加了86.29亿元，同比增长18.7%。其中人身险保费支出332.68亿元，同比增长27.7%，寿险、健康险和人身意外险保费支出分别为283.93亿元、42.41亿元和6.35亿元，同比增长26%、37%和21%；财产险保费支出共计215.52亿元，相比2015年末增长了7%。

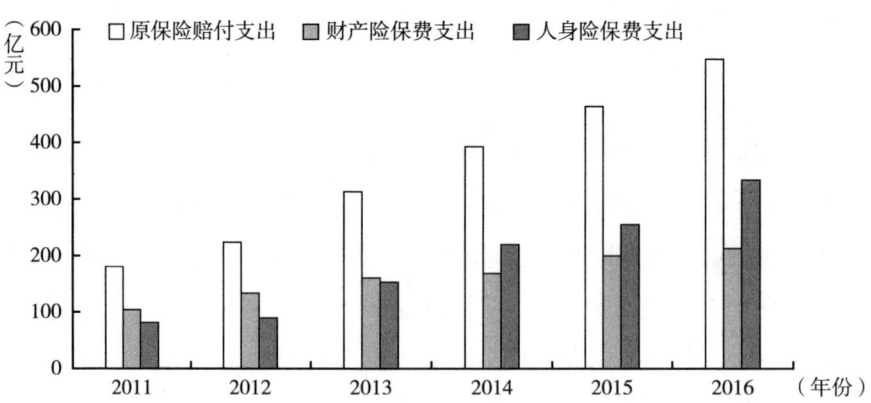

图5　2011～2016年河北省保险业赔付支出情况

资料来源：河北省保监局。

2. 保险覆盖面不断扩大

截止到2016年末,河北省参加基本养老保险的城镇职工人数合计1403.3万人,相比2015年末增加了82.8万人,其中在岗职工1012万人,离退休人员391.3万人。参加城乡居民基本养老保险人数合计3446.1万人,相比2015年末增加5.8万人。基本医疗保险参保人数合计6672.5万人,其中城镇职工基本医疗保险参保人数合计973.7万人,相比2015年末增加了16.7万人;城乡居民基本医疗保险参保人数合计5698.8万人。失业保险参保人数合计515.9万人,相比2015年末增加了4.9万人。工伤保险参保人数合计840.1万人,比上年末增加了30.4万人,其中参加工伤保险的农民工合计220.6万人。2016年河北省共有236.7万人享受居民最低生活保障。其中,城镇居民47.6万人,农村居民189.1万人。同时,河北省在全国率先完成城乡居民基本医疗保险制度整合,实现了制度、管理、信息系统等"六统一",并全面启动了310万农村建档立卡贫困人口的医疗保障救助工作。

3. 助力"精准扶贫","阜平模式"初见成效

在当下的脱贫攻坚战中,保险扶贫日益成为金融扶贫的重要举措。河北保定阜平是一个贫困范围广、发展基础弱、以农业为主的国家级贫困县,要实现脱贫致富的目标,仅靠当地财政难度很大,而外部金融扶贫又面临成本高、风险大、覆盖面窄等突出矛盾。为解决这些问题,地方政府通过与中国人民保险合作,创造性地构建了"金融扶贫、保险先行"的金融扶贫服务链模式,同时通过三农保险联办共保、扶贫贷款、风险共担的制度设计以及成本保险等方式建立脱贫致富的风险兜底机制,有效降低了金融扶贫信贷的风险,为产业扶贫引入了金融"活水",开拓出一条金融助力精准扶贫的新路子。2016年,阜平县通过发放近1400万元的扶贫资金补贴,撬动了高达13.7亿元的农业保险保障金额,相当于将扶贫资金的作用扩大了98倍。2016年中国人民保险在阜平支付保险赔款合计1980万元,直接受益1.8万农户。

2016年12月,河北省发布了《河北省保险业助推脱贫攻坚工作实施意

见》(以下简称《意见》),提出在全省范围内推广"阜平模式"。《意见》指出:河北省保险业助推脱贫攻坚工作要实现"农业保险全覆盖、产业保险全链条、健康保险全兜底、民生保险全方位"的"四个全面"目标。同时,《意见》提出"到2020年,基本建立起与打赢脱贫攻坚战相适应的保险服务体制机制,努力实现贫困地区保险服务到村到户到人,对建档立卡贫困人口实行'愿保尽保',贫困地区保险深度、保险密度接近全省平均水平,建档立卡贫困人口生产生活得到现代保险全方位保障"的发展规划。

四 其他金融机构发展

1. 金融租赁

2016年是"十三五"开局之年,河北金融业奋勇争先,以更加多元化、更加富有层次化为目标,大力推动本地融资体系的健全与完善。其中,金融租赁业作为新生力量异军突起,发展十分迅速。国务院在2015年9月发布了《关于促进金融租赁行业健康发展的指导意见》,为积极响应这一文件,河北省政府在同年12月发布了《关于促进金融租赁行业发展的实施意见》,从顶层设计到务实支持方面给出了指导,为河北省金融租赁业的发展提供了制度保障。2016年,河北省金融租赁有限公司发行绿色金融债券的申请获得了中国人民银行的批准,并于11月21日,正式收到中国人民银行发放的行政许可决定书,获准在全国银行间债券市场公开发行20亿元以内的绿色金融债券,所募集资金只能用于支持绿色产业项目,为金融机构支持绿色产业开辟了新的资本市场融资渠道,对绿色租赁特别是中长期绿色租赁有效供给的增加具有强劲的促进作用,有利于增强河北金融租赁对企业绿色低碳战略转型及发展壮大的支持力度,推动经济转型和产业结构升级。

2015年末,河北银行挂牌成立了冀银金融租赁公司,是河北省第二家获得金融租赁牌照的公司。2016年以来,河北省内金融租赁行业资产、负债、利润等各项核心指标均呈现稳健增长的态势。银监局数据显示,2016年上半年河北省两家金融租赁公司资产规模合计已突破300亿元。截至8月底，河北省金融租赁有限公司资产规模达到270亿元，相比2016年初增长23%；融资租赁资产余额230亿元，较年初29%，而不良贷款不良率仅为0.49%。

2. 小额贷款机构进入收缩调整阶段

构建普惠金融体系、增强金融服务实体经济的能力是我国当前金融改革的主要内容。小额贷款机构可以有效地集中民间闲散资本，降低"三农"和中小微企业的融资成本，规范民间借贷市场，推动普惠金融的构建。河北省政府在2015年12月发布了《促进小额贷款公司持续健康发展的意见》，为小额贷款机构的发展提供了政策支持。

随着我国经济下行压力逐渐增大，全国小额贷款公司的发展也普遍遇到了严峻挑战，在整体发展趋势上整体上呈现"厂"字形态势，并在高位不断震荡调整，形成了大浪淘沙、优胜劣汰、强者更强、弱者淘汰的格局。从表6可以看出，2016年河北省小额贷款机构发展趋势与我国小额贷款行业整体发展趋势相一致，进入优胜劣汰、收缩调整发展阶段。截止到2016年末河北省小额贷款机构共450家，与去年同期相比减少了6.25%；从业人员6134人，同比减少4.96%；实收资本和贷款余额分别为255.4亿元和254.7亿元，与2015年相比分别下降了5.97%和9.51%。

表6 2011~2016年河北省小额贷款公司发展情况

年份	机构数量（家）	从业人员数（人）	实收资本（亿元）	贷款余额（亿元）
2012	325	3766	194.76	205.43
2013	439	5093	256.33	273.10
2014	479	5524	270.92	288.97
2015	480	6454	271.62	281.47
2016	450	6134	255.4	254.7

资料来源：中国人民银行石家庄中心支行。

3. 互联网金融发展迅猛

《2016年度河北省互联网发展报告》显示，截至2016年底，河北省互联网省际出口带宽达到10058.6G，首次突破万亿大关。与此同时，河北省接入互联网宽带的用户数量上升至 1612 万户，在全国排第 7 位。网民数量上升至 3956 万人，普及率高达 53.3%，远超全国平均水平，全国排第 12 位。其中城镇网民数量上升至 2579.3 万人，农村网民由 2015 年末的 1250 万人上升到 1376.7 万人。这一系列具有里程碑意义的数字，标志着河北省互联网对经济社会发展的支撑有了质的飞跃，为河北省互联网金融的进一步发展奠定了基础。

此外，报告还显示 2016 年河北省电子商务类应用的网民渗透率进一步提升，正在融入河北网民的日常生活。截至 2016 年底，河北省网络购物类应用的网民渗透率已达到 60.3%，较 2015 年底增长 4.3 个百分点。河北省网上支付类应用的网民渗透率达到 62.3%，较 2015 年底增长 4.9 个百分点；网上银行类应用的网民渗透率达到 49.6%，较 2015 年底增长 2.5 个百分点。互联网金融环境进一步优化，"出门无钱包"时代将会开启。

2015 年 12 月 25 日，河北省政府出台了《关于推进"互联网+"行动的实施意见》，鼓励和支持符合条件的企业依法申请金融业务许可或经营资质，着力培养一批互联网金融骨干企业。鼓励和支持大型互联网企业在河北省设立小额贷款、融资担保、融资租赁、商业保理等新型金融企业。准许主要从事互联网金融业务的企业在企业名称中使用"互联网金融"或"网络金融"字样。此外文件还指出要为互联网金融企业融资拓宽渠道，支持和引导河北省创业投资基金、产业投资基金和其他类型的私募股权投资基金投资互联网金融企业。鼓励和支持互联网金融企业在境内外多层次资本市场挂牌上市，重点扶持一批本土金融服务平台做大做强，为互联网金融的发展提供政策支持。在该意见精神的指导下，2016 年 3 月河北省互联网金融发展中心正式成立，标志着河北省在普惠互联网金融发展道路上迈出了坚定的一步，在京津冀服务于区域经济范围先行一步。

B.9
2016年河北金融市场运行

宋 欢 曲子畅*

摘 要: 2016年,河北省各类金融市场运行稳定,有力支持了河北省经济的快速发展。货币市场交易活跃,商业汇票签发增速放缓,票据贴现业务呈爆发式增长,小额票据贴现业务方面取得显著成果;上市公司直接融资规模大幅提升;银行间债券市场发展势头良好,在促进京津冀一体化发展方面发挥重要作用;基金市场进入优胜劣汰的新阶段,有力促进了河北省创新型、成长型企业的快速发展;股权交易市场推行优惠政策,为河北省中小企业的发展提供良好的发展契机;信托市场、租赁市场等也都平稳发展,为河北省社会发展提供了强大的发展动力。

关键词: 河北金融市场 社会融资 货币信贷

2016年,河北省深入贯彻落实"创新、协调、绿色、开放、共享"的发展理念,大力推进供给侧结构性改革,加快发展动能转换和质量效益提升,统筹稳增长、促协同、调结构、治污染、抓改革、攻脱贫、惠民生、防风险等,实现了"十三五"良好开局。河北省始终保持稳健的货币政策,保持货币信贷和社会融资合理增长,不断优化融资结构和信贷结构,着力降低实体经济融资成本,为河北省"去产能、去库存、去杠杆、降成本、补

---

* 宋欢,天津财经大学经济学院硕士研究生;曲子畅,天津财经大学本科生。

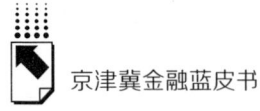

短板"提供了有力的金融支持,为经济金融更高质量、更有效率、更加公平、更可持续发展营造了适宜的货币金融环境。

2016年,河北省金融市场继续保持稳健快速的发展态势,全年金融业增加值为1692.2亿元,比上年增长13.7%。

如表1所示,2016年河北省社会融资规模总计6327亿元,相比2015年增加了1563亿元,增幅高达24.7%。其中,人民币贷款5203亿元,占同期社会融资规模的82.22%,同比上升12.24%;委托贷款499亿元,占比为7.8%,同比增加了469亿元;信托贷款575亿元,占比为9%;企业债券564亿元,占比为8.9%,同比增加9.5%;非金融企业境内股票融资342亿元,占比为5.4%,同比增长66.8%。

表1 2016年河北省社会融资规模增量统计

单位:亿元

项目	规模	项目	规模
地区社会融资	6327	信托贷款	575
人民币贷款	5203	未贴现银行承兑汇票	-1003
外币贷款(折合人民币)	-80	企业债券	564
委托贷款	499	非金融企业境内股票融资	342

资料来源:中国人民银行。

一 货币市场

2016年是"十三五"开局之年,也是我国经济结构调整和转型升级的关键时期,在此期间我国金融发展两难、多难问题增多,潜在金融风险逐渐显性化,金融系统不稳定因素增加,金融稳定面临诸多挑战。面对日益复杂的经济金融形势,河北省以积极主动的态度努力适应经济发展新常态,坚守稳中求进工作总基调,坚持实施稳健的货币政策,同时大力疏通货币政策向实体经济的传导渠道,有效提高了金融运行效率和服务实体经济的能力。

如表2所示,2016年河北省企业共签发商业汇票7107.28亿元,相比

2015年下降了693.48亿元。其中，累计签发银承汇票7091.32亿元，同比减少697.36亿元；累计签发商承汇票15.95亿元，同比减少14.7亿元；2016年河北省贴现票据23422.52亿元，同比减少17833.36亿元。可以看出，在经济持续下行和供给侧改革"去产能、去库存、去杠杆"的背景下，河北省金融机构行出于控制承兑风险和缓解资本压力的目的主动放缓了承兑和贴现业务的发展节奏，有助于防范区域系统性风险的发生，维持经济金融的长期稳定发展。

表2 2016年河北省金融机构签发票据和贴现票据情况

单位：万元

汇票类型		签发票据		贴现票据	
		年累计发生额	年累计比同期	年累计发生额	年累计比同期
合计		71072757.37	-6934822.53	234225220.9	-178333577.5
银承小计		70913234.72	-6973612.03	220913528	-174134147.9
商承小计		159522.65	-147026.11	13311692.95	-4199429.6
纸质	银承	53725587.05	-16247653.05	164107019.5	-190603990.5
	商承	5500	-266873.26	6628908.99	-4903675.14
电子	银承	17187647.67	9274041.02	56806508.5	16469842.6
	商承	154022.65	38789.5	6682783.96	704245.54

资料来源：中国人民银行石家庄中心支行。

二 证券市场

截至2016年12月31日，河北辖区上市公司为52家，占全国上市公司的1.70%。其中沪市18家，深市34家；主板32家，中小板10家，创业板10家（见图1）。上市公司总市值8205.8亿元，占全国上市公司总市值的1.61%。发行总股本817.70亿元，占全国发行总股本的1.46%。

河北辖区全国中小企业股份转让系统挂牌公司数以较快速度增长，2016年挂牌企业达到195家，相比2015年底增加了97家，增长率高达98%。

2016年河北省辖区企业证券市场实现直接融资1349.73亿元，其中上市公司股权融资625.23亿元，上市公司债权融资430亿元，非上市公司债权融资294.5亿元。

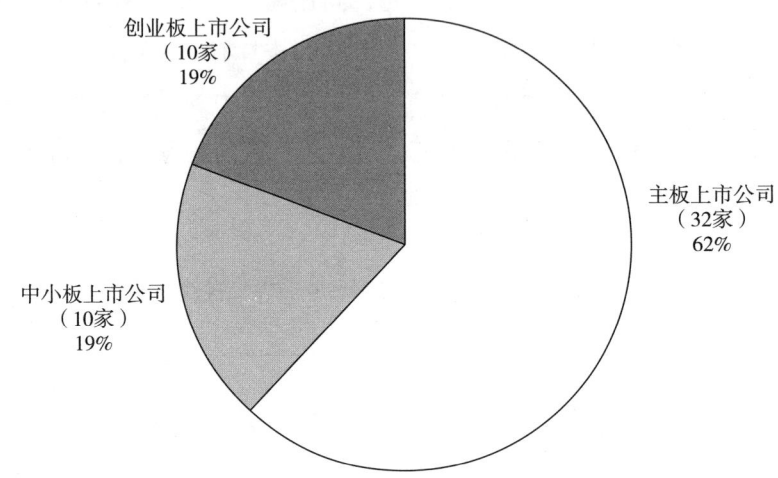

图1　2016年河北省内上市公司板块分布占比

资料来源：河北省证监局。

三　基金市场

截至2016年12月31日，河北辖区已登记私募基金管理人108家，同比增加-54.81%；已备案私募基金153只，同比增加93.67%；认缴规模150.37亿元，同比增加57.90%。可以看出，基金管理人数量在经历了2015年的爆发式增长后，在2016年进入优胜劣汰的收缩调整阶段。在这一阶段，一些资质比较差的基金管理人被市场淘汰，优质基金迅速扩张，基金市场整体上表现出基金管理人数量锐减、基金数量和认缴规模扩张的态势。

四　股权交易市场

2016年，石家庄股权交易所紧紧围绕建设"河北省优质中小微企业集聚地"和"河北省企业上市孵化基地"的战略规划，着力将自身打造成集中小企业融资中心、信用中心、服务中心、信息中心、创新中心于一体的综合性金融服务平台，帮助企业进行培育、规范、展示、提升，助力河北省中小企业的发展。2016年，在石家庄股权交易所帮助的支持下，共计169家企业在主板和成长板成功挂牌，新增股改挂牌企业数量在全国所有的区域性股权市场中排名第三，托管企业合计1315家（其中包括挂牌企业1180家），发展各类会员601家，借助各种融资方式为企业融资52亿。另外，石家庄股权交易所2016年共举办培训52场、路演7期，为河北省中小微企业的发展壮大和多层次资本市场的健康发展做出了积极贡献。企业挂牌后，经过规范、培育、融资、培训等服务，企业获得快速发展。同时，石家庄股权交易所还会同专业的服务机构为其规范指导，加快企业场内上市进程。2016年石家庄股权交易所成功推动三家挂牌企业转板至新三板。

为满足挂牌企业不同融资需求，支持实体经济发展，石家庄股权交易所大力研发和创新金融产品，积极打造包括中小企业私募债、集合债、资产管理计划、定向增发、上市贷、小贷债、股权质押融资等风险可控、流程严谨、体系完备的融资产品体系。在不断地探索和努力下，石家庄股权交易所的融资业务规模稳步提升。企业在石家庄股权交易所挂牌后，股权价值得到实现，挂牌企业在石家庄股权交易所的帮助辅导下，利用定向增发、股权质押、交易转让等股权融资方式，使企业后续发展获得长期的资本支持。2016年，石家庄股权交易所全年共实现新增股权质押融资28笔，累计融资金额4.06亿元；办理股权转让业务124笔，成交金额8.01亿元；新增股权定向增发业务23笔，累计融资融资金额10.07亿元。

2016年，石家庄股权交易所积极与深圳证券交易所对接，开展"科技四板"合作，着力打造河北地区专业的科技企业路演平台，与深圳证券交易所旗下深圳证券信息有限公司共合作举办7期路演，帮助34家企业实现了与全国投融资机构的高效对接，有效促进了河北地区科技企业与资本市场的深度融合。其中股权融资总额超过 4000 万元的公司已有 5 家，有 1 家企业正在与多家上市公司洽谈并购事宜，另有近 10 家企业正在积极与投资机构对接。

五 信托市场

渤海国际信托有限公司是河北省唯一一家经营信托业务的非银行金融机构。2016 年渤海信托实现营业收入 12.52 亿元，同比增长 17.05%；实现净利润 6.74 亿元，同比增长 22.72%。2016 年，渤海信托累计新增信托业务规模近 3000 亿元，同比增长 135%；2016 年末管理信托资产规模 3463.76 亿元，同比增长 60.23%。从披露的信托财产管理情况来看，渤海信托 2016 年集合信托规模为 785.96 亿元，同比大幅增长 170%；单一信托规模 2496.43 亿元，同比增长 42%；财产权信托规模 181.36 亿元，同比增长 69%。2016 年末，渤海信托风险资产规模约为 85.16 亿元，相比 2015 年末上升了 77.1%；不良资产 19493 万元，不良率 1.72%，与 2016 年初相比提高了 0.08 个百分点。计提贷款损失 760 万元，计提坏账准备 62.84 万元。

渤海信托董事长李光荣始终坚信做信托要回归"受人之托、代人理财"的信托本源。他认为，金融必须服务经济社会，作为金融业的一支生力军，信托公司在助推实体经济发展方面大有可为。在这一理念的支撑下，渤海信托充分把握国家"一带一路"、京津冀协同发展战略机遇，大力提高自身服务实体经济发展的能力，助力传统产业转型和升级，支持新兴产业。作为省内唯一一家信托公司、唯一一家经营信托业务的非银行金融机构，渤海信托不断加大对中小企业的资金支持力度，累计为 105 家中小企业融资 200 亿元。其中，累计为河北省中小企业融资逾 180 亿元，涉及城市基础设施建设、教育、医疗及制造业等领域。凭借着比银行信贷融资更灵活、更便利的优势，信托市场将会为河北省实体经济发展提供更强的动力。

六 租赁市场

当下,河北省正处于转型发展的关键时期,亟须大量资金的鼎力支持。京津冀协同发展、建设雄安新区等区域大战略驱动着更多基础设施建设,对中长期资金的需求尤为凸显;新常态转型升级中新能源、大数据、大环保等绿色产业发展潜力巨大,需要更贴近、更灵活、更便捷的融资工具,巨大的市场需求为融资租赁业的发展提供了良好的发展机遇。中国租赁联盟统计数据显示,截止到2016年末,河北省共有融资租赁公司19家,与2015年相比增加了两家,其中有两家金融租赁公司,五家内资试点融资租赁公司,十二家外资融资租赁公司。

B.10
2016年河北金融改革创新

宋 欢*

摘 要： 河北省金融业始终坚持金融服务实体经济的思路，在京津冀协同发展与环渤海开发开放的大背景下，不断进行金融改革创新，优化行政金融环境、健全金融机构体系、完善金融市场；特色金融发展成果显著，服务实体经济的能力不断提升；金融生态环境日臻完善。不同领域的金融改革创新更好地满足了河北省社会经济发展的需求，在金融支持河北省经济发展的广度和深度上都有所增加，为河北经济的进一步发展起到了支持和促进作用。

关键词： 河北金融改革 金融生态环境 服务实体经济 金融创新

2016年，面对复杂的金融环境，河北省政府紧紧抓住京津冀协同发展和环渤海开发开放的战略机遇，秉持"以改革创新引领金融事业，以营造环境践行科学发展"的思路，以服务实体经济为导向，积极发展产业金融、优化金融环境等措施，积极为实体经济提供动力，有力地支持了河北省"去产能、去库存、去杠杆、降成本、补短板"的发展战略。

一 2016年河北省金融改革创新成果

2016年，河北省的金融改革创新主要表现为行政金融环境的不断优化、

---

* 宋欢，天津财经大学经济学院硕士研究生。

金融机构体系的逐步健全、金融市场越发完善、特色金融产业成果显著、服务实体经济的能力逐步提高以及金融环境的改善等。通过金融改革创新，更好地适应了河北省经济发展的需求，为河北省经济健康有序发展起到了支持和推动作用。

（一）行政金融环境

1. 财政助推金融创新支持经济发展

财政是国家治理的基础和重要支柱，财政资金的运用对国家或区域经济具有巨大的调节和导向作用，而金融是现代经济的核心，区域经济的健康发展离不开财政与金融的协调配合。为充分发挥财政资金的调节和导向作用，带动当地金融创新，进而推动经济发展，2015年7月河北省出台了《财政助推金融创新支持经济发展的实施意见》。2016年，在该意见的指导下，河北省财政厅坚持以问题为导向，坚持以精细化、标准化和规范化为目标，相继研究制定一系列的具体措施和操作办法，逐渐建立和完善了以财政和金融相互配合、相辅相成为特色的创新型政策体系，在推动实体经济发展和经济结构转型升级方面成绩斐然。具体表现为以下四个方面：

（1）健全资本市场体系，支持企业直接融资

为降低企业融资成本，提高企业资本利用效率，河北省财政厅发布了旨在激励河北省企业积极利用境内和境外的多层次资本市场进行直接融资的《河北省企业挂牌上市奖励资金管理办法》，提出省级财政每年统筹安排1亿元资金，对2015～2017年度在境内外主板或创业板、新三板、石家庄股权交易所主板挂牌上市的企业给予30万～200万元的一次性奖补。截至2016年11月，河北省财政厅已向224家企业拨付挂牌上市奖励资金，合计2.28亿元，实现累计直接融资26.55亿元。

除对利用资本市场进行融资的企业发放补贴之外，河北省财政厅还积极鼓励和支持本地企业通过资产证券化进行融资。河北省财政厅在2016年发布了《河北省资产证券化奖励资金管理办法》，对成功发行各类资产证券化产品的地方法人金融机构和企业，省级财政按不超过发行金额1‰的比例予

以奖励;对年度内累计发行金额排名前五的承销机构给予奖励。截止到2016年11月,已有8家企业、机构发行了资产证券化产品并向省政府提交了奖励资金的申请,融资金额合计89.48亿元。

(2)创新资金投入方式,助力小微企业发展

2015年7月,河北省财政厅发布了《河北省财政银行保险合作支持小微企业和农业企业实施办法》,旨在针对性地解决小微和涉农企业发展过程中普遍面临的资金投入不足问题,该办法提出"要大力推动'政银保'这一创新型合作模式在全省范围内推广,鼓励和支持各地为涉农和小微企业提供保证信用保险补贴、为投入资金的银行和保险公司提供风险补偿。对市县财政发放的补偿资金,省财政给予30%的奖补"。为使"政银保"合作这一模式更快、更好地惠及更多的人民群众,河北省委办公厅和河北省政府办公厅在上述文件的基础上出台《河北省加快推广开展"政银保"融资工作的若干措施》,提出在已有奖励政策基础上,对开展"政银保"工作的市县,给予300万元和150万元的一次性奖励;对市县财政金融融资贴息等项目的支出,每年按30%给予奖补;选择10个财政困难县,由省财政厅直接开展"政银保"工作。

此外,为进一步发展与完善河北省农业保险体系,河北省财政厅联合有关部门联合出台了包括《特色农业保险保费财政奖补试点实施办法》《关于河北省政策性农业保险条款调整内容的通知》《关于加大对产粮大县三大粮食作物农业保险支持力度的通知》在内的一系列通知文件,主要从以下几个方面对农业保险的发展做出指示:第一,扩大设施农业(蔬菜)保险试点范围,在全省范围内推广这一新险种,同时要提高奶牛保额标准,进一步提高省级补贴的比例,通过奖补的方式对开展特色农业保险保费补贴的市县给予一定的补贴,比例为30%~50%;第二,调整有关的保险条款,在提高种植业险种保险金额的同时降低费率;第三,取消县级财政补贴,提高中央、省级财政对产粮大县小麦、玉米和稻谷三大粮食作物保险保费补贴比例。

(3)支持和鼓励金融组织和金融产品的创新,推动地方金融业发展

2016年7月河北省财政厅发布了《河北省鼓励新型金融组织发展奖励资金管理办法》，旨在通过财政补贴引导和推动金融产品和金融组织的创新，健全金融体系，引导各类资本进入金融行业，提高地方金融实力，该办法提出"对新设立的中小型民营银行、科技支行、村镇银行、金融租赁公司、扶贫和科技小额贷款公司等金融机构，按日均贷款余额的2‰和增量的3‰计算奖励；对科技保险机构按保费收入的2‰和增量的3‰计算奖励"。

此外，河北省还发布了《河北省银行保险业金融机构创新产品奖励办法》和《河北省引进和设立金融机构奖励资金管理办法》，提出"省级财政对银行投放到企业（农户）的创新信贷产品，按季均贷款余额的3‰给予奖励，对保险公司的创新产品，按保费收入8%给予奖励"；"对新建或迁入的银行、证券、保险业法人金融机构，金融租赁、信托、消费金融公司、企业集团财务公司等其他类法人金融机构，农村信用社改制后设立的农村商业银行，设立一级分行或省级分公司的金融机构，按照注册资本的一定比例给予一次性奖励"。

（4）充分发挥财政资金的引领与推动作用，助推产业结构转型升级

2016年7月，河北省财政厅发布了《河北省股权投资基金业发展奖励资金管理办法》，该办法提出"对投资省内符合产业政策的企业或项目，并且持有股权超过6个月、实际投资额达到3000万元以上的股权投资基金，省财政按照实际投资额的1%给予奖励，最高奖励为1000万元"。

2. 政策助推金融改革

政策环境对金融业改革具有导向和保障作用，金融改革创新的发展离不开强有力的政策支持。2016年，河北省政府、中国人民银行石家庄中心支行、银监局等机构积极出台了一系列关于优化金融环境、健全金融市场、完善金融体系、推动金融创新等相关政策（见表1），为河北省金融业的发展提供了政策和制度保障。另外，河北省紧紧抓住京津冀协同发展战略的历史机遇，充分发挥自身的比较优势，对京津两地的要素资源进行承接，加强对京津产业协作对接项目的金融支持，主动扮演好京津两地金融产业后台服务

的行业角色，充分发挥河北省区位优势，通过京津冀三地的经济合作，带动河北金融业的改革创新。

表1 2016年河北省有关推动金融业发展的政策汇总

发布时间	政策名称
2016年1月28日	关于中国农业发展银行涉农贷款营业税优惠政策的通知
2016年5月25日	河北省普惠金融发展实施方案
2016年5月30日	河北省金融扶贫指导意见
2016年5月31日	关于开展特色农业保险保费财政奖补试点实施办法
2016年7月14日	河北省鼓励新型金融组织发展奖励资金管理办法
2016年7月31日	河北省普惠金融发展奖励资金管理办法
2016年8月15日	金融企业绩效评价办法
2016年8月23日	河北省人民政府办公厅关于引导民间融资创新发展的意见
2016年10月8日	河北省人民政府关于加快发展现代保险服务业助力京津冀协同发展的实施意见
2016年12月25日	关于建立政银保合作模式促进小微企业融资发展的意见
2016年12月25日	河北省促进股权投资基金业发展办法

资料来源：河北省政府官网。

（二）金融体系不断完善，金融市场不断发展

1. 银行业组织体系和机构布局进一步完善

2016年，是"十三五"规划实施的开局之年。这一年，在河北银监局的积极引导下，全省银行业围绕国家决策部署扎实做好稳增长、促改革、调结构、惠民生、防风险各项工作，银行体系和机构布局进一步完善，对实体经济和全省人民的服务能力进一步提高。截止到2016年末，河北省成功实现跨区域发展的城商行已增至8家。河北省农商行数量上升至41家（已开业33家，在筹8家），此外还有28家农商行的组建工作已经启动。与此同时，河北省联社的11家市级行业管理机构审计中心改制组建提前完成，2016年天津银行石家庄分行和中国进出口银行河北省分行先后开业。至此，全国政策性银行均在河北省设立了分支机构。张家口银行发起建立了河北省

第一家消费金融公司，东旭集团筹建设立了财务公司，河北省非银行金融机构的布局日渐完善。2016年河北省新增村镇银行17家，使得村镇银行总数增至86家，县域覆盖面积74%，越来越多的群众从中获益，金融扶贫的力度大大增强。截至2016年底，河北省新增各类银行业机构82家，至此河北省银行业金融机构总数已经上升到11653家，机构从业人员数合计172951人，比2015年末增加了1538人。

2. 依托"四大平台"提升小微企业金融服务水平

2016年，河北省银行业机构积极创新，通过构建四大平台，切实提高了对小微企业的金融服务水平。一是建立"银政平台"，通过与政府职能部门签订协议等方式，积极与各项经济、产业政策对接，建立常态化合作模式，有效解决了制约小微企业发展的信息不对称、风险收益不对称等问题。二是积极搭建"银税平台"，借助税务部门资源向银行业机构提供优质纳税企业信息，降低授信风险。如建设银行河北省分行通过280个银税合作平台的搭建，在全省范围内以"税易贷"产品批量化拓展目标客户，截止到2016年末已成功为922户纳税客户发放贷款。三是借助"银科平台"，促进银行业机构与河北省科技厅合作，积极支持创新能力强、技术含量高、具有自主知识产权的科技类小微企业。如工商银行河北省分行与河北省科技厅签署了战略合作协议，协议约定由河北省科技厅设立科技企业风险贷款补偿基金，对在工商银行办理的科技型企业贷款遭受的风险损失给予一定风险补偿，使科技型企业贷款更加方便、快捷。目前科技厅已向该行提供科技中小企业名单19634户，支持科技企业523户、贷款余额212.4亿元。四是利用"园区平台"，银行业机构与园区管委会、行业协会、商会等积极沟通，了解商圈内客户资金结算特点和融资特征，通过配置、优化和创新差异化产品，批量挖掘市场潜力。如河北银行已为石家庄正定家具市场、保定白沟箱包市场、廊坊家具产业集群、唐山曹妃甸水产养殖商圈等多个京津冀转移产业和县域特色产业集群开发商圈贷产品，截至2016年12月末，该行商圈贷款余额26.69亿元。截至2016年12月末，河北省小微企业贷款余额11226.67亿元，较年初增加736.22亿元。

3. 河北金融创新区落户桥西区

"河北金融创新区"是河北省深入落实京津冀协同发展战略,推动金融产业发展壮大的又一重大成果,总投资超百亿元,由西部发展控股有限公司和河北金城房地产开发有限公司合作开发建设,对于巩固桥西区河北金融中心的地位,改善金融产业发展环境,加速河北省金融产业快速聚集发展具有较大的带动作用。作为金融业发展的载体,"河北金融创新区"凭借其强有力的辐射和带动力,将为河北省经济的健康有序发展的提供强劲动力。桥西区将紧紧抓住"河北金融创新区"建设的契机,充分发挥金融总部经济和楼宇资源丰富的优势,在推动传统金融业发展的基础上,着力提高互联网金融、金融服务外包等新兴金融业态的发展水平,继续做大做强现代金融服务业,提高对实体经济的服务能力,着力打造更具实力和影响力的河北金融中心。

(三)特色金融发展迅速,服务实体能力增强

1. 绿色金融发展成效显著

河北省金融业积极遵循国家宏观调控方向,按照产业调整政策的要求,深入落实银监会支持节能减排、淘汰落后产能的工作部署,持续建立健全绿色金融的工作机制,进行信贷结构的调整,从源头上为加强节能环保、美化环境做出了积极贡献。

河北省银行业积极发展绿色金融,助力环京津地区防霾治霾。一是认真践行"绿色信贷"理念。严格执行"环保一票否决"要求,对存在污染风险的项目进行重点监控并采取限制或退出措施,对符合循环、绿色经济要求的客户和项目给予重点支持。如建行廊坊分行建立了绿色信贷考核评价体系和奖惩体制,将信贷资源向绿色经济倾斜。二是促进清洁能源应用推广。重点加大对低碳经济类、循环经济类、生态经济类等项目的支持,开发专项用于支持绿色经济发展的金融产品和服务。建行保定分行为涞源、曲阳等3个光伏发电项目授信9.09亿元,仅曲阳三峡光伏发电站项目就可每年减少二氧化碳排放23.9万吨、二氧化硫0.72万吨和碳粉尘排放6.5万吨。三是支

持供热企业改造升级。对有改造升级意向的供热企业加大授信力度，压缩审批环节，在保证供暖的同时，降低污染排放。沧州银行保定分行为县域集中供热改造工程授信5.55亿元；中行保定分行向大唐清苑热电有限公司和河北涿州京源热电有限责任公司授信6.59亿元，用于热电联产项目，改造后热效率可提高至85%。

河北金租成为全国首家获准发行绿色金融债券的金融租赁公司。河北金租继2016年9月9日获得河北银监局核准发行绿色金融债券资格后，11月21日正式收到中国人民银行同意发行绿色金融债券行政许可决定书，获准在全国银行间债券市场发行总规模不超过20亿元人民币、期限不超过5年的绿色金融债券，成为国内首家获准发行绿色金融债券的金融租赁公司，打响了金租公司发展绿色租赁的"第一枪"。绿色金融债券是指金融机构法人按照法律规定在银行间债券市场发行的、募集资金用于支持绿色产业项目并按约定还本付息的有价证券，是绿色金融体系建设的一项重要举措。金融机构通过发放绿色债券在债券市场筹集资金，投入到环保节能、清洁能源、清洁交通等绿色产业项目建设中，进一步增强了金融对绿色产业的支持力度，为我国环保产业的发展开辟了新的融资渠道。此次绿色金融债券的发行，为河北金租支持绿色产业开辟了资本市场融资新渠道，将进一步加强河北金租服务实体经济和支持绿色产业的能力。

2. "政银企户保"合作新模式，助力精准扶贫

2016年5月，河北省出台了《河北省"政银企户保"金融扶贫实施意见》，为进一步加大金融扶贫工作力度、打通金融扶贫绿色通道、切实解决好"贷给谁、谁来贷、怎么贷、如何还"等关键问题指明了道路。

"政"，即要由政府出面整合涉农资金，打造涉农"资金池"，建立和完善具备服务性、公益性和经营性的县级金融服务平台，通过为扶贫对象提供担保增信服务的方式，降低扶贫对象融资难度。

"银"，即政府要公平、公正、公开地以竞争方式选择一家最具竞争力的银行开展合作，在合作银行开设账户存入"资金池"中的资金，通过这种方式在提高银行营业性收入的同时激励银行，提高其贷款积极性；合作银

行要依照要求根据担保基金额度，按照1∶10比例放大贷款。另外，对于部分贫困户，银行要在信用评级的基础上适度调整贷款的门槛性要求，对3年以内、5万元以下的扶贫小额信贷做到免担保、免抵押。

"企"，即政府要通过差别化贴息的方式鼓励企业和合作社积极带动当地贫困户的发展，以带动贫困户数量为基础，确定补贴金额，带动越多贫困户越多获得补贴越多。

"户"，即指符合有关条件，并且有生产经营能力、需要资金支持的建档立卡贫困户。

"保"，即要发展和完善保险兜底服务，切实保障财产安全。对于发生的贷款损失，担保中心、银行机构和保险公司必须按照要求依照1∶2∶7的比例共同代偿贷款本息，通过这种方式避免银行信贷遭受损失。除此之外，政府要激励保险公司研发新的保险品种，提高保险扶贫力度，使更多贫困地区能够从中受益。

（四）社会信用体系建设日臻完善

1. 多措并举，河北省中小微企业和农村信用体系建设现成效

作为社会信用体系建设的重要环节，加强中小微企业和农村信用体系建设，能有效提升金融客户的信用能力，加大对经济薄弱环节的金融支持力度，有力推动普惠金融发展。近年来，中国人民银行石家庄中心支行通过建立健全中小企业和农户信用档案，推动"信用户、信用村、信用乡（镇）"创建活动，加强中小微企业信用体系试验区建设，在全省推广河北省农户信用信息管理系统，在各地构建"数据库+网络"体系，搭建银企对接平台，构建了政银企农多方共赢的良好局面，取得了阶段性成效。截至2016年12月末，全省采集更新小微企业信用信息5.8万户。其中，10761户企业获得银行贷款，贷款余额2172亿元。截至2017年3月末，全省共评定信用农户数471万户，信用村7687个，信用乡镇522个，并对274万户信用农户进行了信贷支持，累计发放贷款2215亿元，现有余额740亿元。

2. 建立"红名单""黑名单"制度，社会信用体系建进一步完善

为进一步推动社会信用体系的发展和完善，河北省政府出台了《河北省人民政府关于建立完善守信联合激励和失信联合惩戒制度加快推进社会诚信建设的实施意见》（以下简称《意见》）。《意见》指出：

研究制定联合奖励制度，对诚信市场主体加大扶持力度。在实施财政性资金项目安排、招商引资等各类政府优惠政策中，优先考虑诚信市场主体；在会展、政银企对接等活动中，优先推介诚信企业；在教育、就业、创业、社会保障等领域，制定和实施对诚信个人的支持和优惠政策；在有关公共资源交易活动中，提倡依法依约对诚信市场主体采取信用加分等措施；在政府部门网站和"信用河北"网站集中对市场主体优良信用信息进行公示；将企业信用情况作为企业社会责任评价的重要内容。在办理行政许可、行政确认过程中，对诚信典型和连续3年无不良信用记录的行政相对人实施"绿色通道"和"容缺受理"等便利服务措施。各级市场监管部门要注重完善事中事后监管措施，根据监管对象的信用记录和信用评价分类，对符合条件的诚信企业，在日常检查、专项检查中减少、优化检查频次。

对严重失信主体实施从严审核行政许可事项，从严发放生产许可证，从严审批、核准新上项目，限制股票发行上市融资或发行债券，限制在全国股份转让系统挂牌、融资，限制发起设立或参股金融机构以及小额贷款公司、融资担保公司、创业投资基金、股权投资基金、产业投资基金、互联网融资平台等机构，限制从事互联网信息服务，严格限制申请财政性资金项目，限制参与招标投标、政府采购、公共资源交易、公共基础设施和公用事业特许经营等。对严重失信企业法定代表人、主要负责人和对失信行为负有直接责任的注册执业人员等实施市场和行业禁入措施，及时撤销严重失信企业及其法定代表人、负责人、高级管理人员和对失信行为负有直接责任的董事、股东等人员的荣誉称号，取消参加评先评优资格。

《意见》的出台对河北省社会信用体系建设、提高政府服务水平、构建以信用为核心的新兴市场监管体制、建立公平诚信的金融生态环境具有极大的促进作用，有效推动了河北省社会信用体系的进一步完善。

二 河北省金融改革创新发展前景

2016年是"十三五"规划的开局之年,河北省紧紧围绕创新、协调、绿色、开放、共享这五大发展理念,全面开展金融创新,实现了"十三五"的良好开局。2017年,河北省要继续深化金融改革,把京津冀协同发展特别是金融方面的发展落到实处,建立健全现代金融业体系,完善金融市场,优化金融环境,增强金融支持实体经济发展的实力,为河北省经济发展提供有力的金融服务与支持。

(一)增多做优金融业机构

1. 实施"引金入冀"工程

积极吸引更多的国内外优秀的金融机构在河北省设立机构总部、分支机构等;鼓励目前河北省境内的金融机构积极开设网点,特别是向基层、农村进行网点延伸,在县及以下地区增设网点,完善金融机构的布局,为基层、农村提供更多的金融服务;探索融资租赁公司、小额贷款公司、互联网金融公司等新兴金融业态公司的发展,向北京、天津等地区学习先进经验,做大做强河北省金融业机构。北京金融业资产规模、法人金融机构数量、金融从业人员数量和人才质量等均处于国内领先地位;天津正在全面建设金融创新运营示范区,在引进设立金融服务机构等方面有先进经验和理念;河北省尽管环京津区位优势明显,但在对接引进京津金融资本方面仍亟须补短板。为此,河北省可以尝试通过设立信息交流机构的方式,及时有效地与京津互通金融政策信息,统筹协调有关事宜,确保吸引京津金融资本工作落到实处,要巧借京津驻冀商业银行分支机构、金融租赁等机构的总部资源,服务河北省经济发展,同时要加强与京津"新三板"市场的沟通合作,积极推动中小企业在"新三板"市场转让融资。

2. 加大力度发展中小银行和民营金融机构

大力发展中小银行和民营金融机构是落实普惠金融、服务实体经济的必要条件,也是促进间接融资结构优化、推动金融供给侧结构性改革的重要内容之一。中小企业和民营经济是中小银行和民营机构的主要服务对象,当前中小银行和民营机构虽然发挥了重要作用,但规模有限、监管严格使得资金成本偏高,使得中小银行和民营机构对中小企业和民营经济的支持作用没有得到充分发挥。如果能够得到进一步发展,其对中小企业和民营经济的支持力度也会进一步提升。

首先,河北省政府可以出台政策,在农村信用社、城市商业银行等正规民间金融的改制进程中积极引导民间资本参与进来;其次,金融监管机构可以在有效控制和防范金融风险的基础上,有步骤、有选择地放宽金融行业准入门槛,鼓励民间资本通过参股或主导的方式,建立以中小企业为服务对象的金融机构;最后,河北省政府应针对当前金融布局不合理,中小企业和农村金融服务体系不完善的现状,针对性地发展和完善社区金融服务体系,推动诸如社区银行、小额贷款公司等新型金融机构和组织发展,最终打造出机构间层次分明、错位竞争的金融市场组织体系。

3. 建立健全农村金融体系,大力推动普惠金融的发展

通过政策鼓励,吸引更多的省内外银行在河北省成立村镇银行,加快村镇银行的设立步伐。对小额贷款公司等新型金融组织采取措施,保证这些新兴组织能够健康有序发展,防范金融风险的同时提高金融服务实体经济的能力。要建立健全以农村合作金融为基础载体的农村金融体系,该体系应包括农商行、政策性银行、农业保险金融业态等,确保多层次、全覆盖。创新农村金融制度,在现有的制度基础上,积极探索寻求政府、银行、保险三部门联合服务机制,创新县乡村三层级的金融服务模式;积极稳妥创新农村住房财产权、农民承包土地经营权等抵押贷款机制,使"三农"的直接融资渠道得以拓宽。建立健全农村金融服务基础设施,在符合条件地区增加 ATM、POS、电话支付终端和金融自助服务终端等金融基础设施在乡镇和行政村的布放量。全面开展农村信用体系、农村资金互助社的建设,进一步完善农村的信用担保机制。支持新兴支付方式在农村地区的推广和应用,因地制宜推动手机支付业务在农村地区的推广应用,选择应用环境比较成熟的地区作为

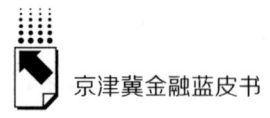

试点,以为农资企业、种养殖大户、农副产品收购企业的资金往来提供便利为目标,支持和鼓励新兴支付方式的推广。

(二)加快推动整体金融业态创新

1. 推动融资担保业务发展

构建由政府、企业、担保公司、专项担保基金四个层级组成的涉农、中小企业融资担保体系,使融资担保体系得到完善发展,确保担保资金来源的多元化;大力促进产业链、商业圈、企业群等融资方式的形成;建立健全融资性信用担保机制,规范担保机构发展,使其形成完整的担保管理制度;规范民间借贷行为。同时,积极创新金融业态发展,确保金融业态形成多元化、多层级、全覆盖式的发展形态;鼓励保理融资的发展,开展企业资产证券化融资;鼓励利用民间资本,确保典当行业的规范健康发展;完善并发展大宗商品电子交易平台等。

2. 发挥保险保障功能,大力发展保险业

在保险业对于农业支持方面,应加大农业保险的发展力度及覆盖范围,增多农业保险所涵盖的险种,扩大主要农作物保险、森林保险覆盖面以及设施农业等河北省特色产业保险试点范围。在保险业对于科技型企业支持方面,应建立健全科技保险体系,积极研发符合科技创新要求的保险产品及服务,推动企业科研成果的转化以及创新成果的产业化。同时要加快中小企业信用保险和贷款保证保险的建设,促使中小企业提高其融资能力,降低违约风险;试行环境污染强制责任险以及食品安全责任险,建立健全高危行业责任保险制度,使保险的社会保障功能得以充分发挥。在保险机构的引进与建设方面,要通过政策鼓励吸引省外的优秀保险公司在河北省内设立总公司、分支机构,规范保险中介的发展,实现保险市场主体的多样化。

3. 以政策性金融的方式推动科技金融发展

科技金融就是指科技产业与金融产业的融合,其中关键是如何运用金融手段为科技产业的发展提供资金,而科技型企业获取资金最为有效的两个途径——科技保险和科技支行在河北省内发展水平仍比较低。河北省的科技和

金融主管部门可以通过政府出资的方式建立政策性金融机构，发挥政策资金的引导作用，引领金融机构提高对科技型企业的支持力度。比如可以利用参股的形式建立商业再保险机构，通过提供保险再保险的方式，降低保险机构业务风险，打消保险机构对科技型企业信心不足的顾虑，通过这种方式鼓励保险机构通过科技创新险、贷款保证险等新险种为科技型企业提供支持。此外，虽然当前河北省已经建立了一些科技支行，但是这些科技支行对科技产业的支持力度非常有限，其表现包含以下两个方面：其一，从事科技支行的银行机构较少，并且地区分布很不均匀，为科技型企业提供贷款比较少；其二，业务能力有所欠缺，专业人员技术水平有待提高。鉴于此，有关部门应提高对科技支行重要性的认识，统筹规划科技支行的发展。首先，可以通过出台相关政策性文件的方式，为科技支行的建立和发展提供良好的政策支持；其次，可以研究确定一些相关的优惠政策，比如减免营业税、所得税等，降低科技支行经营成本；最后，要通过制定相关法律法规的方式，保障相关优惠政策能够落到实处。

4. 规范互联网金融的发展

互联网金融"门槛低、易获得、成本低、效率高、覆盖广、发展快"的特点使其天然具有"普惠"特质，特别适宜服务于小额、分散的"金融弱势群体"，因而受到政府部门的鼓励和扶持。不过，随着近几年的"野蛮"成长，互联网金融也暴露出"脱实向虚""风险积聚"等问题。为了规避互联网金融发展过程中的风险，规范互联网金融发展，实现"助力普惠金融，服务实体经济"的根本目的，应该做好以下几点工作。首先，要完善监管机制，织密风控"安全网"。强化以功能监管和行为监管为重点的金融监管协调，加强监管的专业性、统一性和穿透性，填补监管空白地带，坚决不留监管死角，促进互联网金融监管创新，加快"监管沙盒"机制推广；加强风险监测预警，健全早期干预机制，加强监管机构与市场主体的互动，推动监管技术与时俱进。其次，要健全法律体系，夯实风控"防火墙"。河北省政府应加快互联网金融立法步伐，紧跟互联网金融创新动态，明确互联网金融机构的性质、法律地位与组织形式，规范互联网金融行业的准入资格、经营模式与处罚措施,使互联网金融行业有章可循、有法可依,为互联网金融找准创新与风控、创新与安全的平衡点。最后,要健全市场规则、鼓励良性竞争。实现互联网金融的规范发展不能仅仅依靠监管机制与法律体系的外力,更要合理运用"看不见的手",有效激发市场机制的内力。

(三)扩大企业直接融资规模,深化投融资体制改革

扩大企业直接融资规模,能够有效缓解企业的融资困境,降低企业的融资成本,提高企业的融资效率,改善企业的管理结构,促进企业的发展,从而带动河北省实体经济的快速发展。扩大企业直接融资规模,一要积极储备上市资源,引导和鼓励河北省企业到多层次的资本市场进行上市融资。加快向"新三板"转板上市的步伐,与"新三板"建立批量推介、审批、挂牌机制。二要大力发展股权投资基金。支持发展股权基金、并购基金、天使基金等不同种类的股权投资基金。三要促进债券市场的发展。鼓励各企业、公司通过发行企业债、公司债、中短期融资券、中小企业集合债券等进行融资。四要鼓励证券、期货、信托等金融机构提高自身竞争力,通过政策倾斜鼓励其扩宽业务、提高融资能力、增强实力。五要鼓励石家庄股权交易所健康快速发展,力争建成集融资、信用、信息、创新、服务"五位一体"的交易中心,更好地为中小企业提供直接融资服务。

在扩大企业直接融资规模的同时,还要同步深化投融资体制改革。河北省企业的发展、经济的增长主要着力点仍在于投资,尤其是要确保投资的质量,这就需要通过深化投融资体制改革来完成。深化投融资体制改革,首先要进行企业投资项目管理制度的改革,使核准范围尽可能缩小,使企业投资主体的地位得到落实;其次要不断激发民间投资的活力,扩大民间投资的领域范围,鼓励并引导民间资本向基础设施、基础产业等领域进行投资;最后要充分发挥财政资金的杠杆效用,创新财政支持产业发展的模式,建立产业引导股权投资基金,使财政资金的引导和杠杆作用充分发挥。改革基础设施投融资体制,创新投资方式,积极推动"政府基金+金融资本+民间资本"和PPP模式。

（四）推动京津冀金融协同发展

第一，要积极落实京津冀金融政策一体化。河北省应加强与北京金融中心和天津金融创新运用示范区的互动，打造三地的经营合作共同体，争取能将京津两地的金融改革创新政策和举措借鉴到河北省。第二，要积极促进京津冀金融机构一体化。探索成立京津冀开发银行，力争在河北成立全国性股份制商业银行等金融法人机构，争取在河北省境内规划建设京津冀金融聚集区、金融服务区。第三，做好京津金融产业后台服务的角色，主动承接京津两地的金融功能外溢与金融产业转移，打造区域金融数据、支付、培训、呼叫中心。第四，主动参与设立京津冀协同发展基金、京津冀环保节能减排产业基金、科技成果转化创业基金等，推动京津冀三地的协同发展。第五，积极建立健全京津冀三地联合打击非法集资、非法证券等金融违法行为的机制，为区域金融发展提供良好的生态环境。

（五）完善金融配套设施，改善金融生态环境

在金融配套设施的发展与完善方面，河北省可以从增强政策扶持力度、实施金融人才战略、扩大金融资金支持的广度与深度等方面作为切入点进行努力。首先，在金融政策扶持方面，应当着力构建促进金融发展的政策体制，切实保障各项金融支持政策能够得到深入的贯彻和落实，同时要加强产融结合以及政策方面的配合，建立健全适合河北省金融业发展的政策扶持体系，在总体层面上为金融业创新与发展提供强有力的政策保障。其次，在金融人才战略方面，逐步构建政府、高校、企业、金融机构等共同协作的人才培养与发展机制，通过政策吸引更多的国内外优秀金融人才涌入河北省；构建科学合理的人才激励机制，优化人才培养环境，加强与京津乃至全国金融领域的人才交流，使全省金融领域人员的专业技能与素质得到全面提高，着力打造一支水平高、能力强、业务精且具有创新精神的现代金融人才团队。最后，在资金支持方面，河北省政府可以通过发起设立专项资金来达到鼓励金融机构进行创新的目的，充分发挥财政资金的鼓励引导作用，在重点产业

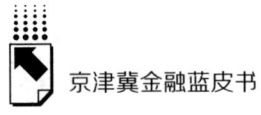

和项目上要加大对金融机构的鼓励与补贴。

在改善金融生态环境方面,河北省可以从金融法制环境、金融文化环境与信用体系建设等方面做出努力,有计划、有步骤地提高全省人民的诚信意识、责任意识以及法制意识等。首先,在金融法制环境方面,要深入贯彻落实各项金融法律法规及政策制度,着力构建能够带动全省金融发展、改革创新、先行先试的政策制度,同时要建立健全金融稳定机制,加强监管和沟通。其次,在金融文化环境方面,更多地争取金融试点政策,积极与科研院所、高校、金融机构等举办高水平的金融论坛,鼓励和支持各地区间开展金融合作与交流,努力营造良好的金融文化氛围,促进居民金融意识的提升。最后,在信用体系建设方面,要加快制定社会信用体系建设规范性文件,加快构建政府、企业、个人三位一体社会信用体系;提高企业和个人征信体系与报告的利用率,尤其要加大其在财政专项资金、政府招标采购、银行信贷等领域的推广和使用;同时,要通过建立健全金融监控体系、构建金融信息共享机制等,逐步完善金融信息环境的建设。

专题报告篇

Special Research Reports

B.11 关于京津冀科技金融协同发展的思考

杨荻 刘孝 陈百惠*

摘　要： 为了促进供给侧结构性改革，推动京津冀协同发展，发挥高新技术产业在经济转型升级中的引领作用，本文从供给侧结构性改革出发，立足京津冀协同发展实际，总结了三地科技金融协同发展的战略定位与发展方向；比较分析了三地高新技术产业的现实差异、三地金融支持高新技术产业的现状以及三地科技金融政策与统计体系的情况，得出了三地科技金融协同发展过程中存在的问题，并分析了造成这些问题的原因，从而提出深化科技金融数据信息基础设施建设、加强科技金融政策对接、优化多层次科技金融投融资体系建设等三方面建议，进而为有效支持京津冀高新区产业转移及产业创

---

* 杨荻，中国人民银行中关村中心支行；刘孝，中国人民银行中关村中心支行；陈百惠，中国人民银行中关村中心支行。

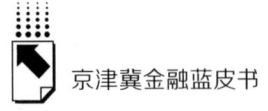

新发展提供决策参考。

关键词： 京津冀 科技金融 协同发展

一 研究背景

（一）京津冀科技金融协同发展的内涵与定义

京津冀科技金融协同发展是指在不断完善京津冀金融基础设施建设的基础上，协同三地科技金融政策，加强金融体系对三地各具比较优势的高新技术产业的有效支持。金融体系是指广义口径的融资体系，包括信贷市场、资本市场和私募风险投资市场。高新技术产业主要是指根据国家统计局2002年《高技术产业统计分类目录》、科技部2008年和2016年《高新技术企业认定管理办法》制定的包括医药制造业、航空航天器制造业、电子及通信设备制造业、电子计算机及办公设备制造业、医疗设备及仪器仪表制造业、公共软件服务业等八大类、58个小类，技术密集度达到制造业平均水平2~3倍的产业。

（二）关于京津冀科技金融协同发展的研究现状

目前，关于京津冀科技金融协同发展的相关文献主要研究了京津冀金融为何一体化和如何一体化，金融如何支持京津冀产业结构调整与升级，金融如何协同科技创新三个议题，并已形成了一些有益的共识：各类模型测度显示京津冀金融一体化水平在逐年提升，但金融对京津冀产业结构调整与升级的支持存在不平衡、效率低等问题，金融发展规模、金融结构、金融效率、财政科技投入、社会资本引导、财税政策、科技金融服务和融资互助平台、政策性金融主导模式对推动区域产业结构调整与技术创新协同发展具有积极作用。但具体到金融如何支持京津冀高新技术产业发展的研究较少，且有关研究本身存在一定欠缺与空白，如多数研究运用相对宏观的经济金融统计数据分析和数学模型测算，而对行业中观及微观企业数据的分析不足，且分析三地高新技术产业差异、科技金融现实制度体系本身的内容较少，政策建议的可借鉴性和针对性相对较低等。

（三）研究目的、意义及思路

在经济全球化背景下，区域城市群已成为国家参与全球竞争和国际分工的基本单元，其内部分工、合作与竞争直接关系到国家在全球政治及经济格局中的地位。京津冀协同发展是我国供给侧结构性改革的重要突破口，也是我国区域发展总体战略的重要内容，而高新技术产业是科学技术发挥对经济社会发展支撑引领作用的重要载体。因此，从科技金融角度推动京津冀高新技术产业协同发展，对于弥补我国科技创新短板，推动区域高新技术产业转移及创新发展都具有重要的现实意义。

目前，关于京津冀科技金融协同发展的相关研究主要集中于京津冀金融一体化、都市圈产业结构调整以及区域金融协同科技创新发展等方面，而关于金融如何支持区域高新技术产业协同发展的研究较少。而且相关研究对行业中观及微观企业数据的分析不足，对三地高新技术产业差异、科技金融现实制度体系本身的分析较少，政策建议也相对模糊、缺乏针对性。本文针对这些空白及不足之处，进行一定的完善与补充。

本文从供给侧结构性改革出发，立足京津冀协同发展实际，总结三地科技金融协同发展的战略定位与发展方向，比较分析三地高新技术产业的现实差异、高新技术产业的金融支持差别以及科技金融政策与统计体系的情况，探索阻碍京津冀科技金融协同发展过程中存在的问题及分析造成这些问题的原因，从而针对这些问题提出相应的对策建议，进而为有效支持京津冀高新区产业转移及产业创新发展提供智力支持。本文研究内容主要架构：一是研究背景，二是京津冀科技金融协同发展的战略定位与发展方向，三是京津冀科技金融协同发展面对的基础与差异，四是京津冀科技金

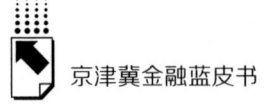

融协同发展面临的问题及原因，五是京津冀科技金融协同发展的思考与建议。

二 京津冀科技金融协同发展的战略定位与发展方向

（一）战略定位

根据中共中央政治局审议通过的《京津冀协同发展规划纲要》，三地在科技金融方面的战略定位及主要分工如下：北京为科技创新中心，天津为全国先进制造研发基地、金融创新运营示范区，河北为产业转型升级试验区。根据三地人民银行制定的《京津冀协同发展人民银行三地协调机制》，三地在科技金融方面的功能定位如下：北京为金融管理，天津为金融创新运营，河北为金融后台（见表1）。

（二）发展方向

根据政策梳理，京津冀科技金融工作有三个重点发展方向。一是区域协同。2017年科技金融方面需要突破的重点领域为天津滨海中关村科技园重点合作平台、曹妃甸协同发展示范区。二是政策协同。加强与三地政府主管部门的对接，密切金融政策与财税政策的合作，统筹研究支持科技金融创新发展的各项政策，推动拥有国家高新技术企业和中关村高新技术企业资格的企业在三地享受同等待遇。三是企业协同。发挥北京和天津两地互联网企业的资源优势，引导其大力支持河北中小微企业的发展（见表1）。

截至2017年6月，京津冀三地科技金融协同发展正在推进的工作如下：一是拟定了《京津冀协同发展人民银行三地协调机制》2017年工作要点及分工，二是推动中关村示范区和天津滨海新区的沟通交流，三是着手签署《中关村国家自主创新示范区金融政策向曹妃甸延伸帮扶共建协议》。

表1 京津冀科技金融协同发展政策文件梳理

时间	文件名称	科技金融有关内容
2015年4月30日	《京津冀协同发展规划纲要》	1. 明确了三地功能定位：北京为科技创新中心，天津为全国先进制造研发基地，河北为产业转型升级试验区 2. 优先突破的重点领域：曹妃甸协同发展示范区、张承生态功能区、天津滨海中关村科技园重点合作平台 3. 明确了短、中、长期目标：2017年要在重点领域率先取得突破
2016年10月26日	《京津冀协同发展人民银行三地协调机制》（银管发〔2016〕289号文印发）	1. 北京金融管理、天津金融创新运营、河北金融后台服务功能 2. 构建跨区域的科技金融创新体系，统筹研究支持科技金融创新发展各项政策
2017年4月6日	《关于进一步做好2017年金融支持京津冀协同发展工作的通知》（银管发〔2017〕77号）	1. 统筹研究三地支持科技金融创新发展的各项政策，推动金融与财税政策协同，三地高新企业享有同等待遇，北京和天津企业支持河北中小微企业的发展 2. 建立滨海中心支行、中关村中心支行、廊坊中心支行、张家口中心支行、唐山中心支行等京津冀三地中心支行合作机制，加强中支层面的交流互通 3. 推动中关村示范区和天津自贸区的政策互通 4. 推动三地扩大直接融资、利率定价自律机制
2017年5月19日	《关于加快推进京津冀全面创新改革试验工作的通知》（京发改〔2017〕665号）	1. 支持京津冀地区战略性新兴产业和双创孵化产业发行专项债券，投资者可在三地区域性股权市场投资 2. 推进三地示范区外汇改革试点、全口径跨境融资宏观审慎管理试点、合格境内个人投资者境外投资试点 3. 继续推动中关村示范区加快建设国家科技金融创新中心，开展先行先试、业务创新管理等科技金融创新试点。加强民营银行、中关村及天津滨海示范区有效联动 4. 落实高新技术企业认定管理办法和三地高新技术企业所得税优惠

资料来源：中国人民银行营业管理部、中国人民银行中关村国家自主创新示范区中心支行。

三 京津冀科技金融协同发展面对的基础与差异

(一)京津冀科技金融协同发展的基础

一是京津冀高新区概况。北京市拥有中关村国家自主创新示范区"一区十六园",用地面积488平方公里;2016年末,国家高新技术企业15978家,中关村高新技术企业20805家;优势产业为电子与信息、先进制造、新能源与高效节能技术、新材料及应用技术、生物工程和新医药、环境保护等。天津市拥有滨海新区、国家自主创新示范区"一区二十一园",示范区用地总面积244.67平方公里,核心区55.24平方公里;2016年末,全市国家高新技术企业3265家,科技型中小企业8.8万家,其中规模过亿元企业3902家;优势产业为装备制造业、消费品制造业,包括汽车制造、航空航天、电气机械、专用设备、新材料以及生物医药等。河北省拥有雄安新区和5个国家级高新区,分别是石家庄、保定、唐山、燕郊、承德高新区;国家高新技术企业1628家;优势产业为高端技术装备制造、生物、新材料和电子信息等。

二是京津冀高新区产业转移的现状。2016年,北京市企业在天津、河北的投资认缴额分别为899亿元、1140亿元,分别增长26%、100%。2016年,天津市引进京冀投资项目2701个,投资额1994.09亿元,占全市实际利用内资的44.0%。2016年在天津滨海新区注册的来自京冀的项目达1021个,总投资为1354亿元,中铁、中铝、中船、神华、北车等众多北京企业均在新区设立公司;大唐、华能、华电、国电4家电力集团在新区设立融资租赁总部,2015年全部完成增资。2016年,河北省从京津引进项目4100个、资金3825亿元;近三年,河北累计签约引进北京商户23140户,入驻5440户;河北与京津共建各类科技园区55个、创新基地62个、创新平台157个,吸引1350多家京津高新技术产业落户。

(二)京津冀科技金融协同发展面临的主要差异

一是北京高新技术产业相对天津、河北更为活跃。从国家标准的高新技术企业数量看，北京高新技术企业数量远高于天津、河北。从高新技术企业R&D经费支出看，2015年北京在京津冀的占比最高，为61.6%，天津其次，河北占比最少。由此可见，北京地区高新技术产业的研究经费投入相对更多。从专利申请量看，北京的占比最大，为55.7%，由此可见北京的科技研发更加活跃。从专利授权量看，北京的占比为58.3%（见表2）。

表2　京津冀高新技术企业投入产出情况

指标项目	北京		天津		河北	
	绝对值	占比(%)	绝对值	占比(%)	绝对值	占比(%)
国家高新技术企业(家)	15978	76.6	3265	15.6	1628	7.8
R&D经费支出(亿元)	1384.0	61.6	510.2	22.7	352.1	15.7
专利申请量(万件)	15.6	55.7	8.0	28.5	4.4	15.7
专利授权量(万件)	9.4	58.3	3.7	23.1	3.0	18.6

资料来源：北京、天津、河北2016年统计年鉴，高新技术企业认定管理工作网。

二是天津、河北相对北京在工业创新方面投入较多。从规上工业企业的研发投入看，天津和河北的规上工业企业研发投入更多。2015年，北京规上工业企业R&D经费支出占比仅为27.7%，分别低于天津、河北12.3、4.7个百分点。与此同时，从规上工业企业R&D项目数来看，北京地区的项目个数少于天津、河北。2015年北京规上工业企业R&D项目数占比为27.7%，分别低于天津、河北14.0、2.9个百分点（见表3）。

表3　京津冀规上工业企业R&D情况

指标项目	北京		天津		河北	
	绝对值	占比(%)	绝对值	占比(%)	绝对值	占比(%)
规上工业企业R&D经费(亿元)	244.1	27.7	352.7	40.0	285.8	32.4
规上工业企业R&D项目(个)	7554	27.7	11393	41.7	8358	30.6

资料来源：Wind资讯。

三是北京新经济、天津先进制造业、河北工业具相对优势。北京2016年全年新经济实现增加值8132.4亿元，占全市地区生产总值的比重为32.7%；高技术产业增加值占新经济的比重为69.4%；战略性新兴产业实现增加值3824.3亿元，占新经济的比重为47%；全年中关村国家自主创新示范区实现总收入45721.6亿元，比上年增长12.0%。天津2016年全年工业增加值7238.70亿元，规模以上工业总产值29443.00亿元，装备制造业增加值占规模以上工业的36.1%；消费品制造业增加值占全市工业的20.8%；航空航天、新材料以及生物医药等新兴产业合计增加值占全市工业的16.5%。河北2016年全部工业增加值13194.4亿元，规模以上工业增加值11663.8亿元；装备制造业增加值占规模以上工业的比重为26.0%；高新技术产业增加值占规模以上工业的比重为18.4%。其中，新能源、新材料、高端技术装备制造领域增加值分别增长27.5%、12.8%和12.7%。

四是科技信贷对天津、河北支持力度弱。为便于统一比较，本文将对科技产业的信贷支持情况，用"信息传输、软件和信息技术服务业"与"科学研究和技术服务业"贷款余额描述。信贷数据显示，北京科技产业资金吸纳能力更强，天津、河北相对较弱。2017年3月末，北京信息传输、软件和信息技术服务业贷款余额1563.1亿元，在京津冀中占比高达90.0%，而天津、河北信息传输、软件和信息技术服务业贷款余额分别为116.8亿元、57.8亿元，占比分别为6.7%、3.3%。北京科学研究和技术服务业贷款余额为223.3亿元，在京津冀中占比高达66.6%，天津、河北科学研究和技术服务业贷款余额分别为75.5亿元、36.6亿元，占比分别为22.5%、10.9%。

表4 京津冀科技产业贷款情况

单位：亿元，%

	北京		天津		河北	
	余额	占比	余额	占比	余额	占比
信息传输、软件和信息技术服务业	1563.1	90.0	116.8	6.7	57.8	3.3
科学研究和技术服务业	223.3	66.6	75.5	22.5	36.6	10.9

资料来源：中国人民银行营业管理部。

五是河北、天津融资的投入产出效率高于北京。为充分分析京津冀三地高新技术企业的发展现状，本文从微观层面整理归纳了三地高新区挂牌企业的经营融资情况数据。从挂牌企业的经营情况看，中关村科技园区的营业收入和全口径筹资金额最多，其次是天津和河北。但从资金使用效率看①，河北高新区的资金使用效率最高，其次是天津，最后是北京，即河北高新区企业每融入一个单位的资金，能产生3.2个单位的营业收入；天津高新区企业每融入一个单位的资金，能产生3个单位的营业收入；北京则是2个单位的营业收入。从就业贡献②看，河北、天津的就业贡献较高，即河北高新区企业每融入1亿元资金，能带动1387人就业，天津能带动465人，北京能带动317人（见表5）。由此可见，尽管北京的资金投入、人力投入比天津、河北多，但其投入产出效率却分别低于天津、河北。

表5 京津冀高新区挂牌企业的经营情况

单位：亿元，人

	营业收入	筹资活动现金流入	资金使用效率	就业贡献
中关村科技园区	1713.9	840.5	2.0	317.0
天津滨海新区	48.0	16.2	3.0	465.0
河北高新区	16.1	5.0	3.2	1387.7

资料来源：Wind 资讯。

四 京津冀科技金融协同发展面临的问题及原因

综上分析可知，北京高新技术产业发展规模远超天津、河北，但天津制造业、河北工业具有相对优势；金融对天津、河北高新技术产业的支持力度不足。究其原因，本文认为主要存在三个"协同不足"：

（一）科技金融数据体系建设协同不足

目前，人行营业管理部与天津分行、石家庄中支按季度共同编印

---

① 资金使用效率 = 营业收入/筹资活动现金流入总额，即每投入1单位资金能带动多少单位的营业收入。

② 就业贡献 = 员工总数/筹资活动现金流入总额，即每投入1单位资金，能带动多少就业的人。

《京津冀主要经济金融数据》，实现京津冀三地主要经济、金融和银行业监管指标的数据共享，但高新技术产业经济金融数据统计存在缺失（见表6）。

表6 京津冀科技金融统计指标体系概况

	北京市	天津市	河北省
经济指标	北京市科委：国家高新技术企业名单 中关村管委会：中关村高新技术企业名单，规上企业的从业人员数、研发人员数、工业总产值、新产品产值、总收入、技术收入、实缴税费总额、出口总额、利润总额、专利申请数、技术合同成交总额、企业内部日常研发经费支出，按园区分、行业分、十大技术领域分、登记注册类型分 北京市统计局："三新"统计调查制度，规上企业总收入、技术收入、产品销售收入和研发人员、企业内部的日常研发经费支出，分按六大技术领域分类，即电子与信息、生物工程和新医药、新材料及应用技术、先进制造技术、新能源与高效节能技术、环境保护技术	天津市统计局：国家高新技术企业名单、市级高新技术企业名单，科技成果数、技术合同数、合同成交额、技术交易额、专利申请数、专利授权数。高技术产业增加值，先进制造业、消费品制造业、优势产业（航空航天、新材料以及生物医药）增加值，新产品产量 天津市科委：科技进步监测分析报告、技术交易统计、科技成果统计、天津科技统计年鉴，包括财政科技支出，专利申请授权量，研究与试验发展经费及人员等非常全面的指标体系	河北省统计局： 总体情况：高新技术产业工业增加值，按行业、七大技术领域分 高新技术企业统计：企业数量、名单、工业总产值、工业增加值、营业总收入、净利润、出口创汇、固定资产投资 高新区建设统计：工业总产值、GDP、工业增加值、财政收入、营业总收入、税收总额、固定资产投资
金融指标	人行营管部：北京市各银行信贷投向月报表，含国家高新技术产业贷款和中关村高新技术产业贷款余额及同比；科技金融试点银行信用贷款月度报表，含信用贷款、知识产权质押贷款、股权质押贷款和并购贷款余额及同比 人行中关村中支：科技金融专营机构季度监测及年度评估，含高新技术企业贷款余额、户数、利率、期限、不良率、债券发行额等	未公开发布（2015年曾公布新增科技型中小企业信贷规模）	未公开发布

资料来源：中关村管委会、北京市统计局、北京市科委、人行营管部、天津市统计局、天津市科委、河北省统计局。

一是在经济数据方面,三地均根据本地情况开展了高新技术产业经济数据方面的统计与监测,北京、天津相对河北的高新技术产业统计更详尽、完备,而且北京已公布了"三新"统计调查制度2016年度数据[①]。但由于三地指标设置、口径设置、产业结构不尽相同,统计数据存在一定可比性不足的问题。

二是在金融数据方面,三地正在搭建相应的高新技术企业的金融统计数据框架体系。目前,河北、天津还未公开公布相应的高新技术企业贷款相关数据;人行营业管理部及人行中关村中心支行已探索开展了各类型、各技术领域的高新技术企业贷款相关数据统计。

科技金融统计数据框架体系协同不足,引起三地信息相对不对称、不可比,没有权威、统一、可比的数据基础,影响宏观层面对三地高新技术产业的整体分析,也不利于微观层面金融机构支持三地优质科技企业发展。

（二）京津冀科技金融政策协同不足

目前,京津冀三地的科技金融政策主要包括高新技术企业认定、支持高新技术企业及相关服务机构的财税政策、引导金融支持高新技术产业的财税政策三部分。通过对三地科技金融政策梳理,可以看出三地均结合本地实际颁布了一系列科技金融政策,但北京以重点问题为导向的、引导金融支持高新技术产业的财税政策体系相对天津、河北更成熟。

在高新技术企业认定、支持高新技术企业及相关服务机构的财税政策方面,三地虽有所差异但基本趋同（见表7）。相对来说,在引导金融支持高新技术产业的财税政策方面,北京市中关村示范区相对天津、河北起步更早、理念更前沿、政策体系更完备、引导力度更大（见表8）。中关村示范区更新整合了2010年以后关于引导金融支持高新技术产业的政策,以重点问题为导向,围绕支持基于互联网技术的新金融引领发展、完善产

[①] "三新"统计的调查制度主要指新产业、新业态、新商业模式的调查统计。该制度包括了目前新经济所涉及的绝大部分领域,比如高新技术产业、战略性新兴产业、高技术服务业、互联网金融、科技孵化器、众创空间、众筹等,还有城市综合体、各地的开发园区。

融结合的金融支撑体系、持续深化科技信贷创新三个方向，颁布了《中关村国家自主创新示范区促进科技金融深度融合创新发展支持资金管理办法》。

表7 京津冀科技金融政策概览

	政策内容
高新技术企业认定	除天津市标准比北京市、河北省整体低一点，北京中关村标准在科技人员学历方面有特别要求外，三地高新技术产业认定基本一致①
财税政策	三地部分财税政策虽在补贴时间、方式及金额等方面有差别，但整体差别不大，三地均有科技创新券、风险补偿、补贴、贴息、奖励、创投机构税收优惠、企业所得税和个人所得税优惠政策、研发费用加计扣除等政策支持高新技术企业、高端人才或团队、相关服务机构、园区基础设施建设②

表8 京津冀引导金融支持高新技术产业的政策梳理

政策	北京	天津	河北
投贷联动试点	有	有	无
设立科技信贷专营机构（科技支行）	有	有科技金融服务平台（企业对银行等服务机构）	2015年已发文鼓励设立
吸引互联网金融企业，支持互联网金融企业新金融模式探索	3年房租费用的50%补贴；运营费用50%的补贴，最高500万元	无或未公开	无或未公开

---

① 参见《高新技术企业认定管理办法》（国科发火〔2016〕32号）、《中关村国家自主创新示范区科技型中小企业资格确认管理办法（试行）》（京财税〔2015〕1935号）、《天津市市级高新技术企业认定管理办法》（津科高〔2016〕39号）。

② 参见河北省2016年颁布的《关于促进科技金融深度融合的意见》《关于财政助推全省科技创新投入实施细则（试行）》《关于优化科技资源配置实施细则（试行）》《河北省扶持高层次创新团队实施细则（试行）》《科研人员创新创业税收优惠和纳税服务实施细则（试行）》《关于金融助力科研人员创新创业的实施细则（试行）》等；天津市2015~2017年颁布的《关于打造科技小巨人升级版的若干意见》《关于进一步促进企业利用资本市场加快发展的实施意见》等。

续表

政策	北京	天津	河北
支持互联网金融基础设施建设	运营费用50%的补贴,最高500万元	无或未公开	无或未公开
支持企业获得相关金融业务资格	一次性补贴50万元	无或未公开	无
支持金融科技企业为金融监管机构和金融机构提供服务	技术应用合同或采购协议金额的30%补贴,最高500万元	无或未公开	无或未公开
支持绿色金融发展(绿色企业、绿色债)	贷款、债券40%的贴息,最高50万元,最多3年	天津市金融局《构建天津市绿色金融体系的实施意见》	无或未公开
大力发展天使投资和创业投资	实际投资额的10%~15%风险补贴,最高200万元	创业投资引导基金总规模10亿元	创业投资引导基金、天使投资引导基金、科技成果转化基金规模100亿元总规模
推动企业利用多层次资本市场发展壮大	支持企业利用区域性股权市场挂牌5万元补贴,融资利率的40%贴息,最高100万元,最多3年。企业改制、挂牌或上市10万元、30万元、50万元补贴	有,但没有公开具体细则	对在境内外主板或创业板上市的企业奖励200万元,对在"新三板"挂牌的企业奖励150万元,对在股权交易市场挂牌的企业奖励30万元
支持企业积极开展并购重组	并购交易额1%~2%补贴,最高100万元,并购贷款的40%贴息,最高50万元,最多3年	有,但没有公开具体细则	有,但没有公开具体细则
大力发展融资租赁	融资费用20%的补贴,最高50万元,最多3年;给融资租赁机构新增业务规模1%补贴,最高500万元	30亿总规模,租赁利息5个百分点的补贴	有,但没有公开具体细则
支持企业通过信用贷款、知识产权质押贷款、股权质押贷款、担保贷款、保证保险贷款、信用保险及贸易融资等科技信贷产品融资	20%至40%的贷款贴息,最高50万元,最多3年	有,但没有公开具体细则	50%贷款贴息,最高50万元

续表

政策	北京	天津	河北
支持银行、担保等金融机构不断扩大信贷规模	给金融机构新增业务规模1%补贴，最高500万元	无或未公开	无或未公开
支持担保机构创新服务模式，采取担保附加认股权、期权等方式为企业债务性融资提供"零担保费"服务	担保规模的0.2%补贴，单笔最高50万元，单家担保机构最高100万元	无或未公开	无或未公开
支持银行、担保、保险等金融机构扩大信贷供给总量，加大风险补偿力度，	不良贷款本金的50%给予银行、保险风险补偿；代偿本金的30%~40%给予担保公司风险补偿。（支持总收入小于1亿元的企业）	60亿元总规模，信用贷款本金损失70%	不良贷款损失的50%~70%，最高500万元，补助金额不超科技型中小企业贷款总额3%~4%
支持企业发行创新创业债、战略性新兴产业债、双创孵化债、北京四板市场可转债等进行直接融资。	票面利率40%补贴，最高50万元，最多3年	有，但没有公开具体细则	对拟发债科技企业的中介服务费、培训费和前期费用等进行补贴

资料来源：中关村管委会、天津市人民政府、天津市科委、天津市金融局、河北省人民政府、河北省科委。

（三）多层次科技金融投融资体系对三地的支持协同不足

多层次科技金融投融资体系主要指信贷市场、资本市场和私募风险投资市场支持高新技术产业的融资体系。虽然多层次科技金融投融资体系均致力服务于三地的高新技术产业，但对天津、河北高新技术产业的支持相比对北京的支持较为欠缺，而且三地高新技术企业在资本市场融资方面均存在不足。

一是多层次科技金融投融资体系对天津、河北的支持相对北京不足。从绝对水平看，科技产业贷款余额（见表4）、高新区新三板挂牌公司数、筹资均值（见表9）、私募风险投资案例数、金额、投资金额均值（见表10）都是北京远高于天津、河北。从相对水平看，天津、河北高新区新三板挂牌公司的资金使用效率、就业贡献均高于北京,侧面反映出金融对天津、河北的支持不足(见表5)。

二是京津冀高新技术产业新三板上市公司直接融资不足,而且债券融资较少。从融资方式看,三地高新区新三板挂牌公司直接融资占全部筹资总额的三成或更少。从融资工具看,三地高新区新三板挂牌公司通过发行债券获取资金占全部筹资总额比例很低,仅中关村科技园区有发债融资的企业(见表9)。

表9 京津冀高新区新三板挂牌企业筹资概况

单位:亿元,%

地区	新三板上市公司数	新三板上市公司筹资均值	取得借款收到的现金占全部筹资总额比重	发行债券收到的现金占全部筹资总额比重	吸收投资收到的现金占全部筹资总额比重
中关村科技园区	1191	0.71	50.4	1.8	32.5
天津滨海新区	32	0.51	82.7	0.0	13.4
河北高新区	18	0.28	57.7	0.0	29.2

资料来源:Wind 资讯。

表10 京津冀私募股权投资市场情况

单位:亿元

地区	2014			2015			2016		
	投资金额	投资案例数	平均投资金额	投资金额	投资案例数	平均投资金额	投资金额	投资案例数	平均投资金额
北京	822.32	900	0.91	1553.14	1153	1.35	1476.34	936	1.58
天津	9.63	19	0.51	25.61	30	0.85	16.21	31	0.52
河北	4.93	10	0.49	2.85	11	0.26	0.25	6	0.04

资料来源:Wind 资讯。

五 京津冀科技金融协同发展的思考与建议

经济基础决定上层建筑。通过以点带面,优先协调北京中关村示范区、天津滨海新区及示范区、河北高新区（以下简称重点合作区域）的发展，深化京津冀科技金融数据信息基础设施建设、加强科技金融政策对接与创新，优化多层次科技金融投融资体系，合理、高效、匹配地支持京津冀高新区产业转移及产业创新发展。

（一）完善京津冀科技金融数据信息基础设施建设

联合建立标准化跨行政区科技金融统计监测框架，整合可统一标准的京津冀三地高新技术产业经济、金融数据指标体系建设，同时兼顾具有地区产业特点的经济、金融数据指标体系建设。加强中关村信用服务机构与津冀信用自律组织开展合作，在重点合作区域搭建京津冀企业信用信息平台，加强信用产品和服务市场的培育与发展，探索信用联动、信息共享的服务体系。

（二）推动京津冀科技金融政策对接与创新

联合推动中关村先行先试科技金融政策体系与津冀重点合作区域科技金融政策对接，实现三地重点合作区域科技金融政策优惠力度相对持平。积极支持商业银行在重点合作区域设立科技金融专营机构或特色支行，创新业务模式，深化信贷产品创新，为重点合作区域企业提供综合金融服务。联合研究在重点合作区域推动企业利用多层次资本市场发展的财政政策，引导企业改制、上市、重组，制订促进天使投资、创业投资发展的税收政策，开展债券品种创新、小额贷款公司跨区域经营等试点。联合引导京津互联网大数据、互联网领军企业，建设互联网信用信息、融资信息对接、数据交易、金融资产交易、行业预警监控等第三方平台，服务三地金融监管机构、金融机构及企业。

（三）优化多层次科技金融投融资体系

联合引导多层次科技金融投融资体系中的各类金融机构，加强对京津冀三地高新技术产业及企业的认识和尽职调查，实现三地重点合作区域高新技术企业获得匹配的金融资源和金融服务。进一步发挥中关村协同创新投资基金的引导作用，通过与京津设立协同发展子基金，支持重点合作区域新兴产业发展和创新创业科技金融体系建设。推动京津冀区域股权投资机构开展合作交流，推动直接融资的发展，支持国内外天使投资、创业投资在重点合作区域集聚发展。鼓励各类银行在重点合作园区开展信用贷款、知识产权质押贷款、股权质押贷款、小额贷款保证保险等融资产品创新，支持企业通过并购、信托、债券等方式进行融资。

B.12 京津冀金融人才吸引政策研究

袁佳 董亮 兰芳*

摘　要： 文章从区域吸引金融人才的视角出发，借鉴美国、新加坡及国内长三角、珠三角金融人才吸引政策经验和教训，认为京津冀金融人才政策在区域外应当以吸引金融人才为主，在区域内应当以促进金融人才合理流动为着力点。区域外可以从推动居住证转户籍举措，成立京津冀金融人才基金或援助计划，进行税收优惠政策，鼓励金融企业采用多样化薪酬体制，促进猎头产业发展，提升区域金融集聚程度等方式吸引金融人才到京津冀地区发展；区域内可以从推进京津冀地区金融人才互认机制、发挥京津冀人才协会联盟作用、鼓励区域内金融人才借调等方式促进区域内金融人才合理流动，推动京津冀金融协同发展。

关键词： 京津冀　金融人才　吸引政策　金融集聚

一　引言

未来全球经济竞争的关键在于科技和金融两个方面。科技进步有助于提升实体经济的效率和竞争能力，而金融的作用则在于通过优化资源配置效

---

* 袁佳，天津财经大学经济学院硕士研究生；董亮，天津财经大学经济学院硕士研究生；兰芳，天津财经大学珠江学院，教师。

率，使社会资源发挥更大的价值。未来世界经济博弈就是大国金融的博弈，金融人才是金融行业有效运转的重要保障，也是金融企业实现利润最大化的前提。因此，金融人才是大国博弈的关键。金融行业国际化、综合化、信息化等特征凸显，对人才的需求层次逐渐提高，规模逐渐扩大，各个国家和地区都在想方设法吸纳金融人才。

人才资源区别于其他资源的本质特征是其具有自主流动性。金融人才的补给主要来自本地培养和从外引进两个渠道。本地培养的人才稳定性较高且更加熟悉当地的金融环境，但囿于培养周期长，数量和质量受当地教育资源限制等，时间成本和风险较高。而人才引进针对性强且人员素质较高，是各地提高金融人才数量和质量的重要手段。人才引进有狭义和广义之分。狭义的人才引进指人才的招聘与录用；广义的人才引进，除狭义的人才引进的工作外，还包括留住人才，即为了保留人才，发挥其价值的后续内容。吸引人才的核心内容在于招揽人才、保持人才、运用人才，使人才实现自我价值。同时，为留住人才而提供的诸多优渥条件增强了对金融人才的吸引力。因此，本文对金融人才吸引政策的研究包括吸纳金融人才和满足金融人才的需求而留住人才两个层面。

二 区域人才吸引问题的文献综述

从人才管理的传统功能角度来梳理相关文献发现，学者对区域人才吸引问题的研究可以归纳为两个方面：一是基于吸纳人才的视角，主要研究区域人才聚集原因，关注于如何提升区域人才吸引力；二是基于保留人才的视角，从人才的需求和激励措施出发，研究如何提升区域内人才的根植意愿。

（一）基于吸纳人才的视角

产业集群的形成与发展，吸引和汇集多种要素，人才就是多种要素中的核心和关键。同时，金融人才集聚效应会对该地区金融的发展产生明显的正反馈。人才集聚的形成会使集聚地优先发展，各方面的综合实力提升，会使得吸引高层次人才的环境与条件更加优越，吸引更多的金融人才，如此循环下去，形成一个增强回路。目前大部分关于区域人才吸引的研究，主要是以产业集聚的人才引力效应为切入点。人才引力效应可以归纳为四类。一是成本收益引力效应。Ravenstein认为优越的生产和生活条件是人力在区域流动的根本原因。Hicks and John Richard认为区域间的工资差异等经济因素会明显引起劳动力迁移到高工资地区。Becker认为是否移居到另一个地区是由不同地区的工资水平、就业机会的差异来决定，对移居前后的收入和相关成本进行经济权衡。Florida通过考察人才的经济和地理分步，认为区域人才的吸引力与区域文化多样性有关，其中最重要的因素是区域文化多样性的开放程度，即人才的准入门槛越低，区域人才吸引力越大。二是产业引力效应。空间上的产业集聚所形成的辐射效应有助于对人才的吸引而形成人才集聚。Taylor认为人才集聚有助于培养产业、企业家才能以及优越的商业环境，从而提升人才集聚程度。Giannetti认为劳动力个体拥有不同技能水平，通过合作将会创造规模效益，从而大幅降低生产成本，这样会促使地区或者企业会通过劳动力的集中和组合来实现规模效益。P. Krugman认为产业因素会影响人力资本与物质资本，通过迁移实现空间上的聚集。Shapiro分析1940~1990年间人力资本存量和人力资本的流动关系，发现人力资本水平高的区域会引起人力资本流向该区域，其中，60%是归因于人力资本聚集提升了生产率，40%归因于人力资本聚集提高了生活质量水平。马歇尔认为知识溢出效应、劳动力合作和共享以及专业化分工等因素会引起空间上的产业集聚现象，同时产业集聚现象会提供集中化、专业化、供需双方畅通的劳动力场所，从而进一步集聚人才。张西奎、胡蓓认为区域人才集聚的根本原因是人才是一种高级生产要素，随着产业集聚的规模扩大，要素的规模也随之扩大。三是环境引力效应。Richard Florida认为人文环境和商业环境是影响区域经济竞争力、生活质量水平的关键因素，也是在新经济时期吸引人才的前提条件。此外，地区的资源要素、生活环境等环境因素也会对人才集聚有重要影响。四是惯性引力效应。P. Krugman认为由于历史原因和偶然事件而在某地成立的一个企业，将会为劳动力提供有吸引力的工作职位、晋升空间和高额的劳动报酬，而后来由于路径依赖、累积效应会进一步提升企业和人才的集聚程度。波特将地理集中性比喻成磁场，认为其会将高级人才和一些关键要素吸引到该地区。朱杏珍引入"羊群行为"理论来阐释产业集聚过程中的人才吸引和集聚效应。此外，产业集群能够提供高额的要素收入、丰富多样的工作机遇和晋升空间，有利于人才的快速成长，这些因素又进一步增强区域人才吸引能力，提升人才集聚程度，即人才集聚过程中存在着"马太效应"，人才集聚程度越高，对人才的吸引力就会更大。

（二）基于保留人才的视角

相较于区域人才吸引，对于区域保留人才的问题的关注较少。郑仲认为人才保留可以分为两步：一是针对人才的需求，根据人才的发展规律，营造良好的职业发展环境，使其能在所在领域实现可持续发展；二是设立合适的激励考核机制，激发人才的积极性，鼓励人才发挥积极性和潜在创造能力。针对人才需求的研究较具代表性的是 Weng、McElroy。Weng、McElroy 采用区域人才的根植意愿来衡量区域对人才的保留能力，通过对武汉、北京、苏州、东莞等四大产业园数据研究区域环境因素（经济环境、生活环境、人文环境、人才政策环境）与人才根植意愿的关系，发现区域内人才成长发挥着中介作用。翁清雄、杨书春、曹威麟根据 Weng 和 McElroy 的建议，运用承诺理论实证检验区域人才环境对人才根植意愿的影响，发现人才基于自身需求来选择环境——人才在需求得到满足时可以产生高的区域承诺，进而形成根植于当地的强烈意愿。Yigitcanlar、Baum、Horton 通过分析知识型员工的需求，发现知识型城市吸引和保留人才受生活质量、城市多样性、社会公平性、空间质量等因素影响。激励机制则包括经济型激励（工资、薪水、佣金、奖金等）和非经济性激励（工作自身和工作环境等），激励机制有助于稳定员工，提高员工的积极性，降低员工的离职率和流失率，同时还会吸引优秀人才；否则，将会使员工对工作失去积极性和主动性，降低工作质量和效率。经济因素通过调整生产关系来实现对人才的激励作用。张生太运用定量分析方法认为保留优秀人才不仅需要提高物质待遇，还需要为其人力资本进行投资，促进其事业发展，给予更大的自治和参与决策的权力。

综上所述，区域人才集聚受成本收益、产业、环境、惯性等多种因素影响。区域人才吸引能力与区域收入水平、准入门槛、工作机会、产业集聚程度、发展环境等因素有关；而保留人才的关键在于能否从人才的需求出发激励人才，为其营造适宜的制度环境、生活环境、文化环境等。在人才吸引政策制定过程中要考虑区域对人才的吸引能力，而且满足不同层次人才的需求和激励金融人才的举措尤为重要。

三　国外金融人才吸引政策实践

相较于发展中国家，发达国家对人才的重要性及意义的认识更为深刻，并颁布各种政策和措施吸引人才。通过雄厚的经济实力来吸引人才，依靠优越的社会环境和丰厚的薪酬福利保留人才，抢占人才高地。其中，金融业发展走在前列的美国和新加坡在吸引金融人才方面的一系列举措，在很大程度上推动了其国内金融业的发展。

（一）美国

美国是金融业最为发达和完善的国家，也是世界上最大的人才引进国家，现已成为世界高端金融人才汇聚地。美国并未对吸引金融人才制定专门的政策，而是在包容、开放的人才吸引政策实施过程中，吸引了众多金融人才。

1. 放宽移民政策吸引急需的高端金融人才

美国在建国早期实行自由移民政策，降低人才的准入门槛，为美国的发展奠定了基础。一是制定职业移民第一优先类（EB－1），引进急需的高端人才。自1965年以来，美国多次修改《移民法》，为杰出人才在美永久居留提供捷径，EB－1计划主要是针对高端人才，其中也包括金融专家、跨国公司的执行官或经理等高端金融人才。EB－1门槛高，申请人数少，满足标准的外国优秀人才即可直接申请移民并获得外侨登记卡（绿卡），避免了在移民项目上的巨大投资，也直接跨过了漫长的排期，大幅减少了移民所需时间。二是推出临时工作签证（H-1B）政策，用非移民签证方式吸纳人才。职业移民第一优先类（EB-1）吸引了大批高端人才进入美国，但仍无法满足美国市场的需求，美国政府于是制定临时工作签证（H-1B）政策补给人才。H-1B政策对人才的职业要求和年限进行限制。美国通过临时工作居留向永久居留转换制度，实现了H-1B政策筛选美国市场需要的人才。临时劳工计划与职业移民政策共同构成了美国人才吸引战略中的双轨制。

2. 设立各种基金、援助计划奖励高端金融人才

美国政府通过设立专项基金吸引一些高科技和尖端行业奇缺的海外人才，如美国对菲律宾的援助前提是允许菲律宾高级科学家移居美国。为实现吸引高端人才，进而留住人才的目的，通常只有持有美国绿卡和美国护照者有资格的人才能获得这些高端人才的基金和奖项。此外，美国政府会主动为其他国家的部分获奖者发放绿卡或办理入籍手续，吸引其留在美国从事工作，达到吸引、开发和利用人才的效果。美国还通过与国际机构合作达到利用其他国家高端金融人才的目的，通常美国拥有财力、科技和人力上的优势，在开发合作中成为最大的受益者。

3. 营造优越的社会环境并提供高额的薪酬和丰厚的福利

美国具有优越完备的社会福利机制、退休养老机制、医疗保险机制、比较完善的住房市场，解决了居民衣食住行和养老的后顾之忧，这些成为美国留住高端金融人才的重要因素。高额的薪酬和丰厚的福利吸引着众多金融人才前往美国。一些美国大型企业为高端金融人才提供高薪和股票期权。部分公司实施一些补贴政策，如为子女提供学费补助、家属医疗补贴，无偿提供汽车和房屋等。美国许多大公司也在其他国家创办各类竞赛奖项，向获奖者提供丰富多样的奖励，如巨额奖金、出国旅游和夏令营活动、留学资助计划等，通过这些非常有吸引力的奖励性举措吸引优秀人才，以此建立自己的"人才收割机"。

4. 积极发展猎头产业网罗人才

在第二次世界大战结束前夕，美国不遗余力地搜罗战败国中掌握了先进技术的精英人才。"阿尔索斯突击队"是美国政府最早组建的一家"猎头公司"，以国家政府名义，不惜动用军事力量，直接猎取其他国家的高端人才。后来，美国的国家猎头政策开始变得隐秘，主要是以商业猎头公司来吸引高端人才。美国的国家猎头体系还包括为科研、实验室建设提供资金资助，购买科研成果，为优秀科研人员提供优越的工作条件和薪酬福利吸引其为美国服务。通过实行"人才本土化"政策举措，在东道国发现和吸引优秀管理人才和金融人才，进而拓展和创新使用国外先进人才和智力的方式。

5. 加大对留学生的吸引力度

奖学金是美国高校吸引高端人才的重要政策，美国政府先后推出《共同教育和文化交流法》《国际教育法》《富布赖特计划》等政策提供奖学金接受各国学生及学者赴美学习，国际开发署和富布赖特基金会、福特基金会以及洛克菲勒基金会都为第三世界国家的留学生提供了多种方式和类型的奖学金。此外，美国一些学校也制定了留学教育计划为留美学生提供奖学金支持。在政府、大学及民间机构的推动下，留学美国的外国学生不断增加，成为美国经济发展所需的高端人才的重要来源。同时，美国利用高端、先进的研发基础设备和条件，以及完善的人文生活环境，通过提供科研资助、学术研讨和讲座等多种方式邀请外国学者到美国工作；通过丰厚的薪酬福利、先进和完善聘用机制实现高端人才的国际开发与利用。

（二）新加坡

新加坡奉行"人才立国"的基本国策，其曾经受英国统治，经济在20世纪70年代开始起飞，之后向金融中心地位转型。新加坡为了长期保持足够的优质人才劳动力，促进其经济的长期稳定发展，制定了各项人才政策计划吸引外来人才。

1. 营造外籍人才移民、就业、工作的良好环境

为达到高效留住人才的目的，新加坡会允许约3万名外籍人才成为新加坡籍居民，并批准一些外国专业人士成为新加坡公民。为吸引人才而招收的外籍硕士生、博士生，其毕业后仅需找到工作单位即可拥有就业准证，从而留在新加坡当地工作。2003年11月起，新加坡通过颁发商业入境证，进一步放宽吸引人才的限制。对于有意向在新加坡创业的外籍人员，可以凭借商业计划，申请到新加坡居留两年。在居留期内可享有无限次出入境的待遇，同时还可以更新居留的期限并为家属申请在新加坡的居留权。

2. 实行免、退税等税收政策

新加坡的个税税率非常低。1999年，在《21世纪人力报告》中新加坡规定通过退税方式，提高人才的可支配收入水平，吸引外国人才前来就业。同时，为鼓励企业招纳外国优秀人才，促进经济、文化的交流合作，新加坡政府提出企业用于招聘、培训、高额薪酬、住房福利等方面的支出可以享受减免税的补偿，提升外籍人员前往新加坡就业的积极性。此外，政府通过调低外籍人员的个人所得税、为在新加坡工作的外籍金融人员提供培训机会等方式，加大对人才的吸引力度。

3. 外籍人才居住计划

1977年8月，新加坡负责工业开发区的Jurong Town公司和住房署共同制订管理外籍人才居住计划，其目的主要是为有住房需求的外籍人才提供资助。在新加坡政府鼓励外籍人员与当地人员交流的背景下，该计划提供的物业处于不同的区域，以更好地促进外籍人员融入新加坡的社会生活，产生归属感；同时也可以促使当地文化与外籍文化的交流和碰撞，推动社区更加国际化。

4. 创造国际化社会环境

为了实现可持续发展，新加坡政府不断努力力争创造世界级国际环境吸引外籍人才前来就业，如城市市容干净、整洁，社会秩序良好，交通、通信等基础设施完善，政府廉洁高效，法律公正透明等。此外，新加坡科技园区还考虑了人才家属的需求，如提供幼儿园、会议室、诊所、文具店等配套服

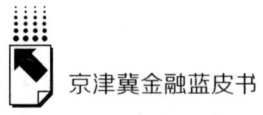

务,优越的商业居住环境解除了企业家后顾的之忧,吸引金融人才的举措进一步开放。

5. 提供丰厚的薪酬福利

借助本国强大的经济实力,新加坡在人才经济刺激方面使用了最直接、高效的手段,即给予高端人才丰厚的薪酬福利。新加坡政府规定外籍人才工资下限来保证其工资水平,规定在新加坡持有就业准证的工作人员每月工资水平不能少于2500新元(1新元约等于4.86元人民币。数据仅供参考,交易时以银行柜台成交价为准)。因此,在新加坡工作的高级企管的年薪很容易超过百万元,有助于增强人才的居留意愿。调查显示,在新加坡工作的外籍人才在第一个合约到期后,约有73%的人愿意并且选择继续在新加坡就业。

6. 借助猎头"联络点"针对性招揽人才

新加坡的国家猎头"联络点"遍布世界各地,其主要任务是宣传和解读在新加坡就业的益处、优惠政策等,进而最大限度地从世界各国引进人才。同时,该联络点汇集了世界各国的人才数据和资料信息,并保证新加坡可以按需引进外籍人才。此外,新加坡还成立专项资金来援助和鼓励他国人才到新加坡访问交流;定期在多个国家开展"职业博览会",并现场招聘所需人才。在人才管理方式上,新加坡对内和对外吸引人才的渠道不同。对外主要借助于在不同国家设立的猎头"联络点",针对性引进人才;对内则是由国家人力资源部按需求、紧急性、重要性等进行统一协调和管理,尤其是在对经济发展具有重要影响的金融人才、通信人才和电子领域的优秀人才,通常会优先引进。此外,为更好地把握经济走向,新加坡高层人员会和主管人才招揽的部门共同探讨经济趋势和人才需求,以便确定引进人才的方向。

7. 为外国学生提供奖学金资助

奖学金计划设有数百个奖学金项目,吸引着世界各地的优秀学生,奖学金资助对象有中国、印度和其他国家的卓越人才,优秀的留学生作为新加坡国内高端人才的有力补充渠道之一。若留学生不愿留在新加坡,当其回到自己的祖国,也有益于培养两国间的良好感情,并促进新加坡当地公司的进步和发展。

从美国和新加坡吸引金融人才的实践来看，国外金融人才的吸引政策主要有以下几种途径：一是放松移民和居留政策，降低国外金融人才的准入门槛；二是设立高端金融人才基金和援助计划；三是实施免、退税和为其亲属提供优惠措施，吸引金融人才前来就业；四是营造优越的社会环境并提供高额的薪酬和丰厚的福利；五是发展猎头产业，按需网罗金融人才；六是加大对留学生的吸引力度，储备金融人才资源。这些举措从降低金融人才的准入门槛到提供高额薪酬，从金融人才本人到其亲属，从金融人才的基本需求到自我实现的高级需求，多方位、全方面吸引金融人才。

四 长三角、珠三角、京津冀金融人才吸引政策实践

（一）长三角

上海在国内首先开始构建国内金融人才高地的实践，力图成为国内高素质金融精英的汇集地，吸纳更多的社会人才到上海创业和就业，并出台了一系列的金融人才吸引政策，是金融人才吸引政策最为完善的地区。

一是通过城市户籍政策吸引金融人才落"沪"。自 1999 年起，上海市对优秀金融人才实行户籍放开的管理政策，以城市户籍为资源，推动了构筑集聚国内人才高地的建设进程。2003 年上海市颁布了《关于加强服务促进金融机构来上海发展的若干政策意见》规定新设立的金融机构工作人员的子女可以在入学、升学等方面与本市居民享受一样的就学政策等。在 2005 年初，浦东新区提出相关财政扶持政策，规定设立专项教育基金，用于金融机构高层管理人员子女就学等。2009 年，上海公布"居住证转户籍"细则，凡符规定的居住证持有人，可以申请转上海市户口。二是提供住房补贴、退税等优惠政策。2008 年浦东新区颁布《浦东新区支持鼓励人才若干意见》和《浦东新区集聚金融人才实施办法》，对金融机构的高层人员、管理人员和专业人员等按照贡献程度提供一定的奖励或者补贴，对金融机构中从事有关人才招揽、培训、交流探讨或有利于改进和完善人才居住环境等工作人员

给予补贴,吸引金融人才。2010年上海向符合标准的海外金融人才提供住房补贴、退税和免费体检等一揽子优惠措施。2012年推出的陆家嘴金融人才公寓以及"定向补贴、梯度递减"补贴政策,吸引青年金融人才集聚。三是创设金融人才奖项。2010年底,上海市启动实施"千人计划",在国内率先创设金融人才奖、创新奖,奖励对金融发展具有重要贡献的金融人才,激励金融机构和金融人才继续进行金融创新和研发工作,并不断完善金融创新奖方案,创新人才奖励政策。四是精神奖励。上海金融系统加强对领军人物及其团队的先进事迹和成果的舆论宣传,创造良好的环境氛围,激发金融人才脱颖而出。"十二五"期间,每年举行一次金融领域领军人物评选活动,评选上海各类金融机构(含新型金融机构)中在经营管理、专业技术创新等方面引领作用显著的优秀金融人才。五是对海外金融人才提供一站式服务。2016年《关于推进上海金才工程加强金融人才队伍建设的实施意见》提出实施海外金才、领军金才、青年金才三个人才开发计划,对于入选的海外金才,上海将在出入境、通关、居留、子女入学、商业医疗保险等方面提供便利。

浙江省也积极推动金融人才吸引政策的制定。其中走在前列的是杭州、宁波等地。自2010年杭州出台《杭州市人民政府关于鼓励和吸引海外高层次人才入驻浙江海外高层次人才创新园创新创业的若干意见》以来,杭州陆续出台了《杭州市全球引才"521"计划实施意见》《关于在杭留学回国等人员子女入(转)杭州市区中小学有关事项的通知》《杭州市出国留学人员在杭创业资助实施办法》等一系列政策,内容涉及杭州市留学回国人员工作证发放范围、出入境管理、住房、子女入学、家属落户、重点扶持政策等留学人员普遍关心的问题,为海外留学人员来杭提供了良好的制度保障。2013年,宁波市发布了浙江省首个《关于加快金融人才队伍建设的实施意见》,对不同层次的人才给予相应的市级地方财力补贴。

江苏地区中苏州率先实施金融人才吸引政策。2008年苏州市政府印发的《关于苏州市引进金融机构和金融人才的若干规定(试行)的通知》规定,符合条件的金融人才可享受安家补贴、子女入托入学优惠等。2014年,南京出台《关于全面支持南京（河西）金融集聚区发展的实施办法》和《南京（河西）金融集聚区发展专项扶持政策实施细则》，在率先开展金融人才试点工作并对金融高层次人才实行认定机制，如对符合要求的高层次金融人才纳入评选范围，并依据其做出的相关贡献程度进行认定，达到标准后，金融高层次人才可以连续3年内获得每人每年不超过3万元的补贴。

（二）珠三角

改革开放以来，珠三角充分利用制度优势和地缘优势，借助改革开放春风对经济发展和金融产业集聚的推动，营造了金融人才发展的良好经济和社会环境，数量众多的国内外优秀金融人才前来珠三角地区就业，有效推动了当地金融产业的快速发展。

自2003年开始，深圳便开始吸引高端人才的探索。2003年3月，深圳出台《深圳市支持金融业发展若干规定》，其规定金融企业的高层管理人员可以在租用房屋、家属随迁、子女就学等方面享受一定的优惠政策。2009年《深圳市支持金融业发展若干规定实施细则》（修订稿）提到了对于金融人才的支持政策，主要体现在给予高管住房方面优厚的补贴，在高管人员子女入学方面给予照顾，享受大企业直通车服务以及日常服务协调等。2011年制订的《深圳市人才认定标准》将人才进行划分，符合相关标准的人才可享受住房补贴、子女入学、配偶就业、学术研修、办理"鸿儒卡"等高层次专业人才配套政策。深圳市根据金融格局的变化不断调整金融人才政策，大力建设金融人才公寓，符合要求的高层次人才可以享受租金补贴、购房补贴政策，以及对符合认定标准的高端金融人才给予奖励补贴、居留和出入境便利以及落户、子女入学、配偶就业、税收优惠、医疗保险等诸多优惠政策。注册在前海的企业主要集中在金融业、现代物流、信息服务业等。2015年，前海深港合作区内境外高端人才和紧缺人才在前海缴纳的工资薪金个人所得税已纳税额超过工资薪金应纳税所得额15%的部分，由深圳市给予财政补贴。前海针对人才的税收优惠政策，成为吸引高级人才、高收入者的一个特殊渠道。此外，广东省政府还按照内地与香港、澳门地区的个人所得税负差额，给予在横琴从事工作的港澳人员一定的税收补贴，以此实现"港人港税""澳人澳税"。

2013年广州市人民政府印发的《关于全面建设广州区域金融中心的决定》，在激励金融人才方面，通过广州市高层次人才认定、评定的金融人才可以享受落户、居住、医疗保障、子女就学、配偶工作等政策。推出金融人才公寓，以优惠价格出租给金融人才使用。2014年广州出台的《广州市高层次金融人才支持项目实施办法》是国内为数不多的专项金融人才扶持政策。2016年对《广州市高层次金融人才支持项目实施办法》进行修订，扩大了奖励范围，增加了奖励力度，并将部分地区金融人才作为地区人才奖的重点人群，给予获奖者较高的资金奖励。2016年广州市共评选出220名高层次金融人才，总奖励金额超过2900万元。

2017年2月，佛山市出台的《佛山市高端金融人才引进培育办法（试行）》细化了高端金融人才的认定类别和标准，其规定佛山市高端金融人才分为金融领军人才、金融高级管理人才、金融高级三种。对符合认定标准的高端金融人才可在行业专项津贴、地区补贴、住房补助、业绩贡献奖等方面享受经济型和非经济型激励措施。

（三）京津冀

京津冀地区是继"珠三角"和"长三角"之后中国最具潜力的经济增长区域，在加快区域经济一体化进程中，金融人才发挥着重要作用。京津冀在吸引金融人才方面也做了很多努力，其中北京走在天津和河北前列。

为促进和完善北京地区的金融行业发展环境，2005年北京出台了《关于促进首都金融产业发展的意见》及实施细则，吸引了大批金融人才，主要政策优惠有以下六个方面。一是高端金融人才的个人所得税优惠。对金融机构连续聘请两年以上的，在北京市购置商品房、汽车或参加专业培训的高管人员，可按照其上一年所缴纳的个人所得税地方留成部分的80%奖励给高管人员，同时奖励的资金免征所得税；对北京市政府授予荣誉称号并给予资金奖励的金融管理人员和专业技术人员，奖金部分可以免征个人所得税。

二是享受落户优惠政策。金融机构聘请的属于北京市紧缺急需的人才,符合相关标准的人员即可按照相关规定办理本市户口,或办理北京市工作居住证。三是子女教育方面提供便利。金融人才的子女可以在北京参加高考,同时还可和北京市户籍考生享受同样的录取待遇等;若其子女需在北京的中小学入学或借读的,可以由管辖的区县政府负责安排相关事宜。四是人才资助计划。对区域内符合条件的人才给予相应金额的资助。五是住房补贴政策。采取租金减免、租金补贴等形式,满足人才住房需求。六是健全医疗保障制度。鼓励高端商务人才参与国际医疗保险计划,为区域内高端金融人才享受医疗服务提供诸多支持。

2015年,天津市实施引进人才"绿卡"制度。符合要求的金融紧缺人才可以申请"A卡",可享受调入关系接转、留学回国人员来津工作派遣、本人及亲属居住落户、暂住、人才公寓、子女就学、办理社保和医保等诸多优惠政策。

2009年河北出台了《关于进一步加强全省金融人才队伍建设的若干意见》,对金融企业为招揽高层次金融人才而支付的一次性住房补贴和安家费等可纳入工资薪金支出计算,并在税法规定的范围内予以税前扣除等规定。

五 京津冀金融人才发展现状及存在的问题

(一)京津冀三地金融人才发展现状

金融人才资源是金融业服务实体经济的重要引擎,是区域经济可持续发展的重要决定因素。纵观京津冀三地金融人才的流动现状,不难发现金融人才流向北京的规模较大,三地金融资源规模和金融人才存量、结构存在较大差距。北京金融业发展水平名列前茅,金融环境和人才吸引能力较强,金融人才集聚效应明显,高端金融人才规模较大;天津紧邻北京,但天津的金融业发展较落后于北京,仍存在高端金融人才流向北京的现象，天津地区的金融人才吸引能力和集聚能力有待进一步增强；河北金融业发展水平明显落后于北京，且金融集聚程度、金融人才环境居住环境有待进一步完善，多种因素导致金融人才流向北京、天津地区的现象较为严重。

1. 金融从业人员规模比较

从从业人员规模上看，自2005年以来，北京、天津和河北的城镇金融从业人员规模增长态势较为明显。2015年，北京城镇金融从业人员规模达到了47.16万人，同比增长达9.28%；天津城镇金融从业人员为12.13万人，同比增长36.19%；河北金融从业人员为29.81万人，同比增长7.77%。北京是经济中心、金融管理中心等，吸引并聚集了大规模高层次金融人才前来发展。尤其在2005年《关于促进首都金融产业发展的意见》及实施细则出台后，金融人才环境进一步优化，城镇金融人员数量逐年大幅攀升。在2006~2007年，金融从业人员分别以16.82%、12.92%的速度增长。2006年，天津滨海新区建设成为国家战略的一部分，滨海新区金融先行先试政策为金融快速发展提供了契机，金融产业的集聚也优化了金融人才的成长环境，为金融从业人员规模和质量的提升营造了良好的发展环境。自2005年以后，天津金融从业人员规模显著上升。随着天津的金融服务体系及其配套设施的不断健全和完善，金融改革创新和金融产业人才集聚稳步推进，天津金融创新运营示范区建设不断取得新的发展，天津金融从业人员的规模和质量均明显改善。自2005年以来，河北金融从业人数规模增长幅度虽不及天津地区，和北京增长速度相比也存在着相当大的差距，但增长幅度出现明显的提升。2015年河北省城镇金融从业人员规模为29.81万人，同比增幅达到了7.77%。

从从业人员结构上看，京津冀三地的城镇金融就业人数（见图1）占比可以反映出金融从业人员在各行业中的比重，侧面反映出北京金融业发展环境改善明显，金融人才集聚能力显著增强。尤其是在2011年左右，这一上升态势尤为显著。而在2011年之后，天津和河北的金融就业人数占比呈缓慢下降趋势（见图2），一方面是因为两地金融发展速度相比北京较为缓慢，导致金融业人才发展速度稍显滞后；另一方面可能是天津和河北两地金融人才流向北京。

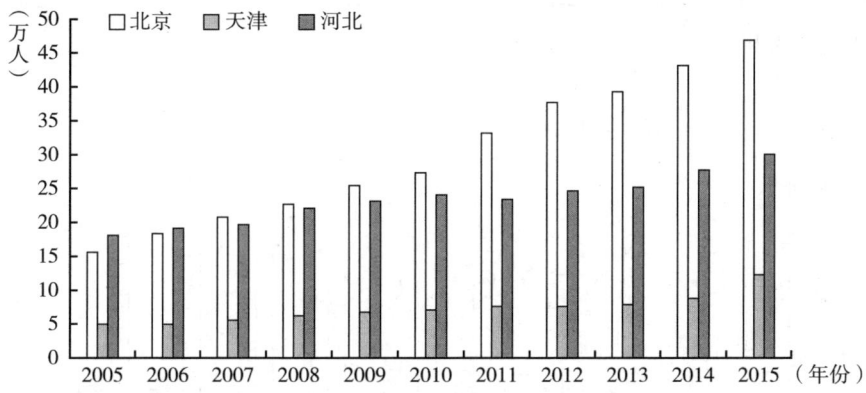

图 1　京津冀城镇金融业就业人员数

资料来源：国家统计局。

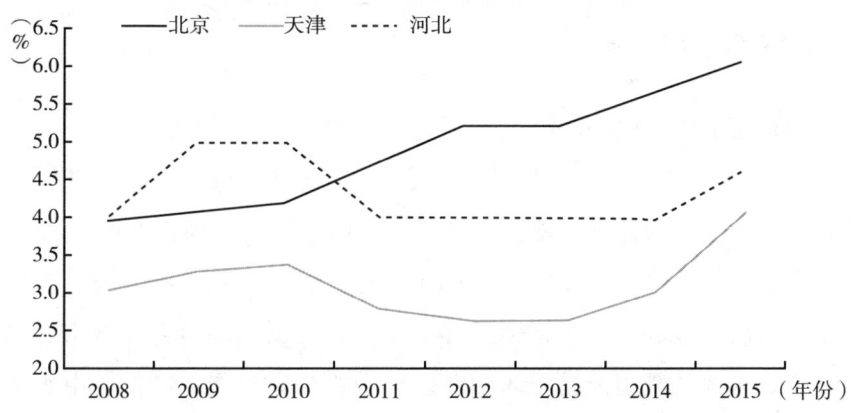

图 2　京津冀城镇金融从业占就业人数比重

资料来源：国家统计局。

2. 金融业薪资待遇对比

薪酬待遇是吸引人才最为直接有效的方式之一。北京、天津和河北三地的金融从业人员工资水平呈现阶梯递减的走势。2015 年三地工资水平分别为24.8万元、11.2万元和7.5万元，北京地区的工资水平是天津2.2倍，是河北的3.3倍（见图3）。因此，金融从业人员流向北京，不仅与北京的金融产业发展规模有关，北京地区较高的工资薪酬也成为吸引津冀两地金融人才的重要因素。

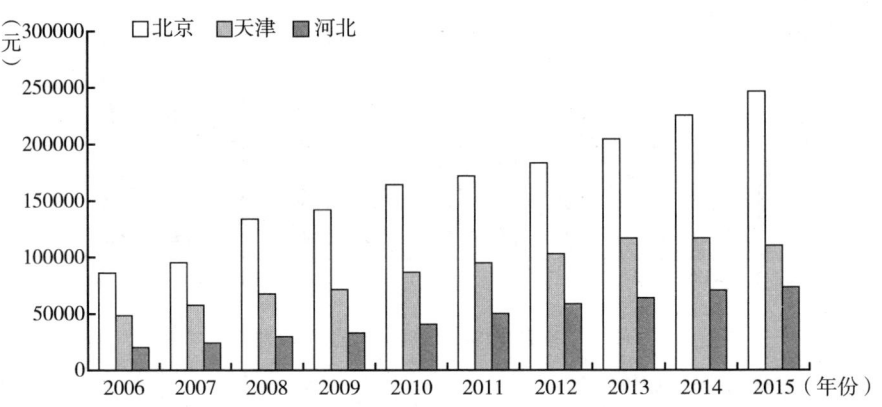

图3　京津冀金融从业人员年平均工资

资料来源：国家统计局。

3. 金融人才发展环境分析

根据2016年发布的第八期"中国金融中心指数报告"（CDI-CFCI）的相关资料，北京、天津的金融生态环境在全国范围内分别位列第1和第7，而河北石家庄排名则为第29（见表1）。金融生态环境指标是根据金融人才环境、金融商业环境两个指标进行衡量，其可以反映出不同城市的发展状况对金融人才的吸引能力强弱和促进金融机构集聚能力高低。由表2可知，北京的金融人才环境CFCI得分为124.11，位列全国第一。作为金融业最为发达的城市之一，北京拥有最吸引金融人才集聚的人才环境。而天津金融人才环境排名第16位，较为落后，反映出其在金融商业环境、人才发展环境、医疗社保、出行交通等基础设施建设方面仍有较大的发展潜力，需要不断完善以增强金融人才吸引能力。石家庄得分落后，其金融人才吸引能力较弱。

表 1　CDI-CFCI 金融生态环境排名

城市	CFCI 8 排名	CFCI 8 得分	CFCI 7 得分	较上期排名变化
北京	1	151.18	141.62	0
天津	7	77.71	72.48	-1
石家庄	29	46.58	41.09	0

资料来源：第八期 CDI-CFCI。

表 2　CDI-CFCI 金融人才环境排名

城市	CFCI 8 排名	CFCI 8 得分
北京	1	124.11
天津	16	67.66
石家庄	26	60.51

资料来源：第八期 CDI-CFCI。

（二）京津冀金融人才发展存在的问题

京津冀地区出台了金融人才出入境、落户、补贴、家属就业、子女教育、住房政策、奖励政策等诸多措施，旨在为金融人才营造优越的环境，吸引金融人才前来就业。然而金融人才的发展现状暴露出其仍存在诸多问题。

一是金融人才规模和质量差距较大。金融人才的质量和数量决定这一个区域经济、金融可持续发展的潜力。从金融人才存量规模来看，京津冀三地金融人才存量存在较大差距，北京金融人才数量最大，产业集聚优势提升了金融人才的聚集能力；天津受制于金融商业环境、薪资水平、交通等基础环境，金融人才规模稳步增长，未来提升空间较大；而河北金融环境的较为落后，存在着较为明显的人才外流现象。从金融人才质量来看，北京是全国的金融决策管理中心和信息中心，金融高层次人才资源丰富；天津定位为北方金融创新运营中心，通过金融创新推动产业金融、贸易金融的纵深发展，进而实现金融集聚化、产业化、体系化，中高层次金融人才较多；河北省产业资源丰富，金融业的后续发展空间非常广阔，金融人才的层次低于北京、天津。

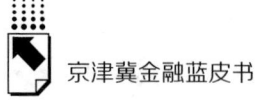

二是区域内金融人才存在"虹吸效应"。目前区域内人才吸引政策均是各自为战的局面，制定的人才吸引政策存在同质化现象。北京作为全国的经济文化中心、金融决策和监管中心，其经济金融环境、生活环境、人文环境、产业聚集度都高于天津、河北。北京凭借快速发展以及良好的经济人文环境、教育医疗环境和生活环境聚集了大量优秀的金融人才，区域内中高级金融人才由河北、天津流向北京的态势较为显著，而金融人才从北京流向天津、河北的反梯度流动非常弱。金融人才的单向流动不仅不利于人才竞争处于劣势区域经济的发展，而且难以使不同区域间加强合作，难以推动区域间协同发展。

三是区域间尚未形成有效的人才合作机制。京津冀的金融人才总体储量较大，但是京津冀三地行政关系独立且经济发展程度、教育资源、劳动力素质等方面存在较大差异。在人才政策、资源和服务方面存在差异，人才评价标准不统一、职业资格技术等级不互认，容易产生区域人才集聚效果不佳和后劲不足的现象，也有可能会引发区域之间对于金融人才的竞争，导致人才竞争力处于劣势地区的金融人才环境进一步恶化，不利于人才的自由流动。

六 京津冀吸引金融人才的政策启示

（一）区域外增加人才吸引力度

1. 利用现有资源推动京津冀三地联合引进金融人才

重点针对京津地区金融人才的创新和创业需求制定政策措施，通过改进和完善金融人才的薪酬福利、外部商业环境、工作发展环境和工作平台等条件，充分利用现有的优惠政策吸引和集聚金融人才。同时，建立京津冀金融人才职业发展一体化机制，为京津冀地区金融人才发展量体裁衣，在使用金融人才的同时，更为其未来的职业走向深入考虑。北京作为首都，其优越的金融人才环境和金融商业环境吸引着各地金融人才流向北京。北京应当在京津冀协同发展、金融人才一体化发展方面借助首都的地理优势、经济金融优势和人才集聚优势，主动协调天津、河北等地开展多项金融工作，力求通过试验区建设达到以点带面、撬动整体、活跃全局的效果。

2. 制定居住证转户籍政策筛选紧缺急需的金融人才

美国的临时工作证制度像"沙漏"一样，帮助其筛选所需的金融人才。京津冀地区可出台居住证转户籍政策，并加大政策的宣传力度，成立专门的小组处理居住证转户籍咨询和办理事宜，鼓励符合各地金融紧缺人才标准的人员将居住证更换成当地户口，留住京津冀地区急需的金融人才。

3. 设立京津冀金融人才基金、援助计划奖励高端金融人才

上海和广州专门针对金融人才出台了一些人才奖励和精神奖励，并取得了一定成效。目前，北京和天津地区已设立一些人才奖励，但是并未针对有突出贡献和发展潜力的金融人才成立专门的奖项以激励其不断进步。政府可牵头与金融业界或者相关金融协会组建金融人才发展基金或资助计划，奖励具有重大贡献的金融人才，并鼓励和支持区域间金融人才的交流与合作，对金融人才间交流和研发所产生的费用予以一定比例的抵扣，促进金融智力成果或人才发展成果在不断交流碰撞中产生新的价值，加速金融行业资源的流转。

4. 实行税收优惠政策

金融行业是高附加值行业，薪资水平也较高。相较于新加坡而言，我国个人所得税税负较重，不利于吸引国外高端金融人才前往我国发展。目前，前海和横琴在此方面做出示范，其针对人才的税收按15%缴纳。通过税收政策降低京津冀金融人才个人所得税和资本利得税，有利于吸引高端金融人才前来就业，增加区域内金融人才的供给。

5. 鼓励金融企业采用多样化薪酬体制

国外吸引金融人才的最为直接、有效的工具就是高额的薪酬福利。主动借鉴和探索增强区域金融人才吸引力的多元化权益分配模式和激励机制，构建先进的薪酬与激励机制，鼓励公司采用多种薪酬体制，促使金融机构建立市场化的、以绩效为导向的、适合金融人才发展的薪酬制度，根据金融人才的综合贡献配置利益资源，进而使利益分配向有突出贡献的优秀人才倾斜，调动金融人才的工作和创新积极性。

6. 促进猎头产业发展

目前，我国的大多数人才政策还都停留在吸引的层面上，多数优秀的高端人才是各地抢占的重要资源。部分地区的硬件环境、配套措施、工作待遇和条件比不上部分发达地区。此外，还存在吸引来的金融人才未必是该地区所急需的情况。因此，转变人才吸引理念，变被动等待为主动出击十分重要。政府可以为猎头产业营造好的发展环境，鼓励金融企业与猎头公司合作，使其成为获取人才的有力武器和重要渠道。

7. 提高区域金融集聚程度，增加金融人才引进的黏性

从自然资源和产业布局来看，京津冀金融的协同发展可以通过实物资源的融合和发展带动金融资源的流动配置，还可以通过金融资源的配置促进实物资源的流动配置。从区域合作来看，京津冀三地依托各地的比较优势，清晰界定各地功能，取长补短，实现共同进步和协同发展。京津冀协同发展通过实现三地经济金融的优势互补，增强三地经济金融协同，形成良性循环，进而提升京津冀对环渤海区域内经济圈的带动和辐射效应，形成良好的产业集群。产业集聚所产生的劳动力市场规模经济，不仅降低了人力搜寻成本，还具有较高的薪资水平、优越的金融环境和良好的发展空间等优势。首先，产业集群专业人才池中金融人才规模和质量较高，可大幅降低招聘成本、提升招聘效率，有助于提升当地的工资水平；其次，产业集群内由于人才需求较大，存在大量的工作机会，且同类雇主较多，可以大幅降低寻找新工作的成本；最后，产业集聚中同类行业人才众多，一种新思想与别人的意见结合后会产生新的思想，有助于行业内的人才从这种不断创新的环境中成长。京津冀金融产业的集聚有助于创造更多的金融工作机会，使得行业内金融机构之间的协作与合作得以开展，共享基础设施，降低交易成本，吸引金融人才的集聚，改善投资环境，营造更强有力的人才吸引能力。同时，优秀金融人才的集聚将有助于产业集群的可持续发展。

（二）区域内优化金融人才环境

金融人才环境是金融展示才华和实现自身价值的平台，是影响金融人才进步和取得成功的关键要素。京津冀协同发展应共享优质的社会资源，消除条块分割、"各自为战"的态势，建立健全区域内人才流动、医疗和社会保障制度、劳动保护等内容的政策法规体系，使人才流动有法可依。积极推进北京、天津和河北三地的金融人才资源的合理配置和有序流动，加强区域内的人才交流和合作，达到优势互补、资源共享的效果，进而不断提升区域金融人才一体化程度，增强人才竞争力，稳步推动区域经济、金融的良性发展。

1. 健全京津冀金融人才政策体制机制

长三角地区金融协同程度较高，经济发展较均衡，其一体化的人才管理方式发挥了重要作用。推动京津冀人才一体化发展，不仅要深化现有人才项目合作、拓展合作领域、推进创新成果转化、丰富合作载体，还要进一步加强金融人才一体化发展顶层设计，提升服务理念、强化政策创新、营造良好氛围，共同优化区域人才发展环境。京津冀区域间人才资质互认机制、高层次人才户籍自由流动制度、京津冀三地异地就医结算制度以及京津冀高校互认机制有助于实现区域内金融人才的流动，使三地人才共享优越的社会环境。目前京津冀高层次人才户籍自由流动制度、京津冀三地异地就医结算制度正在推进过程中，下一阶段的任务是在稳步推进现有制度的基础上从京津冀区域间人才资质互认机制、京津冀学校互认机制等重点发力。一方面，允许京津冀区域内金融人才资质互认，发挥区域一体化黏合剂的作用，增强区域金融人才流动效率；另一方面，允许高端金融人才子女享有同等的入园、入学资格，享受优秀的教育资源。对于引进的国外金融高端人才，可帮助其联系一些国际学校，使其子女在国内仍享受国际教育。

2. 发挥京津冀人才协会联盟作用

京津冀人才协会联盟旨在促进区域人才协会间的交流融合，构筑人才自觉流动的平台，节省人力成本和资金成本，提升招揽金融人才的效率，增强区域内金融人才的整体竞争力。行业协会是促进北京、天津和河北三地金融人才合作交流方面的重要载体，成立区域金融人才交流合作平台，如招才引智会、金融人才智力交流洽谈会、金融人才联谊会等，实现京津冀三地金融人才的错位互补，引导人才在区域内的合理流动，实现京津冀三地金融人才协同发展。此外，针对经济和金融发展的新形势以及人才特性的变化，政府部门、人才培育机构、各类金融机构的代表对金融人力资源发展的需求与变化定期举办交流会，并将交流经验反馈到金融院校及培训机构，从金融人才的需求出发，有的放矢地吸引金融人才，提高资源使用效率。

3. 调整金融人才存量结构

截至 2015 年底，京津冀三地金融从业人员共 89.11 万人，占全国金融从业人员的比重为 14.69%。总体看来，京津冀金融人才的总规模较大，当前的主要矛盾在于不能根据人才的能力有针对性地使用现有金融人才资源。合理调整好金融人才的存量结构有助于激发金融人才的发展潜力和活力。根据京津冀协同发展的战略要求，北京作为金融决策中心、高端金融人才的汇集地，应当定位于创新型金融人才的汇集地，形成京津冀创新型金融人才的发展极；天津的产业金融和科技金融的优势渐显，天津应当定位于产业创新金融人才的供给端，形成京津冀高端产业的人才的源头；河北省正处于金融产业转型发展时期，要发挥雄安新区创新发展示范效应和石家庄承接转化功能，形成京津冀地区创新转化人才的高地。因此，三地通过错位发展完全可以实现优势互补、合作共赢，三地要各有特色、相互承接，不能同质化发展，实现差异化金融人才结构。

4. 建立柔性金融人才管理机制

刚性管理严格按照硬性规章和要求约束金融人才，容易导致金融人才产生负面情绪。柔性管理的理念是以人为本，尊重人才的发展需求和特征，不仅仅关注金融人才的工作绩效，更关注金融人才的内心感受，相信其自身的约束力，让其发挥主观能动性，激发金融人才的潜能和热情。同时，柔性管理和企业的发行战略要相结合，合理评价金融人才和考核金融人才绩效，将柔性管理渗入企业文化中，为金融人才营造和谐宽松的发展环境，实现人才和公司的双赢。

5. 拓宽区域间金融人才合作交流渠道

区域内金融人才合作共享是缓解体制机制障碍，削弱北京金融产业和金融人才发展对区域内其他城市产生"虹吸效应"，提升金融人才辐射带动作用的有效路径。2016 年京津冀三地共选派了 220 余名干部人才交叉挂职。通过鼓励区域内金融人才借调，有利于在存量的基础上，进一步提升增量的空间，发挥更大的价值。同时，金融人才在不同的部门、公司进行学习和工作，在不同工作中交流思想和经验，会激发出更大的潜能，有助于金融人才自身业务能力和知识储备的提升，充分发挥金融人才的才智。此外，三地共同开发的京津冀高级专家数据库平台，成为汇集京津冀三地高端金融人才的人才池，提高了金融人才的招聘效率，降低了人才吸引成本，更为推动三地人才资源共享奠定了良好的基础。

B.13
雄安新区发展建设中投融体制改革创新的几点建议

杨兆廷　胡继成　李俊强*

摘　要： 雄安新区有别于深圳、浦东发展的全新深度的"改革开放"，其发展定位是构建绿色智慧新型城市，打造优美的生态和人文环境，为居民提供优质公共服务，搭建高效便捷的交通网络，推进体制机制改革，扩大全方位对外开放。雄安新区建设应当从"行政导向"与"市场导向"的深度融合、"国际资本"与"国内资本"的深度融合、"分层设计"与"重点突破"的深度融合、PPP模式创新与多元化金融工具深度融合、绿色金融与绿色发展的深度融合、盘活存量资源与创新要素良性融合等六方面把控新区建设投融资问题。

关键词： 雄安新区　投融体制创新　投融机制优化

2017年4月1日，中共中央、国务院印发相关通知设立雄安新区。有别于深圳、浦东发展的全新深度的"改革开放"，设立雄安新区意义更多地体现在机制创新、制度创新、模式创新的探索。雄安新区的开发建设是集规划、设计、建设、管理等诸多环节于一体的系统性工程，涉及土地征集和拆迁、基础设施建设、公共服务设施建设等诸多方面。随着雄安新区发展战略

---

* 杨兆廷，河北金融学院校长，雄安新区建设发展研究中心主任，教授；胡继成，河北金融学院教师；李俊强，河北金融学院金融系讲师。

的逐步实施,其投融资机制、投融资供求匹配、资金收益与风险分担已成为新区建设中须高度关注的问题。同时,传统的"土地财政"模式难以为继,因而迫切需要对新区建设中投融资体制创新问题给予关注,从长期发展战略高度对雄安新区发展建设进行系统设计和科学规划。

一 雄安新区发展建设目标、定位与意义

（一）雄安新区设立的决策历程

梳理相关公开文件与报道,可见雄安新区设立决策过程的严谨性、科学性和前瞻性。2014年12月中央经济工作会议,重点强调了京津冀协同发展的核心问题就是通过疏解北京的非首都功能,进而降低北京人口密度,优化经济和社会环境,继而使经济社会发展水平与人口资源的生活环境相适应。2015年4月,中央政治局常委会在研究《京津冀协同发展规划纲要》时,强调要深入研究和论证新城问题,可考虑在河北适宜区域进行规划,建设新发展理念引领的现代新城。2015年6月,《京津冀协同发展规划纲要》中明确提出,规划建设具备一定规模,且与疏解地北京地区发展环境相一致的集中承载地。2016年3月,中共中央政治局常委会会议审议并原则同意了《关于北京市行政副中心和疏解北京非首都功能集中承载地有关情况的汇报》,确定了雄安新区的规划选址,强调规划建设北京城市副中心和集中承载地,进而将形成北京经济发展的新"两翼",也是京津冀区域经济发展的新增长极。2016年5月,中共中央政治局会议中指出北京城市副中心和雄安新区的规划建设,应做到有的放矢、智能环保、回归本源,构建生态宜居的社会环境、便捷高效的交通网络,提升吸引北京人口和功能疏解转移的功能。2017年2月,习总书记在河北雄安新区规划建设工作座谈会中指出,规划建设雄安新区是疏解北京非首都功能、推进京津冀协同发展的历史性工程,具有重要的历史意义。绿色环保、高效便捷、智能宜居的雄安新区将是我们留给子孙后代的历史遗产。因此,必须要坚持"世界眼光、国际标准、

中国特色、高点定位"的发展理念，努力将雄安新区打造成贯彻新发展理念的创新发展示范区。2017年4月1日，中共中央、国务院决定设立国家级新区——雄安新区，是当前经济进入中高速增长后，继续深化供给侧改革，推进经济发展模式转型，探索新的发展路径的积极尝试，一定程度也是摆脱土地财政和基建投资的路径依赖的现实选择。

（二）雄安新区发展建设目标阐释

首先，雄安新区的基本定位是非首都功能疏解"集中承载地"。《京津冀协同发展规划纲要》中指出有序疏解北京非首都功能是京津冀协同发展的战略核心，主要是集中疏解和分散疏解。集中疏解就要找集中承载地，解决北京"大城市病"，要解决人口密度过大、发展空间不足、资源布局不合理的状况，北京非首都功能要被迁出，而雄安新区正是经过多次分析论证后所选择的集中承载地。雄安新区未来的发展重点将是积极承接北京疏解出的部分行政事业单位、央企总部、金融机构等。符合雄安新区发展定位的央企有序迁入雄安新区，将为雄安新区发展奠定坚实基础。此外，中央企业将在雄安新区积极布局高新技术和高端服务业类企业，将加速推动新区的基础设施建设、公共交通网络、生态环境优化、智能和信息化智慧城市等层面建设，完善雄安新区基础设施，并提升公共服务水平。

其次，建设中国"硅谷"，成为全球创新中心。当前，原有经济增长方式难以支撑经济社会继续前行，在总体增速放缓、工业产能过剩、产业结构亟待升级、实体投资回报率低迷的现实背景下，经济增长转向创新驱动成为今后一段时期重要的方向和动力。通过积极引导创新要素、金融资源、人才资源向雄安新区转移和集聚以有序疏解北京的非首都功能，支持新区从创新载体、运行机制、发展环境等诸多方面营造良好的创新环境和基础，增强对高端创新人才和创新团队的吸引力，努力将雄安新区打造成新兴智能的创新高地和科技新城。雄安新区今后将成为中国的"硅谷"，是中国成为创新型现代化国家和京津冀区域的创新基地，将成为中国创新型发展的心脏。北京拥有国内乃至世界范围内集中度最高的高等院校、科研院所、科研人才和创新团队，但是北京主城区地理空间有限，缺少合适的转化空间。雄安新区设立起步区的100平方公里后，可以把北京科技、金融、文化等领域创新人才聚集起来，在新区逐步形成科技创新中心、高端制造中心、现代服务中心，更好发挥创新功能，进一步推动京津冀协同发展。

再次，发展建设绿色智慧新城。绿色生态与智慧发展的融合创新，是支撑当前我国城市可持续发展和深入推进城镇化的重要引擎，也是城镇化由规模扩张、提档加速向质量改进转变的关键环节。尤其在京津冀区域发展失衡、雾霾严重、水资源紧缺与严重污染并存格局下，三地形成共识，积极应对、协同治理已经尤为迫切。因此中央在雄安新区的建设要求中明确提出"打造优美生态环境，构建蓝绿交织、清新明亮、水城共荣的生态城市"，雄安新区建设将与京津冀协同发展相结合，优先解决当前的环境困局和短板，探索建立新型绿色智慧城市。绿色城市良性发展的基本表征，也是西方工业文明发展到一定程度后，人们对宜居宜业基本诉求的合理反应。过度城镇化后的生态环境问题和城市体系的脆弱性近几年快速显现，如交通拥堵、城市内涝、供水短缺、雾霾严重和公共服务能力下降等典型现象较为突出。要通过科学规划，系统设计，充分利用先进的技术手段，在海绵城市、综合管廊、水源利用、污染源管控和城市精细化管理方面提升整体运行水平，积极利用装配式建筑、绿色建材、绿色建筑、智慧照明等推进新城建设的科学有序开展。

最后，成为房地产、社会保障和土地财政等制度改革范本。根据新区规划以及国土资源部、河北省相关报道，雄安新区将作为国土资源管理改革试点和创新政策的先行先试区，探索新型的土地资源管理方式，创新房地产的业务模式和住房政策改革，积极借鉴先进经验与模式，探索新型、有效的改革路径，禁止大规模开发房地产而炒作房地产价格，为满足居民的住房需求提供支持。同时，还将在新区推行户籍制度改革、医疗保障改革、基础设施和公共服务改革、实行大部门制和负面清单管理模式、积极主动探索投融资体制改革方式等。改革和完善政策体系机制将成为党的十八届三中全会以来，全面深化改革政策和路径的重要载体，也将是雄安新区创新发展的制度保障。

（三）设立雄安新区的重要意义

规划建设雄安新区是以习近平同志为核心的党中央经过认真、严谨、科学的系统决策后而形成的重要战略规划，也是新时期区域发展的重大战略举措，将有利于推动中国经济结构和空间结构调整，也是城镇化和城乡协同发展模式的重大探索，对我国推进经济发展模式的转变和深入践行供给侧结构性改革具有重要影响。作为继深圳经济特区和上海浦东新区后的又一具有全国意义的新区，同时雄安新区的发展定位将提升到千年大计、国家大事的高度。从现实角度考虑，雄安新区的发展建设或将成为未来集中疏解北京非首都功能、调整优化京津冀城市布局和空间结构、培育创新驱动发展新引擎的重要抓手。

二 雄安新区发展建设的投资需求分析

（一）雄安新区建设的投资规模测算

按顶层设计的相关要求，雄安新区承担绿色智慧新城建设、打造优美生态环境、提供优质公共服务、构建高效便捷的交通网络等七大任务，其中涉及大量的固定资产投资。雄安新区行政规划范围包括河北省的雄县、容城、安新三县及周边部分区域，以特定区域为起步区先行开发。其中，起步区面积约100平方公里，中期发展区面积约200平方公里，远期控制区面积约2000平方公里。据民生证券估计，2016年雄安新区固定资产投资占全国的0.04%，GDP占全国的0.02%；2017～2020年雄安新区年均投资增速在40%～60%，名义GDP增速在20%～40%；在乐观情境下，2020年固定资产投资可达1739亿元，GDP达667亿元。招商证券报告显示，雄安新区的基础设施建设的投资需求中期（5年内）和长期（20年内）的需求分别为937.5亿元和1.2万亿元。瑞银证券估计，雄安新区将作为京津冀协同发展的重要突破口，京津冀或将形成中国第三大城市带，雄安新区中基础设施投资建设的空间巨大，预计未来20年内固定资产的投资规模或达4万亿元。

对比深圳和浦东发展相关数据，经课题组成员中性估计，年复合增长率（CAGR）保持在35%~50%，期初投资复合增长率将高于后期。但雄安新区发展建设所需资金规模仍十分可观，预计"十三五"末，雄安新区固定资产投资总额约为1500亿元，到2030年固定资产投资达1.35万亿元。

（二）投资周期与投资结构

雄安新区建设投资周期的时间相对较长，各项工作会根据规划逐步实施，因而可以分阶段完成相关投资工作。近期完成基础设施的相关建设工作，远期逐步发展成为适宜居住、工作和生活的绿色智慧城市，整个投资周期预计为15~20年。

根据投资项目性质，投资结构为竞争性、基础性、公益性项目之间的数量比例关系。例如以地下管廊项目为例，以0.9亿元/公里计算，近期投资近72亿元，中期则达到144亿元，远期估计为1440亿元。海绵城市建设项目100平方公里的投资则预计为100亿~150亿元，远期预计为2500亿~3000亿元。河道治理和白洋淀水质改善相关项目则需数亿元的长期支持来改善新区的水体环境。因雄安新区较为详尽的设计规划正在制定中，仅就未来发展较为紧迫的内容做出了预判，其详尽投资结构分析还有待继续完善。

（三）投资周期分析

从资金需求角度分析，雄安新区建设资金需求主要来自土地一级开发、二级开发的项目资金，不同项目对应不同的投资主体，而且一般属于准公益性和竞争性项目、公共服务设施建设与改进的项目资金。从资金供给模式来看，新城开发的主要资金来源包括政府财政性资金、开发性资金和商业性资金。目前，城市基础设施建设的投融体制改革快速推进，逐步形成以市场为导向、多主体参与、收益与风险合理分担的城市投融资运行体系，其中开发性资金和商业性资金在城市建设领域发挥极其重要的作用。

三 雄安新区建设投融资中需要注意的几个问题

(一)科学规划、充分论证新区建设投融资规模与结构

新区开发投融资建设是一项复杂的系统工程。一是要以新区规划为依据,对整个新区开发所涉及的基础设施和公共事业投资、产业落地与振兴发展问题进行充分的研究和论证。根据雄安新区开发和项目建设进度的相关需要,选择适宜的融资模式、建设和管理模式方法。采用系统工程思维对雄安新区建设中的资金来源、运用、投放时间的顺序以及回报方法等一系列问题进行权衡,选择最优的决策分析方法。二是要搭建科学合理的投融资决策流程和分析模型,提高投融资决策的科学性。引入国内外智慧和先进的合作机制对存量资产开发、资金的平衡、规划实施的保障等进行定量分析。

(二)科学分工,明确项目建设的投融资主体

首先要把主体理清,事权划明。主体理清才有责权。事权清楚才能说清投入产出模式以及与外部环境的关系,才能明晰投融资各方合作关系。坚持市场金融机构为主体,政府金融机构为先导,凝聚全社会资金为雄安新区建设提供资金保障。政府资金应主要围绕提高基础设施和公共服务能力建设,为新区建设提供良好的生产和生活环境。在符合整体规划前提下,社会资金应是新区生产和经营的主体。

(三)整合金融资源,构建新型融资平台

政府财政与市场力量、国内资本市场与国际资本市场、直接融资与间接融资的搭配融合要科学论证,把投融资风险纳入规划。通过分类测量投融资的风险宽度、深度和强度对投融资机构、平台、方式等进行排序,以开发性和政策性金融为先导,引导和带动商业性资金发挥关键的主体作用。

（四）聘请专业机构，系统论证投融资模式

新区开发的投融资整体设计，需要有专业的机构或团队。依托专业机构对新区开发的投融资进行规划并培养，规划实施运管的团队需有计划地进行。以建立多元化的新区投融资机制为核心，根据建设过程中的实际需要，组织和编制新区建设和管理过程中的投融资战略规划，针对不同领域的公共属性和盈利能力设计不同的方案。引进国内外主要咨询机构、专家参与规划编制，提升规划水平。从关系民生大计的基础设施、生态人文环境、产业发展格局等重要领域起航，探索新兴、具体的融资模式，如智慧交通等公共设施、新城区开发、老城区改造、文化产业、教育产业、高新技术产业、白洋淀生态保护等多种融资模式。

（五）坚持环保原则，引领绿色金融发挥关键支撑作用

在雄安新区规划建设中，绿色、优美的生态环境被放在重要位置。在雄安新区智慧、宜居、创新之城建设过程中，要充分考虑绿色金融元素，可以将雄安新区作为先行先试的试验田，打造成绿色金融创新示范区。

四 做好雄安新区建设投融资工作的几点建议

雄安新区作为京津冀协同发展的重要环节，其定位为构建绿色智慧新型城市，打造优美生态人文环境，发展高端和高新产业，提供高品质的公共服务，搭建高效便利的交通网络，推进体制机制改革，扩大全方位对外开放。新区建设周期长、资金需求量大、投融资的结构差异等将随着各项工作实施逐步显现，因而从投融资体制创新和机制优化角度深入分析，把控新区建设投融资问题的关键点就显得非常必要。

（一）"行政导向"与"市场导向"的深度融合

雄安新区建设承载非首都功能疏解，央企总部、高等院校和科研院所的

迁入，必要的财政投入、央企内源性投入和开发性金融等将在初期发挥积极作用；同时，大规模的水、电、气、交通、教育、医疗等配套设施的逐步完善，需要大规模的金融资本和产业资本介入，投融资体制机制的创新就显得非常必要。通过政府与社会资本的深度融合，可实现"行政导向"与"市场导向"的良性结合，通过体制机制创新来推动新区大规模基础设施及配套项目建设工作开展。随着新区建设推进，竞争性领域严格按照投融资体制的"市场化导向"，在未来科技创新领域的产业定位、主导产业和优势产业层面深入谋划、合理布局，着力打造雄安新区城市发展的持久竞争力。

（二）"国际资本"与"国内资本"的深度融合

雄安新区发展建设和定位已经吸引了国内外金融机构的广泛关注，其超大规模投资计划和京津冀世界级城市群建设，为金融机构提供了新的发展机遇和业务空间。明确新区建设项目主体，依托优势项目开展积极的国际合作，逐步建立与国际性金融机构（如世界银行、亚洲开发银行、复兴信贷银行、摩根士丹利、高盛、德银等）的合作与项目对接，拓展投融资业务的国际化水平和规范化运营能力，提升新区建设的国际影响力。同时，关注国内改革开放后积累的高额国内存量资本，尤其是大量处于闲置冗余状态的民间资本，创新项目融资模式和结构化金融产品，吸引其投入雄安新区的项目建设中，多渠道、多途径扩充建设资金和资本来源。

（三）"分层设计"与"重点突破"的深度融合

雄安新区建设工作繁杂，工期紧、任务重，涉及工程、技术、资金、人员等多方面、多领域。因而在具体实施过程中，应有所选择、有所侧重，在开局阶段更应慎重。在不同类型的投融资项目中，做到"分层设计"，项目类别不同，资金来源差异，项目建设目标各异，因而在投融资层面，必须实事求是，严格依托项目建设运营主体的特点和类型，区分层次、类别、规模和目标，做到均衡设计和合理实施。另外，在新区建设开局阶段，更应该关注"重点突破"，慎重选择有代表性和标杆意义的项目，集中建设、优先建设,打造有代表性的样本项目,为后续建设提供可以参考的高水平范本和案例。在"分层设计"的基础上,在分项目领域可以优先选择1～2家有运营能力和代表性的央企总部、高水平的高等院校、有研发实力和转化能力的科研院所等,针对具体建设项目重点打造,高标准建设实施。

(四)PPP模式创新与多元化金融工具深度融合

加大与政策性金融机构的合作,积极发挥开发性金融服务,形成建设的融资优势,将融资、融智、融商相结合,积极主动吸引民间资本进入新区建设,实现多元化金融融合。例如,国家开发银行将发挥其在"投、贷、债、租、证"综合金融方面的服务优势,为新区征地、拆迁、安置等起步阶段的相关建设提供资金。同时,还要积极探索PPP模式,以及推广"投、贷、债、租、证"多种模式相结合(涵盖债贷组合、投贷组合、租贷组合、资产证券化等多种方式),有序引导产业基金、机构贷款、债券、保险资金、信托资金等多样化金融资本参与到新区的基础设施建设、公共服务供给中,进而建立健全新区多元化、可持续的资金保障机制。按照"政府推动、市场引导、企业运作"的原则,抓好政府投融资平台建设,统筹整合雄安新区开发系统的资源配置和利益平衡。在"雄安新区"战略的实施过程中,会产生大量的资金缺口,新区平台公司面临着巨大的融资工作,可以通过发行企业债、公司债及其他创新融资工具筹资。随着PPP政策法规的不断发布及PPP的推动发展,雄安新区的平台公司可以参与PPP,通过PPP模式解决新区资金需求问题。加快政府投融资平台的大数据建设,提高平台公司运作的透明度。

(五)绿色金融与绿色发展的深度融合

雄安新区规划建设中的绿色、生态定位决定了其绿色金融属性。将雄安新区打造成国际一流的"绿色金融创新示范区",一是对标国际,起草《雄安新区绿色金融体系》发展规划。成立雄安新区专业从事绿色投资的银行,带动形成专业化的绿色银行和信贷体系。推动京、津、雄安"京三角"区域内绿色金融体系的标准化建设，建立信息披露制度，实现信息公开、数据共享、环境和社会风险体系同步化。二是扩大绿色投融资，实现资本市场绿色化。通过绿色信贷、绿色债券、绿色基金、绿色资产证券化等多种市场化融资模式，有效降低绿色企业或项目的融资成本，引导和鼓励机构投资者进行绿色投资。设立雄安新区绿色发展基金，通过资本运作汇聚创新要素。建议整合现有节能环保等专项基金设立雄安新区绿色发展基金，资金主要投向绿色产业、绿色金融等。通过下设PPP母基金、专项基金、产业基金、创投基金等多元化资本，形成一系列子基金群，进而吸引央企、国企、民企乃至外资一同投入雄安新区的发展建设中，以绿色的发展理念推动高端产业和新兴产业的发展，形成绿色金融创新和发展中心。鼓励各类绿色发展基金支持以PPP模式操作相关项目，产业基金围绕雄安的产业定位带动一系列产业子资金落地。三是加快雄安新区绿色供应链金融建设。对入驻企业进行绿色信用评级，通过绿色供应链金融，对生产制造、建设运营的全链条实现绿色升级，重点支持生态友好型绿色产业的良好布局和发展。推动银行业等金融机构、保险和资产管理业建立环境和社会风险评估体系，并进行环境风险压力测试。

（六）盘活存量资源与创新要素良性融合

探索雄安新区土地资产的证券化模式，使土地资本和金融资本等不同类型资源相融合，将新区的地产、房产和项目转变为流通性强、具有市场价值发现功能、有吸引力的高科技项目股权和资产计划。将土地、房产投资以股本的形式投向基地公司、产业项目、高科技企业等，有吸引力的项目将成功引入社会资本，实现土地资本的首次增值。将新区的租金收入部分以项目收益权的形式转变为对具有高成长性的科技企业和项目的投资。通过溢价方式引进具有实力的新战略投资方，通过高溢价出让公司或项目的部分股权，实现资本的第二次增值。推动投资子公司上市或出售股权的方式，将增值部分和原始的投入的土地资本变现退出，实现资本的第三次增值。

鼓励设立为处于成长阶段的高新科技公司提供创新型金融服务的科技银

行。目标客户集中在风险投资公司和科技公司，通过进行全面详尽的调查，为获得风险投资的科技公司提供一系列资金、咨询等相关金融服务；或成为风险投资公司、科技公司的开户银行；抑或直接投资风险投资公司成为公司合伙人或拥有股权，主要采用公开上市的方式进行创业投资的退出，实现由传统创业投资向新兴的创业投资过渡。

B.14
京津冀金融协同问题分析
——基于对天津市18家商业银行的调查

周胜强 李西江 刘伯酉*

摘 要： 支持京津冀协同发展需要三地金融活动相互渗透和相互融合。而京津冀三地金融发展不平衡，金融市场割裂，金融竞争大于金融合作，都阻碍了金融资源在区域内的自由流动和优化配置，因此必须加强金融协同，促进金融要素市场和金融服务体系一体化发展。本报告基于对天津市18家商业银行的调查，对京津冀金融协同问题进行了分析探讨。

关键词： 京津冀 金融 协同发展

一 区域金融协同发展的主要特征

协同论是德国物理学家哈肯在系统论基础上创立的一门新学科。协同论认为在非平衡态复杂系统中，各系统差异很大、属性不一、变化无序，但在一定的条件下，可以遵循共同的规律发生变化，相互作用、协作，达到动态平衡，形成有序状态。协同发展是对协同内涵的延伸和实践，核心是强调系统中各种要素在动态变化过程中的相互协作配合。区域金融系统就是一个非平衡态的复杂金融系统，实现区域内不同金融系统的协同发展就是通过区域

---

* 周胜强，中国人民银行天津分行金融研究处处长；李西江，中国人民银行天津分行金融研究处科长；刘伯酉，中国人民银行天津分行金融研究处科长。

内不同地区金融子系统之间的协调合作,使各地区的金融要素产生互补效应,促进区域金融市场一体化发展,降低跨地区交易成本,提高交易效率,实现金融资源在区域内的协调利用和优化配置,提升区域内金融系统的完整性和协调性,释放并扩大区域金融系统的整体功能。笔者认为,区域金融协同发展主要包含以下几个方面特征。

（一）科学合理的金融政策

改革开放后,我国的区域政策一直带有倾向性,这就导致区域之间和区域内部经济发展不平衡的特点,这些差异性的政策安排就是造成我国区域金融发展不均衡的制度源头。因此,在区域金融协同发展中,各级政府和金融监管部门在制定金融发展政策时,应该充分考虑区域内的地区差异和金融发展的现实基础,以金融协同发展为核心,进而实现区域金融均衡发展,优化区域现有的金融结构,以金融协同为动力推进区域经济协调发展。

（二）开放、统一的区域性金融市场体系

除全国性金融市场外,影响区域内金融资源的主要因素就是区域性市场的开放程度和价格。区域性金融市场的开放程度越高,可以增强区域内金融活动的互动性,且与区域外的关系也将更为密切,有助于增强区域内金融资源吸引力,使其为区域经济的快速协调发展提供支持。区域金融协同发展需要建立一体化、多样化、高效快速运转的金融体系,其中包括产权交易市场、股权交易市场、金融资产交易市场、信贷市场、票据市场等,这是金融资源所有权在不同所有者之间进行交易所必需的市场条件,也是区域金融资源整合的重要内容。

（三）多元化、多层次的金融组织结构

金融机构是金融体系的微观主体,金融资源交易和流动需要相应的配套金融机构,金融机构组织形式的多样化是区域金融协同发展的要求,也是金融创新的必要条件。区域金融协同发展要求形成门类齐全、数目众多的金融机构体系，金融机构在区域内可无障碍地互设分支机构，无差别地为跨地区的资金需求者提供资金，提供全方位的金融产品满足经济主体的各种金融服务需求，增强区域金融产业的凝聚力和辐射效应。

（四）高效完善的金融基础设施

总体而言，金融基础设施包括支持金融可持续发展的重要物质基础、技术条件，涵盖了市场交易体系、支付结算体系、支持保障体系等三大体系。其中，市场交易体系主要是由交易主体、交易平台、交易工具等三部分组成，主要为广大投资者提供便捷活跃的交易场地；支付结算体系则是由支付服务机构、支付工具、运行设施、支付网络等四部分组成，为广大投资者搭建了快捷、准确、安全的结算渠道；支持保障体系是由信用保障、科技保障、后台运作保障、信息保障、规则规范保障等五部分组成，是以前两种体系为基础，保证金融安全运行、提高资金流动效率的支持系统。高效完善的金融基础设施的发展对促进区域金融市场快速、协调发展，加强各金融市场和金融机构的联系，提高区域内资金周转速度，增强区域内金融要素的资源配置效率，防范发生系统性金融风险，稳步推动金融工具的创新，提高和完善金融服务的质量等方面具有重大的作用。

二　金融机构积极推进金融协同，支持京津冀协同发展

（一）制定出台相关政策制度，对金融协同进行规划和指引

区域金融协同涉及不同行政区域内的金融业，需要在政策制度方面进行规划和指引。天津市政府先后与北京、河北签署《京津加强经济与社会发展合作协议》《天津市河北省深化经济与社会发展合作框架协议》，均将金融合作作为协议的重要内容。天津市金融工作局与北京市金融工作局签署了金融合作协议，并就建立日常推动机制和寻找金融支持京津冀协同发展改革

突破创新点达成共识。制定出台《天津市金融改革创新三年行动计划（2016—2018年）》，从积极调整区域金融的产业布局、强化区域内多层次资本市场分工合作、推动信贷资源跨区域流动等方面，制定京津冀金融发展协作机制等落实推动区域金融协同发展的工作任务及措施。

在国家和地方政府政策引导下，金融机构以信贷业务为主线，制定出台相关制度措施，强化金融服务，提高服务效率。渤海银行制定《渤海银行京津冀协同发展授信指引》，明确京津冀协同发展授信投向定位，以及适用于交通一体化、产业转移、环境保护等重点领域的授信支持策略。华夏银行制定《华夏银行服务京津冀协同发展措施》，各专业部门和京津冀三地分行分别制定《华夏银行支持京津冀协同发展公司业务工作方案》《华夏银行支持京津冀协同发展国际业务工作方案》《华夏银行服务京津冀地区交通一体化指导意见》，工商银行制定《以京津冀一体化和自贸区为支撑全力拓展公司信贷业务的具体举措和建议》《天津分行京津冀协同发展金融资产业务营销方案》《天津分行落实总行〈京津冀协同发展综合金融服务的意见〉相关服务措施》等多项制度文件，形成体系完备的金融服务京津冀协同发展工作机制。据对18家商业银行调查显示，16家银行已制定出台落实国家《京津冀协同发展规划纲要》或金融支持京津冀协同发展的制度措施，强化对金融服务京津冀协同发展的工作指引。

（二）打造跨区域金融合作平台，推进金融机构间深入合作

在区域金融协同发展过程中，通过构建金融机构合作平台，实现金融业务合作对接，是一种相对直接和常用的路径和渠道。近年来，天津法人金融机构加快建设跨区域合作平台，天津银行作为主发起人，成立了环渤海区域首个城市商业银行合作平台——环渤海银银合作平台。该平台融合了京津冀金融协同发展需求，实施"五个互助合作机制"联动发展模式，即流动性互助合作机制、信贷业务互助机制、投资业务互助机制、金融功能互助机制、信息政策互通机制，在各成员银行间建立长期稳定的合作关系。渤海银行借助具备托管业务资格的牌照优势，积极与京津冀周边的河北银行、廊坊

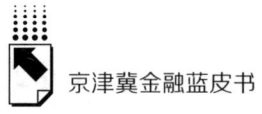

银行、沧州银行、唐山银行、滨海农商银行等开展业务交流与合作,建立金融同业协作生态平台。天津农商银行与北京农商银行、河北省农信联社共同签署了《京津冀金融服务一体化战略合作协议》,三地农合机构各自发挥金融资源优势和区域优势,在人员、信息、业务等方面充分交流,加强三方在人力资源管理方面的合作,构建覆盖三地的全面、立体化金融服务网络。调查显示,18家商业银行中有7家银行已经与异地同业机构建立跨区域合作平台,或签署金融服务一体化合作协议。

(三)建立信息共享机制,提升京津冀项目办理效率

规范高效的信息共享可以有效促进区域内金融资源的整合与自由流动,引导经济主体跨区域寻找金融资源和投资机会。京津冀协同发展过程中蕴含丰富的市场商机,金融机构应当通过增加信息的透明性提高服务效率,及时捕捉市场先机。调查显示,18家商业银行中有7家银行已经与京冀两地机构或当地政府部门建立信息沟通机制或信息共享平台。其中,天津银行由总行牵头北京分行、唐山分行与京津冀三地发改委负责京津冀协同发展具体工作的部门建立信息对接机制,依托信息对接机制,及时了解政策动向,增强信息更新的时效性,掌握营销方向与资金投向的主动权。华夏银行在系统内部建立了京津冀协同发展信息共享平台,针对相关政策信息以及项目信息,从总行到分行层面定期进行沟通,极大提升了华夏银行办理京津冀项目的效率。浦发银行建立京津冀三地分行及总行之间的信息交换平台,负责收集整理中央层面有关京津冀一体化的重大决策信息,汇总整合三地分行的一体化重点信息,加强一体化发展的相关政策研究,为调整与完善业务推进方案提供信息支撑。

(四)降低跨地区交易成本,提升金融服务效率

降低跨地区金融交易成本,提升跨地区金融服务效率是区域金融协同发展的应有之义。渤海银行积极利用互联网思维打造普惠金融生态圈,通过发展直销银行业务,实现了覆盖京津冀地区直至全国的线上客户开户服务;在

京津地区社区网推出智能银行业务，借助VTM智能设备、数字媒体和人机交互技术等，用户在2到3分钟就可完成包括自助发卡、电子银行渠道自助签约、"添金宝"签约、银行卡激活等业务；另外，将人脸识别、手写签名等前沿技术应用于客户服务，在原有的基础上再次缩短客户业务办理时长。河北银行在京津冀及青岛地区实行金融IC卡"十全十免"优惠，除开卡、换卡、补卡、年费、管理费、网银/手机银行转账手续费等免费外，还免除京、津、冀、青岛地区同城跨行ATM取现手续费和ATM转账手续费，以及京、津、冀、青岛地区异地跨行ATM取现手续费和ATM转账手续费。中信银行借记卡在京津冀三地中信柜台办理业务可以享受存款、取款免费，通过网上银行、手机银行办理三地转账不收取手续费。交通银行充分考虑客户综合贡献度，遵循风险收益匹配原则，对符合标准的京津冀区域内企业采用与本地企业相同的收费标准，降低企业融资和交易成本。调查显示，在18家商业银行中，有3家银行已经免除京津冀地区同城跨行ATM取现手续费、ATM转账手续费和京津冀地区异地跨行ATM取现手续费、ATM转账手续费；6家银行的借记卡在京津冀地区本行异地柜台享受存款、取款免费；17家银行对京津冀区域内企业融资和交易采取与本地企业相同的收费标准。

（五）推进账户服务同城化发展，提升客户服务便利化水平

账户是金融交易的基本载体。在政策推动京津冀区域支付结算业务同城化发展的背景下，金融机构积极探索账户服务模式创新转型，服务京津冀协同发展。民生银行通过"云账户产品"打造标准化账户服务平台，通过线上、空中、线下"三位一体"服务体系，打破了区域界限，为客户提供咨询、开户、签约、查询、变更、对账、撤销等综合化、全流程的账户服务。工商银行研发"单位结算账户异地见证开户"模式，浦东发展银行制定异地鉴证单位客户身份证明文件业务运营操作规程，企业可在其注册地网点提交资料，由当地的分支机构协助办理异地开户，解决了跨地域经营的集团客户、上下游供应链客户异地开户难题。天津农商银行拓展农信银个人账户通存通兑业务，支持北京、河北农信个人结算账户在天津农商银行金融服务站

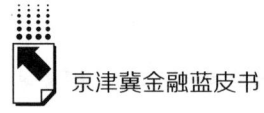

取款，实现京津冀跨省市及时取款和查询。渤海银行打造B2B电商合作平台，从而实现与对钩网的银商进行对接，在交易场景中为供需双方提供虚拟账户开立、账户充值、资金监管、支付结算、交易对账等功能，为京津冀等周边客户通过互联网进行工业产品交易提供支持和保障。调查显示，18家商业银行中已经有7家银行在推动单位结算账户异地开户便利化方面采取了相关措施，3家银行已经实现单位结算账户开户京津冀三地同城化，8家银行支持京津冀地区其他银行个人结算账户在本行柜台办理存款、取款、查询等业务。

同时，金融机构也在加快推进金融业务协同。浦东发展银行京津冀三地分行相互或与当地其他金融机构合作开展信贷资产转让等业务，提高信贷资产的流动性。中国银行北京市分行与河北省分行开展代理光票托收集中打包发送业务，在邮寄费用基本不增的前提下，为河北省分行降低97%的寄送费用，有效降低了运营成本。交通银行由北京市分行牵头，搭建铁路公积金统一接入平台，实现津京冀地区对铁路职工公积金相关业务的金融服务。

三 金融机构推进区域金融协同发展存在的主要问题

（一）金融协同发展缺少相关政策指导

金融协同发展能够顺利实现，外部环境尤其是政策制度环境是一个非常重要的决定因素。基于行业的特殊性，金融业运行需要国家金融监管部门严格监管。由于传统上三地间金融市场分割，金融资源分布不均衡，区域金融更多时候处于彼此竞争状态，尚未能形成金融支持京津冀经济协同发展的整合推动力。因此，顶层设计是京津冀金融实现协同的必要条件。2015年6月，国务院发布《京津冀协同发展规划纲要》，在中央层面对京津冀三地协同发展进行了顶层设计，三地政府相继出台贯彻落实《京津冀协同发展规划纲要》、支持三地协同发展的实施细则。但在具体落实三地金融协同发展方面，实施细则更多的是基于实现自身功能定位和服务区域发展提出本地金融发展目标和具体措施。虽然三地政府也签署了深化经济与社会发展合作的一系列协议，京津两地金融管理部门也签订金融合作协议，但合作协议仅就加强金融合作做出框架性规定，且缺乏金融监管部门的参与及推动，针对三地金融协同发展的具体政策措施尚未明确，金融机构缺乏相关政策指引。

（二）信息共享不到位

京津冀三地根据比较优势确定产业定位后，金融机构原有的很多企业客户根据新的产业布局将发生跨区域迁移。一方面，如何确保存量债务安全，原有抵押物不毁损，避免部分企业借产业升级、企业转移之机逃废债务，需要三地金融机构间加强协调，共享信息；另一方面，企业在异地开展生产经营，想了解企业原有生产经营情况、诚信记录等，亦需要三地金融机构共享信息。当前，三地金融机构间的信息共享渠道仍不通畅。从调查情况看，与异地同业机构建立合作平台以及与异地同业机构或当地政府部门建立信息沟通机制的商业银行占比不足40%，使得金融机构在区域内合作与协同发展受到一定限制。另外，金融机构获取信息的渠道有待于进一步明确。目前京津冀领域的重点项目信息获取有两个特点：一是获取渠道较多且复杂；二是信息的有效性不高，导致在产融对接过程中存在不对称性。比如不同渠道的同一项目信息不符、发布信息情况与项目实际进度不符等，而且还存在部分企业和项目打着京津冀协同发展的旗号，却拿不出有关材料证明自己产业迁移的"合法身份"。金融机构对于此类信息的识别困难较大，一定程度上影响了金融机构对京津冀产业转移和优化升级提供针对性的金融服务。

（三）利益驱动制约京津冀金融协同发展

就金融协同发展本身而言，其运行主体包括商业银行、证券公司、保险公司等金融机构。作为利益主体的金融机构，其本能是追逐利益最大化，因此，金融机构在区域金融协同发展方面首先关注的是自身利益。这就意味着金融机构对区域金融协同发展的态度及行动，取决于自身对协同发展过程中获利情况的预期。从目前的实践过程来看，金融机构虽然也在主动支持京津冀协同发展项目，推进跨地区金融合作和金融业务同城化发展，但出于成本费用和收益方面考虑，一些金融机构对区域金融服务同城化的态度并不是很积极。调查显示，18家商业银行中有14家银行收取同城跨行ATM取现手续费、ATM转账手续费和京津冀地区异地跨行ATM取现手续费、ATM转账手续费，占比达到77.8%；10家银行的借记卡在京津冀地区本行异地柜台存款、取款收费，占比接近60%。以ATM业务为例，一些商业银行根据银联规范中规定的各类业务收费标准，制定本地跨行取款、异地跨行取款、同城跨行转账、异地跨行转账业务收费标准。目前按照银联划分标准，京、津、冀三地仍归属为不同地区，因而在办理京、津、冀三地发行的借记卡跨行取款、转账业务时，仍按照异地标准进行费用收取。

在金融机构柜台共享方面，目前支持京津冀地区其他银行个人结算账户在本行柜台办理存款、取款、查询等业务的商业银行占比虽然接近50%，但主要是支持银联柜面通业务涉及的银行。一方面，柜面通业务涉及的银行规模相对较小，全国性大型商业银行并未与银联签署柜面通服务协议；另一方面，银联柜面通业务均采取与属地银联签署协议，并通过属地银联渠道完成账务清算处理的模式进行业务处理，对于非属地协议行发行的借记卡，目前多数银行暂无法支持柜面通代理服务业务。

（四）区域性支付清算体系有待完善

为提升金融服务的效率和质量，相关部门多次调整京津冀三地的结算方式和渠道，但当前京津冀三地在政策推动、制度机制上的区域协调还不够，与珠三角、长三角等经济发达区域相比，同城化、一体化的程度仍有差距，尚缺乏类似于珠三角区域票据交换、长三角华东三省一市汇票等的区域结算产品和机制。以银行承兑汇票为例，在京津冀区域当前条件下，银行承兑汇票需至解付地分行进行解付，且需在解付地开立有对公结算账户，异地办理托收又会增加时间和手续费成本，给客户尤其是企业资金清算带来困难。

在区域"一卡通"产品方面，部分商业银行计划推出"京津冀一卡通"产品，持卡人可享受三地银行结算手续费减免服务（包含ATM与柜面渠道)。但在产品设计过程中,金融机构仅能在结算渠道方面提供优惠服务,在公共服务领域无法提供三地互联互通服务,进而会影响产品预期推广效果。

在账户方面,京津冀地区对账户审批的方式及尺度不同。例如,北京地区账户审批采用电子影像化传输方式进行审批,而天津地区账户审批采用书面材料审核方式进行审批,且证照有效期以及年检制度执行有异,一定程度上制约了账户开立的同城化。

另外,天津银行业金融机构多为分支机构,缺乏决策主动权,在降低跨地区交易成本、推动支付结算同城化发展方面,分行层面无此类业务审批定价权,费用减免需要向总行进行申请,或需要总行层面来制定政策推动实施。目前一些银行仍处于相互观望状态,推动金融业务同城化发展的主动性不强。

四 加强京津冀金融协同的对策建议

(一)进一步完善区域金融协同发展政策体系与合作机制

充分发挥地方政府和金融监管部门对京津冀区域金融协同发展的组织引导作用,加快对金融协同发展的顶层设计,联合签署推进京津冀金融协同发展支持区域经济一体化的框架协议或三地金融协同发展合作备忘录,明确金融协同发展的基本原则和总体规划,为金融机构协同提供方向性指引。加快建立由三地政府金融管理部门、金融监管部门组成的金融协同发展综合协调机构,确定协调机制、合作途径和合作模式,定期召开京津冀区域金融协同发展会议,协调落实区域金融协同发展总体规划和相关跨区域政策落地效率问题,促进区域金融资源的协调利用与优化配置,使区域金融协同发展形成制度化、常规化。通过综合协调机构,组织协调各政府部门与金融机构对接,推动金融机构强化项目储备,同时探索建立专项考核机制,对反应积极、协同发展力度大的金融机构,在相关监管指标考核中予以政策支持。

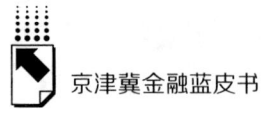

（二）推动建立规范高效的信息共享机制

加快建立京津冀三地政府部门交流合作平台，交流经济发展状况、金融业相关政策、重大项目建设配套资金等相关信息和数据；明确京津冀协同发展信息官方发布渠道，定期发布京津冀协同发展的产业规划、政策指导、项目进展等信息，为金融机构及时、深入地了解政府最新政策动向与项目信息提供便利。推动设立三地金融监管部门间的重要信息共享机制，搭建金融数据信息共享平台，建立金融监管部门定期联席会议制度，增强对重大问题与重大事项的沟通效率和质量。推动金融机构加强对区域内金融同业信息的搜集、加工整理和分析应用，探索建立金融同业信息的收集分析体系与异地贷款监测网络。支持金融机构客户资料区域性共享，在同一银行不同区域系统内部实现跨区域查询与修改，如在天津市开户的河北省客户，能够实现在河北直接修改客户资料，以降低客户成本、增强客户黏性。

（三）加快完善区域性金融市场体系

一是建立合理的利益协调机制。区域金融的协同发展是一个利益磨合的过程，各市场主体协同的动力源来自协同带来的收益。因此，建立合理的利益协调机制，实现各市场主体的风险共担、利益共享，是推进区域金融协同发展的基础。应在京津冀金融协同发展综合协调机构下面设置利益协调机构，对区域金融协同发展的利益分享进行总体规划，针对区域金融协同发展过程中可能出现的利益冲突进行协调，以利益为纽带推动各市场主体协同发展。如协调中国银联调整地区划分规则，将京津冀三地作为同一地区，制定统一的收费标准，京津冀三地发行的借记卡在区域内办理跨行取款、转账等业务时，按照同城标准进行费用收取；协调中国银联调整柜面通业务处理机制，将京津冀三地银联柜面通业务对接，支持属地协议行与非属地协议行开展柜面通代理服务业务，实现京津冀三地柜面通业务的同城化处理。

二是推动建立区域性票据市场。加强京津冀三地票据业务合作，共同签署《票据承付公约》，维护京津冀地区票据结算纪律。仿照华东三省一市银行汇票,依托小额支付系统推出京津冀银行汇票,代理付款行与出票银行可通过小额支付系统办理银行汇票信息的实时核对和资金清算业务,既能提升银行汇票异地结算效率,也能缓解地方性商业银行经营局限。在京津冀地区推广使用统一的银行承兑汇票和商业承兑汇票转贴现合同文本,提升三地企业间商业承兑汇票认可程度,提升非现金支付工具的流通效率与融资功能。

(四)进一步强化区域金融基础设施建设

一是推动京津冀三地金融监管部门在账户政策方面的对接和协调,统一账户审批模式及审批口径,统一制订执行尺度,积极推动单位结算账户审核材料电子化报送,从而为异地办理结算账户提供便利,最终实现京津冀地区账户开立同城化。

二是支持商业银行更多地挖掘电子化、自动化创新能力,设立区域性操作中心,将区域内经营机构的柜台业务进行上收,实现后台集中处理。主要包含票据业务、人民币结算、外币结算、批量业务、卡清算等。通过影像扫描将客户提交的原始凭证上送至区域集中操作中心,由中心业务人员统一进行业务的后续处理,释放前台业务人员、集约管理、提高效率,降低金融交易成本。

三是支持商业银行推进支付结算业务系统互通、互认、互联,在个人业务方面,除挂失解挂、账户冻结等特殊业务外,实现柜面及自助机具的通存通兑;在对公业务结算方面,在系统内实现现金和转账业务的通存通兑,并实时到账。

四是支持金融机构利用金融IC卡应用拓展优势,创新金融服务,加快推进京津冀公交一卡通应用向银行开放,丰富三地卡产品功能,实现银行卡支付服务领域的同城效应。

会议综述篇

Summary of Conference

B.15 "2015京津冀金融发展报告"发布暨 "京津冀金融协同发展"研讨会观点综述

杨帆 杜强*

摘 要： 2016年5月8日，"2015京津冀金融发展报告"发布暨"京津冀金融协同发展"研讨会在天津财经大学举行，来自京津冀地区全国高等院校、科研机构以及金融业界的领导、专家围绕"京津冀金融协同发展"展开深入交流，从金融改革创新、金融创新运营示范区建设、自贸区与区域协同发展等多个角度探讨了京津冀协同发展进程中三地金融协同发展的方向和举措，为推动京津冀金融协同发展提供了参考和借鉴。

关键词： 京津冀 协同发展 金融发展 自贸区

---

* 杨帆，中国滨海金融协同创新中心研究员；杜强，天津财经大学博士研究生。

"2015京津冀金融发展报告"发布暨"京津冀金融协同发展"研讨会观点综述

2016年5月8日，中国滨海金融协同创新中心联合天津市金融工作局在天津财经大学共同举办了"2015京津冀金融发展报告"发布暨"京津冀金融协同发展"研讨会。此次会议邀请了来自京津冀地区全国高等院校、科研机构以及金融业界的领导、专家。

首先，天津财经大学校长李维安教授致开幕辞。李维安指出，作为哲学社会科学的协同创新中心，中国滨海金融协同创新中心始终坚持"需求向导"、"全面开放"、"深度融合"与"创新引领"的基本原则，进一步发挥高校、科研院所、行业企业多方联合，多点集合的综合优势，建设创新平台和创新团队，主动对接中国特别是天津市、滨海新区金融发展需求，对中国金融改革，尤其是对滨海新区金融改革先行先试进行开拓性研究。此次推出《京津冀金融发展报告（2015）》，服务京津冀协同发展国家重大战略，标志着国家滨海金融协同创新中心在持续跟踪研究地方金融发展，持续服务国家金融经济发展方面迈出了新的一步。

随后，《京津冀金融发展报告（2015）》正式发布，与会专家、学者围绕"京津冀金融协同发展"的主题展开了发言讨论，提出了许多有价值的观点和看法。现将有关观点综述如下。

一 《京津冀金融发展报告（2015）》发布

李向前（中国滨海金融协同创新中心副主任）：

2015年4月30日，《京津冀协同发展规划纲要》正式审议通过，标志着京津冀协同发展已经上升为国家重大战略，将成为"新常态"下我国经济发展新的推动力。随着京津冀协同发展战略的提出，京津冀金融业应该如何协同发展成为社会各界关注的热点。围绕"京津冀金融协同发展"这一新课题，中国滨海金融协同创新中心组织各协同单位的专家学者开展研究，推出了《京津冀金融发展报告（2015）》（本部分中以下简称《报告》），全方位、多角度地分析京津冀金融业运行情况，为京津冀金融协同发展提供参考和借鉴。

《报告》认为，在京津冀协同发展的大背景下，加快京津冀金融协同发展能够借助市场的决定性作用，推动京津冀区域经济发展和产业转型升级，培育我国经济发展新增长点，并为我国金融改革发展提供动力。京津冀金融协同发展应在现有的基础上，以北京为"龙头"、天津为"试验田"、河北为"推广地"，全方位开展金融创新与深度合作，努力打造全国金融决策中心、金融信息中心、金融监管中心和金融人才和资源聚集地，成为我国金融发展的前沿。

《报告》通过梳理与总结京津冀金融协同发展历程与成就，在地方政府的引导下，京津冀政银企区域合作加快，金融创新运营示范区建设不断推进，金融协同发展的格局初步形成。但是，当前京津冀三地金融业发展依然存在较大差距，金融资源在区域内的流动配置还存在较多障碍，京津冀金融协同发展总体上仍处于初级阶段。因此，根据《京津冀协同发展规划纲要》的战略部署和目标要求，京津冀金融协同发展应当在"服务区域实体经济发展"的基本原则下，充分发挥三地现有的金融资源优势，以市场需求为导向，加强优势互补与合作共赢，打造京津冀金融协同发展新格局。

《报告》还提出在金融协同发展过程中，首先需要完善顶层设计，使得金融政策能够真正落实到区域金融协同发展层面，要明确三地在金融协同发展中的责任与分工，寻求差异化发展路径，并通过区域协同实现合作共赢。其次，要抓好金融创新运营示范区建设的契机，不断探索区域金融合作的新机制与新政策，完善京津冀金融合作制度框架，推进金融协同发展，为我国区域金融发展提供新的典范。最后，要利用好自贸区独特的政策优势，加强金融创新与开放，提升京津冀金融开放水平和国际竞争力。

二 "十三五"金融改革与京津冀金融协同发展

裴长洪（中国社会科学院经济研究所所长）：

"十三五"时期，我国金融改革会涉及多个方面，首先就是要拓展金融机构体系，这是"十三五"期间第一件要做的事情。原来我们有商业性金融机构、开发性金融机构，还有政策性金融机构。现在"十三五"规划中提出要发展合作型金融,金融机构要朝着商业性、开发性、政策性和合作性发展,成立混合所有制的金融机构,扩大民间资本,使其能够进入金融业。同时,还要推动互联网金融、普惠金融、绿色金融等新兴金融业态的发展,这些为金融机构特别是中小微金融机构的发展带来了新的机遇。而在京津冀金融协同发展中,这些新兴金融业态也将成为金融机构业务开展的重要内容。

第二个方面就是要健全完善金融市场体系。我国企业融资体制仍然是直接融资比重很低,这样会造成一个严重问题,企业会出现高杠杆率。一旦市场出现波动,产品生产销售不善,企业出现亏损,其资产会变成不良资产,这些资产很大一部分来自银行借贷和一部分私人借贷。因此企业要降低杠杆率,降低杠杆率首先就要提高企业直接融资比重,即通过股票市场和债券市场融资。我国股票市场很单一、投机性很强,股民对国家政策的理解有误,因此,股票市场如何规范是一个很大的问题。之前曾提出注册制改革虽然很有必要,但也不是解决问题的根本。"十三五"规划中提出要发展多层次的股权融资市场,其中包括要积极发展区域性股权融资市场。就京津冀协同发展来说,将来可以发展一个京津冀区域性股权融资市场,专注于为京津冀地区的企业特别是一些优质中小企业提供融资服务。此外,"十三五"规划还提出通过开展股债融资即债转股等创新性的融资方式来解决产能过剩等问题,推动供给侧结构性改革,这对于解决河北钢铁等行业产能过剩问题具有重要意义。第三就是要大力发展融资租赁、同业拆借、票据还期货、保险再保险等新兴融资方式,京津冀在这一方面有一定的优势。京津冀地区的各种新兴金融工具和全资制的金融机构比较完善,为各种新兴金融市场的发育提供了良好的土壤和环境,京津冀金融协同发展在这一方面可以大有所为。

第三个方面就是金融监管框架改革。在新的经济金融环境下,未来金融监管框架的核心就是加强统筹协调:首先,要统筹监管金融系统中重要的金融机构,中央要严密监管系统中重要的金融机构以及重要的金融具体措施;其次,要统筹协调央、地分工,建立中央与地方分工的金融监管体制,来建立针对各项投融资活动的功能监管,地方的金融监管机构要切实保护投资者的合法权益;最后,要完善国有金融资本的监督管理制度。在京津冀金融协

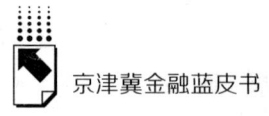

同发展中，应当加强金融监管的交流沟通与协调合作，探索建立区域性金融监管制度体系，为我国金融监管改革提供经验借鉴。

三 自贸区与京津冀金融协同发展

刘通午（中国人民银行天津分行副行长）：

一是自贸区战略布局问题。首先，要分清国家自贸区和国际自贸区。国家自贸区就是在一定的国家领域内，开辟出的以保税区为核心的区域。我国目前的四个自贸区均是如此。国际自贸区是我国与其他国家跨境、区域集团建立的。比如中韩两国到2020年实现税收降至零，双方互惠互利。与自贸区相关的政策优惠是通过各自贸协定体现，没有物理上的区域概念。我们对国家自贸区的战略布局是建立若干个自由贸易园区，遍布全国各个地区；对于国际自贸区，是建立全球布局的、网络状的自由贸易园区。目前尤为重要的是在自贸区进行简政放权、先行先试。概括来说，就是要构建开放型的经济体制。这里要注意体制与机制的区别。

二是自贸区经营政策。从自贸区发展角度来看，人民银行主要进行宏观性策划，至于具体操作还需要从具体的政策、操作规范和细节出发，如跨行人民币跨境使用即人民币国际化，深化外汇管理改革。自贸区的经营政策首先表现在差异性。比如自由贸易账户，上海有，其他三地就没有；而三地有资本项目可兑换，上海却没有。后续出台的各项政策又体现出互补性。接下来就是趋同性。比如在建设上海国际金融中心的四十条里对资本项目可兑换就有所体现。我个人认为最终会达到一致性。现在我们关注更多的是政策开放的广度和深度问题。对于天津而言，要把握四个节点，即主体、资金、账户、权利。主体方面，在制定政策时要让更多的主体享受自贸区的政策，如居民、企业、金融租赁公司等；资金方面，要让资金快速流动起来，形成源源不断的动力；账户方面，要为资金铺路，使资金畅通无阻，现在也正在研究本外币账户合一的监管体制；权利方面，要逐渐放权，使金融机构不断便利化。目前已允许设立京津冀协同发展基金、产业结构调整基金，这两项基金还允许境外投资者以人民币的形式进行投资。

三是京津冀协同发展。在一体化问题上，我认为应当由政府牵头主导，思考如何打破区域间的限制。京津冀一体化是大的发展战略，一体化和协同发展过程中的监管能够协调起来不是其中一方能决定的。既然是国家战略，中央就得出面，这就是政府部门的主导作用。目前做得比较好的三点是产业结构调整、交通、生态环保。在一体化的建设过程中，务虚大于务实，抽象大于具体。如今京津冀协同发展在教育、基础设施建设等方面进行得很好，但是在金融领域内协同发展有待进一步提高。主要是因为中国现在的金融政策是实行分业监管、分业经营，所以就很难协同。京津冀一带的银行间如果能够较好地协同起来，就能把京津冀金融一体化建设带动起来。但是地方性或总部没有在京津冀一带的，银行间就很难实现协同。

三　京津冀金融协同发展：合作与创新

王爱俭（中国滨海金融协同创新中心主任）：

金融是现代经济的核心，因此京津冀协同发展战略的实施势必给京津冀地区金融业的发展带来新的挑战和机遇。按照《京津冀协同发展规划纲要》提出的京津冀三地的功能定位，作为唯一一个与金融发展直接相关的定位，金融创新运营示范区在京津冀协同发展特别是金融协同发展中将起到至关重要的作用。

在京津冀协同发展的总体战略框架下，金融创新运营示范区建设将集中于金融改革创新、金融运营服务与金融区域协同等方面，成为全国领先、国际一流、示范引领的金融示范区。在建设过程中，应当把握好示范区的发展方向，坚持"依法治理、内生发展、系统规划、适度超前"，做到与中央各项战略政策相结合、与国际准则体系无缝对接、与前沿科技深度融合。

金融创新运营示范区的建设应当围绕金融制度改革创新开展，参照国际金融准则体系完善金融管理体制，通过积极引进金融总部机构和大力推进新金融业态发展集聚优质金融资源，加快金融业对外开放、提升国际竞争力，创新区域金融监管协调机制，促进区域金融交流合作、协同发展，把金融创新运营示范区建设成为金融投资服务便利、货币兑换自由、金融监管高效、金融合作领先、管理功能突出、金融科技融合、金融法制规范的高标准示范区，充分发挥示范引领的作用，为新时期我国金融业改革发展提供可参考、可推广的实践经验。

祝尔娟（首都经济贸易大学京津冀大数据研究中心主任）：

研究京津冀金融的协同发展意义非常大。根据研究，京津冀的协同发展在整个进程中实际上是两大关系。第一大关系，是中心城市与所在区域的关系。至于北京，北京的非首都功能，北京怎么能够通过功能特点，既实现自身的蝶变，又实现与外部空间缩小差距，实现共同发展。首先要解决好中心城市及所在区域与周边政治和地区的关系。第二大关系，是京津合作关系。这个理念是一个核心、一个关键，因为京津两个大都市，是两个中心城市。这两个城市，特别是在纲要中谈到沟通的关系。未来京津要实现同城化发展，要加大合作的广度和深度。京津的合作，无论是从经济的发展水平还是从科技、教育、医疗、公共服务各个方面水平都是接近的。两个城市的合作范围更加广，一旦合作，在某些领域取得成绩将会影响深远。呼吁要加强北京和天津的合作，特别是在金融方面的合作，金融合作会直接影响到产业，影响到交通，影响到生态等各个方面。所以在天津和北京的合作上，不仅是金融、科技、物流，还包括生活的方方面面。研究金融合作的关键是找到一个问题：到底是什么影响金融合作，障碍在哪儿。只有找到问题，才有可能找到实现的路径。

在研究方法上，研究金融等领域需要将传统的研究方法和新的研究方法（如大数据）等有机结合起来。既要充分利用政府和金融机构掌握的数据，同时还要利用大数据。在信息化社会，大数据具有很多特点，海量、客观、鲜活、即时，有很多传统数据不能比肩的特点。如果能把这些不同的研究方法结合起来，特别是大数据，就有可能发现一些传统的研究方法不能发现的现象。第五部京津冀蓝皮书的编写就利用了企业大数据。对京津冀的三地企业相互投资，已经出现了一些新的动向，三地的投资出现井喷式大幅度增长。特别是北京,现在已经成为资本净流出地。数据显示,2015年三地的投资达到1900亿元,是2014年三地投资的1.2倍。2015年北京对天津、河北的投资达到1600亿元,占三地投资的84%,为2014年的3.5倍。而且这些投资具有行业倾向性。比如北京对天津的投资主要是科技研发和金融,90%以上投向了天津的金融业,对河北主要投向了制造业。从空间布局上,对天津的投资主要投到了滨海新区和武清,这部分投资达到了90%。对河北的投资主要集中于唐山、石家庄、廊坊、保定四个城市。企业的投资是以市场为导向的。从吸资方面可以看到,天津的吸资主要在两个方面,一个是制造业,另一个是现代金融。因此要在方法上将最新的研究方法和传统的统计数据结合起来,更好地反映现实,为政府的决策提供服务。

李健(中央财经大学金融系教授):

第一,近年来,京津冀协同发展强调物质的协同,政府对此极其关注,但人文社会层面的协同发展薄弱。物质的发展是为人服务,物质的协同发展是为了人的协同发展,人的协同发展在整个协同进程中发展艰难,但是人的深入协同发展对京津冀真正的协同发展进程意义重大。

第二,在金融领域,全国面临"三去一降一补"的任务,金融在发展过程中最难的两个主体是金融机构和企业。对金融机构来说,最大的难题是风险的传递,但归根到底是企业问题。在京津冀协同发展过程中应该关注金融结构的优化调整,让金融业更好地为企业服务,使企业的财务健康发展。去杠杆有三个层面:政府信用去杠杆、金融市场去杠杆和家庭去杠杆。从整体来说,企业的财务面临去杠杆,这导致资金只在金融机构内部循环,无法真正进入企业当中。即使资金进入企业,企业也拿来运作,企业权益资本比重非常低,财务称之为负债权益。目前中国企业负债率非常高,企业的负债权益理论上不应超过1,而现实中我国的平均负债权益超过1。在这样的结构下面,金融风险非常大。企业之所以拿来进行资本运作是因为企业融资成本非常高,利润率低。目前企业拆东补西,通过金融运作的收益补充实体的投资。企业的问题无法解决,京津冀的协同发展没有根基,社会运作以及主体失去活力,金融业的发展同样出现困难。增加企业的权益资本是未来金融发展极为重要的一环。同时应更多关注一级资本市场,真正让资本进入企业的权益,降低融资成本,提高财务能力。

刘恩专(天津财经大学自由贸易区研究院执行院长):

京津冀协同发展战略核心是疏解北京的一系列基于产业转移的问题。现实中面临三大问题:一是首都的"大城市病",二是雾霾,三是环境的破坏。京津冀协同发展战略不是基于既往的成就往前推进的协同战略,而是基于现实问题和挑战而提出的战略。在协同发展纲要中反复强调战略的互惠,而京津冀协同发展战略的提出是为了解决不同地区的交通运输、生态环境保护、产业转移升级问题。一个区域协同发展的规划通常不会把金融放在非常重要的位置。区域合作的衔接有两个:一个是财税配置,一个是基础资源的配置。但真正的衔接是金融,区域合作的后台操作同样是金融。金融的区域合作和一体化在京津冀协同发展中占据重要的位置。

天津自贸区同其他自贸区一样符合国家使命、服务国家战略。国家重大发展战略与天津自贸区相对应的是京津冀协同发展。在京津冀协同发展战略的角度,天津自贸区的发展报告有18处提到京津冀,同时提出推动金融市场一体化的战略安排。天津自贸区的建设主要是推动先进制造研发基地的建设、北方国际航运核心区的建设、金融创新运营示范区的建设、改革开放先行区的建设。背后的难点和重点都是区域合作和金融的改革创新。金融创新在自贸区的发展力度和关注度最高,贸易自由化、产业开放的背后都需要金融改革开放的支撑。

目前,金融业和金融市场整体的开放力度不够。所谓开放不是整体开放,不是"敞开大门"式开放,而是"关门打洞"式开放。自贸区在金融领域的开放政策需要详细解读,让更多的人真正了解自贸区改革创新的意义,真正意义上把金融开放的举措落到实处,天津自贸区才能在推动京津冀协同发展、推动金融市场一体化的进程中真正发挥作用。

杨兆廷(河北金融学院院长):

在京津冀协同发展过程中,北京和天津有许多方面优势互补,但是河北和京津发展的差异较大。北京是现代化的大都市,受京津冀一体化的影响,京津冀在协同发展的过程中取得了一定成效。城乡结合是京津冀协同发展的重要内容。2016年5月4日,农业部及国家发改委联合发布推进京津冀现代农业协同发展规划。我国现在是全球第二大经济体。全球第二大经济体的农村应该是什么样?如果要走出中等收入陷阱,从而步入发达国家行列,农村应该如何发展?小微经济为京津冀城乡协同发展带来了机会。个人认为京津冀现代农业协同发展要聚焦重点是新型的农业经营主体。以前农业经营主体是农民,今后的重点在于如何把城市的资金吸引到农村中,把城市的企业家变成新型的农业企业家,发展集约化经营。河北省也应该把农村分散的资源集中起来,发展农村金融、普惠金融。如果将农村金融单纯地看作金融扶贫,这将是一个社会保障的问题。如果将其视为脱贫问题,这就是一个经济金融问题。现在扶贫的情况不容乐观。一定程度上讲,通过扶贫将很难解决脱贫问题。扶贫的工作不仅是政府工作,而且是金融信贷的工作。从效率、管理、理念、信息的透明度来看,金融的落脚点应该是新型的金融主体。通过各种金融产品创新等支持农村金融发展。如果京津冀在金融、资金成本等方面做一些研究工作,发展大型的集约化经济、旅游经济,一方面可以带动河北经济发展,另一方面可以为天津创建一个后花园。农民有生存的权利,河北才有生存的权利。农民首先要满足生存的需求,才会考虑环境问题。只有协同发展,京津冀之间的经济交流和发展才会更加顺畅。

B.16
强化金融支持,打造雄安新区核心竞争力

——2017首届雄安新区建设发展研究中心高端论坛观点综述

杨兆廷　韩景旺　杨蕾　刘宾*

摘　要： 2017年4月22日,首届雄安新区建设发展研究中心高端论坛在河北金融学院召开。来自中国社会科学院、北京大学、清华大学、中国人民大学、中央财经大学、对外经济贸易大学、中南财经政法大学的百余名专家学者围绕"强化金融支持,打造雄安新区核心竞争力"为主题进行研讨,指出雄安新区建设为金融发展带来了新的机遇,应当通过重点发展科技金融、绿色金融、金融科技等新金融业态来增强金融对雄安新区建设的支持,努力构建雄安"金谷",打造雄安新区的核心竞争力。

关键词： 雄安新区　绿色金融　雄安"金谷"　金融科技

2017年4月22日,首期雄安新区建设发展研究中心高端论坛在河北金融学院召开。来自中国社会科学院、北京大学、清华大学、中国人民大学、中央财经大学、对外经济贸易大学、中南财经政法大学的百余名专家学者围

---

* 杨兆廷,河北金融学院校长,雄安新区建设发展研究中心主任,教授；韩景旺,河北金融学院副校长,雄安新区建设发展研究中心常务副主任,教授；杨蕾,河北金融学院金融研究所所长,雄安新区建设发展研究中心副主任,副教授；刘宾,河北金融学院教师,副教授。

绕"强化金融支持，打造雄安新区核心竞争力"为主题进行研讨，现将主要观点及政策建议综述如下。

一 雄安新区建设面临前所未有的金融机遇

雄安新区的发展需要中央的智慧和资源，在一张白纸上建设一座现代化城市需要多样化的金融支持。雄安必须树立人口稠密区域发展的新观念，实现中央资源与本地条件的"化学反应"，通过雄安新区的外溢效应让京津冀成为中国经济发展的第三极。如何让来自中央的高端产业资源和河北目前低端产业条件产生化学效应等问题需要进一步思考和探索。(**中国社会科学院财经战略研究院研究员、财经审计研究室主任　汪德华**)

①雄安新区巨量的建设，带来金融投资机会，财政支持力度优先，可通过PPP、金融市场等方式来解决。②发展高端、高新产业，积极吸纳和集聚创新要素资源聚集风险投资的机会。③金融机构总部搬迁，金融资源的集聚，能够创新金融服务，可以在雄安新区试点离岸金融等金融服务。④创新思维、全新打造，产生各类资源集聚能力，形成较高的投资回报率。对雄安新区建设的五点思考：除了国企响应，如何带动民营资本、外国资本投入？如何做到人才储备？如何吸引高新技术企业进行技术创新？如何通过制度创新带动经济模式创新？如何形成要素、生态全新的智慧之城？都需要深入探讨。(**中央财经大学研究生院副院长　张学勇**)

二 明晰雄安新区未来增长的动力

中央对雄安的期待，不仅仅是建设一个新城，不仅仅是实现京津冀深度一体化，还是要充当撬动中国经济新一轮高速、可持续增长的支点，帮助中国顺利跨越中等收入阶段，进入发达国家行列。未来增长的动力主要有三个：一是深度城镇化；二是进一步的人力资本投资；三是深化改革，向改革要发展。对于雄安来说，要寻找雄安的比较优势，为疏解北京非首都功能、

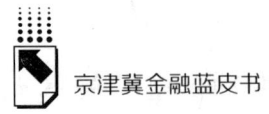

承接高端产业提前做好准备、提供好配套与服务。要在深化改革方面走在前面，打破传统的条块分割体制，下决心推进价格体系改革。（中国社会科学院人口与劳动经济研究所研究员　吴要武）

三　打造雄安新区的核心竞争力

（一）将雄安新区打造成绿色金融创新示范区

中央对雄安新区发展的建设目标定位明确，要实现中央对雄安新区"绿色生态宜居新城区、创新驱动引领区、协调发展示范区、开放发展先行区"的宏伟建设目标，雄安应如何做？河北应如何办？雄安不应该是一个消费型城市，而应该是生产型城市。在建设中，政府首先要做的就是打造雄安的核心竞争力，通过改善政府管理与服务环境、建设好当地的人文社会环境、保护好生态环境、打造良好投融资环境等四个方面提升雄安新区核心竞争力，使之成为一个魅力十足、活力四射的新城市。

将雄安新区打造成国际绿色金融创新示范区，并积极推动京、津、雄安"京三角"区域绿色金融合作。雄安新区是"千年大计"，河北应借力发展、借势推动，通过雄安新区的建设发展，打造京、津、雄安"京三角"，促进京津保率先联动发展，最终实现京津冀协同发展战略目标。（河北金融学院校长、雄安新区建设发展研究中心主任　杨兆廷）

（二）试点制——将雄安新区建设作为国家自上而下的重大区域经济发展的试验田

雄安新区建设是国家自上而下的大都市圈建设及区域经济发展的试验田。与之前的深圳特区、浦东新区等改革试验有较大不同，雄安新区被赋予更多探索深化改革、都市圈一体化绿色发展、经济发展方式转型等重要使命。首先，雄安新区应该建设发展成为一座大学城市，应独立建设自己的城市大学，采取国际化的运作体制，招揽世界一流的科研人才。其次，雄安新区应该成为创业者的天堂,成为一座科技新城。再次,雄安新区应该建设成为一座绿色城市,探索一条以优质环境带动地区经济发展的道路,对河北其他地区高污染行业逐步淘汰,提高环境规制标准,成为河北经济发展的重要引擎,真正成为全盘治理华北雾霾的突破口。最后,雄安新区应该成为探索新都市圈发展的标杆城市,应在新的发展路径上破题,成为一个创新驱动发展的城市发展模式,大开放式发展,吸引全世界的优质资源,成为世界城市的新典范。(中国社会科学院数量经济与技术经济研究所　郑世林)

(三) 将人口效能型集聚作为雄安新区创立初期的核心问题

人口效能型集聚的本质是人才集聚、人才能量集聚、人才张力集聚,这是雄安新区高起点规划、建设并迅速形成裂变力的根本。在苦练内功与内涵式发展方面,要正确认识"辐射"带动与内在增长极、引力核之间的关系;正确把握政策红利与"等靠要"之间的界限,防止"政策诅咒"。在凝心聚力、吸引人才为目标方面,要开放——开放多元,辩证地认识高端、高新产业与一般产业之间的关系,不搞一刀切;要宜商——市场主导,辩证把握产业规划与投资、营商、环境之间的关系;要宜业——产业化与合理的产业组织,成组配套、前后协作;要宜居——高度重视与人相关的政策、法制、产权、资源、社会、教育、公共福利。(对外经济贸易大学国际商学院　周末)

(四) 倚重市场机制的根本性作用,大力打造雄安"金谷"

金融在雄安新区建设发展中起着关键作用。在金融资源配置中,决策者应意识到,要倚重市场机制的根本性作用,避免政府的过度行政干预。在未来的发展中,雄安可借鉴的是筑波、硅谷模式,实现产学研的联动配置和协同创新,着力通过股权投资、产权交易市场和金融平台等直接融资手段,大力打造雄安"金谷":集高新技术产业和创新金融于一体的"金品牌"。根据雄安新区的"创新高地和科技新城"发展定位和建设规划,学界应加强科技金融、绿色金融、金融科技等方向的研究。(中南财经政法大学滇西金融研究院副院长　吕勇斌)

（五）充分利用金融科技等手段对雄安新区金融行业进行提升改造

必须以"未来的视角看雄安的未来"。雄安新区在疏解北京非首都功能过程中绝不仅是简单的搬迁，一定是在搬迁过程中充分利用互联网、移动互联网、物联网、大数据、云计算等技术手段对企业甚至行业进行提升改造。金融支持作为其中的重要内容，要利用互联网、区块链、人工智能、数字货币等新技术手段对金融行业进行提升改造。随着各行业提升，整个城市产业将提升到智慧产业，城市建设将步入智慧新城、绿色新城。新城建设的成功将带动京津冀协同发展，实现京津保率先联动，最终形成京津冀世界级城市群。（河北金融学院教授　赵永新）

B.17 金融支持京津冀协同发展研讨会会议综述

周胜强 刘伯酉 高磊*

摘 要: 2017年6月29日,由京津冀三地人民银行和三地金融学会主办,中国人民银行天津分行、天津市金融学会承办的金融支持京津冀协同发展研讨会在天津举行,与会专家学者围绕"金融创新和区域协同",探讨京津冀金融政策、金融监管、金融服务、金融业务等协同创新的举措,为推动京津冀金融协作、服务京津冀协同发展提供了新思路。

关键词: 京津冀 协同发展 金融创新 区域协同

2017年6月29日,由京津冀三地人民银行和三地金融学会主办,中国人民银行天津分行、天津市金融学会承办的金融支持京津冀协同发展研讨会在津成功举办。此次研讨会以金融创新和区域协同为主题,研究探讨京津冀金融政策、金融监管、金融服务、金融业务等协同创新思路,凝聚三地金融合力,服务京津冀协同发展。京津冀三地人民银行、金融工作局(办)、高等院校和金融机构共72人参加了本次研讨会。会上,来自政府部门、高校和金融机构的11位专家学者围绕金融支持京津冀协同发展进行了主旨发言。本文对各位演讲者的主要观点进行归纳整理,综述如下。

---

* 周胜强,中国人民银行天津分行金融研究处处长;刘伯酉,中国人民银行天津分行金融研究处科长;高磊,中国人民银行天津分行金融研究处主任科员。

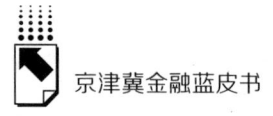

一 对京津冀金融协同发展与金融市场一体化的理论性思考

纪敏（中国人民银行金融研究局副局长）：京津冀金融协同发展的关键在于突破现有行政管理机制，以此促进金融资源的跨区域流动。

纪敏认为，金融体系本身存在管制，而且在经济社会中属于管制较多的领域，因此京津冀金融协同发展三年来取得卓越成果，包括金融服务和业务的同城化、资金流跨区域流动，特别是中国人民银行建立了协调机制，实属不易。在京津冀协同发展其他重点领域，比如环保、交通、产业，目前已经基本放开了，但金融领域受到的管制较多，一体化程度还不足。未来应该在实质性的管理体制方面做一些工作。在国家战略层面实现体制机制上一体化的只有京津冀这一个，长三角的一体化主要是依靠供应链，而不是体制机制方面的国家战略。所以我们京津冀一体化的方向，应该着眼于体制机制的创新。

纪敏指出，未来京津冀金融一体化要实现突破，很大程度取决于财税体制。行政管理体制的核心就是财税体制。如果财税体制不能实现协同，很多其他领域包括金融领域的协同很难走得更远。比如在普惠金融实践中发现，北京普惠金融不需要太多财税奖补政策，而河北就可能需要。那么北京商业银行资金实力强，去做河北的农贷项目，财税奖补政策能不能执行河北的？所以财税体制的一体化是非常关键的。京津冀一体化走到了今天，未来应该更多地在改革上下功夫，在政策突破上下功夫，努力形成区域性要素市场，实现带动和集聚金融资源。

马贱阳（中国人民银行金融市场司副司长）：京津冀金融市场一体化首先要厘清一些认识上的误区，三地金融业要取长补短，错位发展。

马贱阳首先阐述对"京津冀金融市场一体化"这一主题的认识。一是对京津冀三地金融发展的趋同化和均等化的认识。金融资源存在竞争，在这方面北京是"重量级选手"，天津是"次重量级选手"，河北可能只能算"轻量级选手"。如果认为推动金融市场的一体化，就是推动三地市场的趋同化和均等化，那么相关的工作就很难开展。二是对京津冀三地建立统一的金融市场场所的认识。"推动京津冀金融市场一体化"不等于建立统一的区域金融市场场所。如果相应的一些条件没有形成的话，那么统一的市场场所只是表面热闹，可能三地都不能获得深层的利益。三是对京津冀三地金融机构和业务统一化的认识。调研发现在行政区域划分的背景下，金融机构和业务统一化很难推动。

马贱阳指出，推动京津冀金融一体化首先应该把握一个前提，就是金融业需要协同发展、错位发展。三地都要深入分析自身金融业的优势在哪、需要加强的地方在哪。北京金融业还处于一个主要的优势地位，短板主要在于金融业需要疏解，比如严禁增量、存量要逐渐退出等。天津和河北要考虑如何做好承接。其次要把握好金融市场一体化的内涵和方向。市场化的力量有四个：一是要素的流动，二是标准的统一，三是透明化的定价，四是信息披露规范透明。要围绕这些因素推动金融市场一体化，比如在市场准入的标准、定价的标准、基础设施的标准方面进行尝试。

马贱阳提出四条推进金融市场一体化的实施路径。一是在探索京津冀银行间债券市场一体化方面先行先试，在准入、投资、承销、会计、增信等方面做一些标准化设计和创新。二是区域金融基础设施一体化。可以在三地做一些金融基础设施统筹方面的尝试，为全国的统筹积累一些经验。比如征信、支付领域，包括金融科技在金融基础设施中的应用。三是优化三地金融产业链布局。各地的人民银行应该从三地的定位出发，为地方政府提出好的金融产业发展建议。四是发挥三地创新实验区的作用，推动京津冀金融市场一体化。

周立群（南开大学滨海开发研究院常务副院长）：京津冀协同发展使区域整体的经济版图发生了深刻变化，金融业要对这些变化起到引导作用。

周立群教授指出，京津冀协同发展使区域整体的经济版图发生了以下四个方面的深刻变化。首先是京津冀地区交通布局的变化。按照京津冀发展规划纲要，京津冀交通基础设施布局不断推进，尤其是城际铁路的加速建设，到2020年就可以基本完成，这一区域将形成包括十二条城际铁路在内的交通网。我国在铁路基础设施上的投入，接近1/8投入京津冀区域，这将对金融资源的配置带来重大影响。

第二个变化是北京非首都功能疏解步伐加快。北京各项疏解责任严格落实到区，尤其是六个中心城区。按照北京市委"四严一守"的要求，即"严格产业禁限目录执行、严控新增产业和行政事业性服务机构、严控城六区新增建设用地、严控新增非首都功能、坚守2300万人'天花板'"，北京对非首都功能进行疏解，未来北京将致力于打造科技创新中心，科技创新高地建设的步伐会进一步加快。

第三是雄安新区和北京新机场建设。北京未来发展将向"东南两翼"不断纵深：随着通州城市副中心建设，北京的行政副中心东移；与此同时，北京的产业南移。特别是北京新机场建设，未来将建成"世界巨无霸"级交通枢纽，不仅成为客运中心，还会形成物流基地，与天津的港口形成对接。再向南的雄安新区，将成为非首都功能疏解的集中承载地，特别是成为中央机关、公司总部、金融商贸总部、教育科研文化总机构、国际组织机构等五大类总部集聚地。

第四是天津经济格局和版图的变化。随着京津冀协同发展深入，"京津"双城也开启了一种新的格局。天津在我国属于一个后发城市，它的经济特点总结为"高投资、高增长、高集聚"，即"固定资产投资高、经济增长速度快、资源集聚能力强"。京津冀协同发展战略提出后，人口、资金都呈现"北京向天津流动"的特点。相应的，天津向河北的资源配置也在增加。在这一过程中，天津的经济版图将发生变化，"东重西轻"未来可能会转变成为"东开西拓"，即东部滨海新区进一步加快开发建设，西部临近北京的区域（武清、西青、北辰、宝坻）加快拓展，发挥承接北京投资的作用。

周立群教授强调，京津冀地区这些经济版图的变化和实现、要素的转移和资源的配置，都需要金融去激活。不是简单的"支持"，而是需要金融手段和金融工具发挥引导作用。金融不能仅仅承担后台服务的功能，还要承担调节资源配置的方向、速度、节奏的功能。

二 京津冀三地人民银行支持三地金融协同发展的主要工作及未来规划

梅国辉（中国人民银行营业管理部巡视员）：京津冀协同发展有明确的时间表，因此金融支持政策也应当根据这一时间表的各阶段要求逐步有序推进。

对应国家京津冀协同发展规划的时间表，梅国辉首先梳理了人民银行支持京津冀金融协同的阶段性工作目标：到2017年，以信息共享、渠道互通为重点，建立数据、业务、人员、政策畅通交流的平台和渠道，大力支持京津冀产业转型升级；到2020年，以设施共享、市场互通为重点，推进金融基础设施互联互通，区域金融市场一体化，地方性法人金融机构跨区域经营，倾力支持京津冀实体经济发展；到2030年，以资源共享、政策互通为重点，通过改革创新、资源整合，先行先试，推动金融业务同城化，区域内经济金融政策、环境标准的一体化，全力支持京津冀发展目标的实现。

从实现上述目标需要的基础条件和工作要求来看，梅国辉认为应当建立以下几个方面协调机制：一是三地金融机构内外业务对接机制；二是三地金融产品创新激励促进机制；三是三地金融服务协调平台机制；四是三地金融政策监管协调机制。2016年人民银行建立了京津冀三地的协调机制，是人民银行内部首个跨区域协调机制，主要职能是落实总行部署，统筹协调人民银行职责，整合金融资源，支持京津冀协同发展。

梅国辉指出，金融政策全面放开风险大，金融政策考虑周全成本大，金融政策不突破则交不了差。目前金融支持京津冀协同发展的相关政策也在陆续出台，但是仍然不系统。为了稳妥起见，应遵循风险管控规律，逐步有序推出金融服务、金融业务、金融机构、资本市场等金融支持政策。从2017年开始，重点研究地方法人金融机构跨区域经营问题，如何通过MPA指标对地方法人金融机构在京津冀地区的跨区域经营起到激励作用，这都将对京津冀金融政策创新带来新的突破。

杨红员（中国人民银行天津分行副巡视员）：要针对制约金融支持京津冀协同发展的矛盾和问题进行创新，探索区域金融协同发展的新路子。

京津冀协同发展离不开金融的支持，同时也需要三地金融机构做好协同融合，特别是需要在突破地域界限、打破管理条框限制方面取得突破。杨红员介绍了京津冀协同发展中金融的一些情况，认为协同发展规划纲要出台后，金融部门积极行动，经过多方共同努力，金融协同和支持京津冀协同发展方面取得积极进展。这些进展可以概括为四个方面：一是人民银行积极推动金融协同；二是金融资源在三地间流动加快；三是天津自贸区京津冀协同发展政策逐步落地；四是金融机构积极创新金融服务取得进展。

杨红员对深化金融创新支持京津冀协同发展提出五项建议。一是进一步完善金融协调机制，做好顶层设计。京津冀三地人民银行协调机制工作的层次和范围需要升级和完善，使金融协调合作向更高层次、更广范围、更加紧密高效方向迈进。二是发挥好政府和金融管理部门在金融创新中的引导作用。三地政府和金融管理部门应将"行政区观念"转变为"经济区域观念"，为三地金融协同创新打造良好的外部环境。三是推进自贸区金融创新，增强辐射效应。加快自贸区制度与经验的区外复制、推广，可将京冀地区作为复制、推广的首站，使区内效应尽快外溢。四是金融机构要进一步深化金融创新，提升服务水平。金融机构应以服务区域协同发展为目标，统筹规划，加强协同，进一步深化自身体制机制、金融产品和金融服务创新。五是健全区域金融风险防范机制，有效维护区域金融稳定。金融创新面临不确定性，因此要加强跨地区的金融监管合作，建立和完善区域金融稳定合作机制。

李双锁（中国人民银行石家庄中心支行副行长）：雄安新区的建设必将进一步推动京津冀金融创新发展。

李双锁指出，规划建设雄安新区将在以下几方面推动金融创新。一是金融理念创新。雄安新区建设坚持生态优先、绿色发展，金融部门要牢固树立绿色金融理念，积极推动绿色金融体系建设。对不符合环保要求的企业和项目实施限制性信贷政策，推行绿色信贷、绿色债券、绿色保险等绿色金融产品，服务于雄安新区及京津冀区域的绿色发展。二是金融业态创新。在规划建设雄安新区中，各类金融业态都将找到自己的用武之地。未来，雄安新区不仅会有已经成熟的金融创新业态，如北京的科技金融、天津的金融租赁，也会有不断发展的互联网金融、智慧金融等新业态，共同组成雄安新区丰富的金融业态，并以不同的方式满足雄安新区创新发展的各种资金需求。三是金融产品和服务创新。规划建设雄安新区有七个方面的重点任务，这七方面的重点任务为金融产品和服务创新提供了广阔的空间。

李双锁进一步表示，规划建设雄安新区，离不开金融创新的支持，而金融创新必然是协同基础上的创新。在雄安新区规划建设起步之初，北京、天津、河北三地就要紧密联系和融合发展，尤其是在金融领域，河北要充分吸收和借鉴北京、天津的已有的金融创新经验和成果，做好三地金融协同，推进雄安新区规划建设。同时，要充分发挥雄安新区对冀中南乃至整个河北的辐射带动作用，促进城乡、区域、经济社会、资源环境协调发展，形成河北省内部及京津冀区域内部良性互动、协调发展。

三 创建金融创新运营示范区的标准、原则与举措

王爱俭（中国滨海金融协同创新中心主任）：高标准建设金融创新运营示范区，服务京津冀协同发展。

王爱俭教授指出，金融创新运营示范区的建设标准可以概括为四个方面。一是依法治理。坚持立法先行的标准，以法治确保规则体系公平开放透明，按照国际金融运营、监管规则，探索建立全新的金融制度框架与政策体系，根据京津冀金融协同发展的要求，建立区域金融监管协调机制。二要适度超前。所谓的"适度超前"就是要站在开创者的高度来建设示范区，推进金融与高端前沿科技的深度融合，金融市场和金融资源要素市场化、集群化运营，金融运营环境国际化与智能化、区域金融深度同城化等。三是系统规划。在示范区建设过程中要注意系统规划，从京津冀整体战略布局出发对示范区功能进行规划：以金融一体化为先导，提升区域一体化程度；以金融

科技融合为先导，支持转型升级；以绿色金融为先导，提供环境治理的金融解决方案；以民生金融为先导，为居民提供先进金融服务。四要强调内生发展。坚持内生发展的标准，发挥市场在金融资源配置中的决定作用，扩大金融业对内对外开放，率先深化金融要素价格市场化改革。不断提升示范区金融创新的动力与活力，加快金融产品、金融业态与金融市场的改革创新。

王爱俭教授提出，可以通过以下五方面举措加快金融创新运营示范区建设：一是建设国家租赁创新示范园区，强化示范引领地位；二是发挥自贸区金融创新优势，服务国家区域战略；三是加强区域金融协同，主动对接雄安新区建设；四是培育新生优势业态，提升金融运营实力；五是实施综合管理服务，优化区域营商环境。

黎红（天津市金融工作局副局长）：创建金融创新运营示范区，应坚持一体化原则和协同发展原则。

黎红首先介绍了创建金融创新运营示范区取得的重要进展。一是自贸试验区金融改革创新取得新突破。"金改30条"政策中的八成已落地，23项成效显著。二是发挥海河产业基金作用。由市财政出资200亿元设立引导基金，放大5倍形成1000亿元左右的母基金群，力争撬动社会投资5000亿元。三是融资租赁继续保持优势。截至2017年3月末，天津市共有融资租赁公司1238家，飞机、国际航运船舶和海工平台租赁业务分别占全国的90%、80%和100%。四是金融服务实体经济的能力进一步提升。产业金融和普惠金融发展迅速，同时积极推进投贷联动和农村"两权"抵押试点，提升金融服务的覆盖面和可得性。

黎红认为创建金融创新运营示范区的总体思路是：一是坚持一体化原则，突破区域发展中存在的深层次矛盾和问题，在更大区域范围内促进金融资源的合理流动和科学配置，实现金融市场一体化、金融业务同城化和金融监管协同化；二是坚持协同发展原则，按照中央《京津冀协同发展规划纲要》对三地的功能定位，优化区域金融空间布局，理顺金融发展链条，实现错位协同、功能互补、合作共赢。

在具体实施路径上，黎红认为应注意以下几个方面：一是结合"一带一路"倡议,加快推进京津冀航运金融发展,服务京津冀、环渤海和环东北亚经济圈;二是结合全面创新改革试验区建设,加快推进京津冀科技金融发展;三是用好自贸试验区"试验田",加快推进金融制度和体制机制创新,形成更多可复制、可推广的金融创新经验;四是结合三地股权类要素市场发展,贯彻落实国家决策部署,推动监管协同,加快京津冀资本市场一体化。

四 金融机构如何加快金融产品服务创新,促进京津冀协同发展

张荣斌(河北银行副行长):不断推进金融产品、服务创新,对接京津冀协同发展融资需求。

张荣斌表示,河北银行在以下三个方面积极作为,服务京津冀协同发展。一是加大产品创新。河北银行创新研发了排污权担保融资、合同能源管理融资、知识产权质押融资等产品,在河北省内同业中办理了首笔排污权担保融资业务。二是加大多元化融资服务创新。河北银行以传统信贷业务为突破口,以多元化融资服务模式创新为重点,利用"表内+表外""商行+投行"的服务模式,持续推进对接大项目和优质客户。三是加大区域内及跨区域同业合作。河北银行先后与200余家京津冀地区的商业银行、证券公司、信托公司、租赁公司、基金公司、资产管理公司等金融总部建立战略合作关系,弥补了因河北省金融总部和非银行金融机构数量少而造成省内合作机构少的不足。

张荣斌呼吁,为促进河北金融机构支持京津冀协同发展,应给予以下政策支持。一是重点推动河北省的金融人才引进。提高收入是吸引人才的主要途径,但是京津冀三地的金融机构收入差距是一个客观事实,这需要通过财政补贴、创新户籍制度等政策加强优质金融人才向河北流动。二是重点支持河北设立各类金融机构。应支持河北省申请各类综合化金融牌照,支持金融机构做大做强,跨区域设立分支机构。三是充分利用雄安新区政策机遇。支

持河北金融机构以雄安新区建设为契机，设立机构、吸引人才、开展金融创新和综合化经营。

杨书剑（北京银行副行长）：北京银行从多个方面助力京津冀实体经济健康快速发展，取得一定成效。

杨书剑表示，北京银行从多个方面助力京津冀实体经济健康快速发展。一是强化组织保障。分别在总行层面和分行层面，设立京津冀协同发展领导小组和工作小组，并将以特色化金融服务支持京津冀三地新增长列入北京银行总行十大工程。二是积极作为，对接重点建设项目。推动北京非首都功能疏解，支持北京城市副中心建设，助力京津冀交通一体化发展。三是立足本源，深耕小微金融市场。加大对小微企业的信贷支持，强化小微业务特色支行建设，探索小微业务专营支行模式，实现特色金融业务优势互补。四是创新企业融资方式。聚焦投贷联动，创新推出"投贷通"投贷联动特色产品。创新推出"农权贷"，推动京津冀地区农村承包土地经营权抵押贷款试点地区"两权"抵押试点工作开展。

杨书剑对进一步促进京津冀协同发展提出以下政策建议。一是加快推进三地监管一体化和金融业务同城化。加强三地金融监管部门的沟通与合作，探索制定区域一体化监管模式；建议人民银行牵头推动各家银行实现三地金融业务同城化，降低金融服务成本。二是适度放开以京津冀为主要经营地区的城商行二级分行审批政策。建议监管部门适当放开城商行二级分行设立审批政策，促进城商行将总行所在地区成熟的金融服务模式向周边地区复制推广。三是着力构建京津冀协同发展项目信息交流平台，沟通银企投融资需求，加快项目落地。

冯强（渤海银行零售银行总裁）：渤海银行牢牢把握京津冀协同发展这一历史机遇和政策红利，在服务国家战略、助推经济转型和促进结构调整方面发挥积极作用。

面对京津冀协同发展带来的历史机遇，渤海银行充分发挥区位优势和地缘优势，有针对性地进行重点支持。一是对雄安新区建设进行重点支持。以新区功能定位为重点，持续跟进新区建设规划，针对区位功能调整、产业升级改造及其配套的基础设施建设提供全方位金融服务。二是对天津"一基地三区"建设进行重点支持。结合"一基地三区"的功能定位和建设规划，加大融资支持力度，支持配合天津市委、市政府和企事业单位，推动天津"一基地三区"建设。三是围绕京津冀现代交通网络建设进行重点支持。渤海银行在传统信贷业务的基础上，通过债务融资工具、债贷结合等方式协助企业直接融资，缓解项目前期资金投入压力。四是围绕京津冀环保一体化进行重点支持。渤海银行对区域内环保项目进行持续跟踪营销，根据项目进度加大融资支持，提升绿色金融服务品质。五是围绕自贸区跨境业务进行重点支持。渤海银行积极探索传统贸易金融产品与人民币跨境资金池、跨境担保、融资租赁等创新产品相结合的业务模式，支持企业走出去。

冯强对金融支持京津冀协同发展提出以下建议。一是建议人民银行等监管部门，对涉及京津冀协同发展的业务和项目出台倾斜政策，增加信贷规模总量或匹配专项额度，促进银行提高融资服务能力。二是相关监管部门在信托、基金、租赁、证券、保险等业务资格申请过程中给予渤海银行适当政策倾斜，促进渤海银行实现综合化经营。三是建议政府部门进一步完善京津冀协同发展和雄安新区建设的顶层设计，对于重点推进的项目，加快立项进程，使之尽快具备授信条件。

B.18
参考文献

[1] 安国俊：《推动雄安新区金融创新》，《中国金融》2017年第8期。

[2] 薄文广、陈飞：《京津冀协同发展：挑战与困境》，《南开学报》（哲学社会科学版）2015年第1期。

[3] 蔡之兵：《雄安新区的战略意图、历史意义与成败关键》，《中国发展观察》2017年第8期。

[4] 陈建华：《京津冀一体化与金融合作》，《中国金融》2014年第3期。

[5] 陈建华：《雄安新区建设中的金融》，《中国金融》2017年第10期。

[6] 陈建华等：《京津冀金融协同发展研究》，中国金融出版社，2015。

[7] 陈倩、郭斌编著《京津冀、长三角、珠三角信息服务业发展的比较研究》，经济管理出版社，2016。

[8] 陈甬军、丛子薇：《京津冀市场一体化协同发展：现状评估及发展预测》，《首都经济贸易大学学报》2017第1期。

[9] 邱晓星、徐中：《京津冀区域人才协同发展机制研究》，《天津师范大学学报》（社会科学版）2016第1期。

[10] 丁艺、李靖霞、李林：《金融集聚与区域经济增长：基于省际数据的实证分析》，《保险研究》2010年第2期。

[11] 董希淼：《创新金融对雄安新区的支持》，《金融世界》2017年第5期。

[12] 冯怡康、马树强、金浩：《国际都市圈建设对京津冀协同发展的启示》，《天津师范大学学报》（社会科学版）2014年第6期。

[13] 郭小卉、康书生：《京津冀金融协同发展的路径选择》，《金融理论探索》2016年第2期。

[14] 韩旦丽：《长三角区域高层次金融人才开发对策研究》，《前沿》2013年第11期。

[15] 何德旭、董捷：《京津冀金融一体化的模式选择与运作机制》，《中国社会科学院研究生院学报》2015年第3期。

[16] 贺东伟：《建设雄安新区的宏观逻辑解读》，《特区经济》2017年第4期。

[17] 胡蓓、周均旭：《产业集群人才吸引力纵向分层研究——以佛山地区产业集群为例》，《中国科技论坛》2009年第1期。

[18] 蒋伟：《探析雄安新区的设立对京津冀协同发展的影响》，《经贸实践》2017年第7期。

[19] 孔娜：《韩国、新加坡引进高层次人才战略现状分析及对我国的启示》，《科技信息》2012年第14期。

[20] 李刚、牛芳：《人才集聚与产业集聚》，《中国人才》2005年第9期。

[21] 李健、马亚：《科技金融：理论进展与滨海金谷的构建》，《中国金融出版社》2014年第11期。

[22] 李京文、李剑玲：《京津冀协同创新比较研究》，《经济与管理》2015年第3期。

[23] 李晶玲、田军华、张双英、谢瑞芬：《金融支持承接京津产业转移探讨》，《华北金融》2016年第12期。

[24] 李俊强、刘燕：《京津冀金融一体化、地方保护与经济发展》，《经济体制改革》2016年第2期。

[25] 李然、马萌：《京津冀产业转移的行业选择及布局优化》，《经济问题》2016年第1期。

[26] 李文增：《京津冀区域经济金融协同发展协调机制研究》，《求知》2014年第6期。

[27] 刘秉镰、李兰冰：《国际经验与雄安新区的成长路径》，《经济与管理》2017年第3期。

[28] 刘瑞：《认清建设雄安新区的根本战略意图》，《人民论坛》2017年第

12期。

[29] 陆军:《雄安新区与京津冀区域治理体系的再组织》,《经济与管理》2017年第3期。

[30] 〔美〕迈克尔·波特(Michael E. Porter):《国家竞争优势》,李明轩、邱如美译,华夏出版社,2002。

[31] 毛垒:《人力资源管理》,北京大学出版社,2001。

[32] 孟祥林:《京津冀协同发展背景下的雄安新区城市体系与子城市团构建》,《上海城市管理》2017年第3期。

[33] 牛冲槐:《人才聚集现象与人才聚集效应分析及对策》,《山东科技大学学报》(社会科学版)2006年第3期。

[34] 冉霞:《金融支持河北产业发展的着力点在中小企业》,《河北省社会主义学院学报》2010年第2期。

[35] 任碧云、李鑫:《京津冀协同发展中金融协调的基本架构及政策措施》,《领导之友》2016年第5期。

[36] 宋保庆:《金融发展、政府行为与地区产业结构高级化——基于京津冀地区面板数据检验》,《产业经济评论》2015年第5期。

[37] 孙兵:《京津冀协同发展区域管理创新研究》,《管理世界》2016年第7期。

[38] 王爱俭、李向前、林文浩、王璟怡、郭强、刘杨、邓黎桥:《建设天津金融创新运营中心以运营服务塑造金融新优势》,《华北金融》2014年第8期。

[39] 王殿华、莎娜:《京津冀科技创新驱动产业转型发展研究》,《科学管理研究》2016年第4期。

[40] 王锐兰、刘思峰:《发达地区创新人才集聚的驱动机制》,《江苏农村经济》2006年第3期。

[41] 王琰、张鑫:《深化京津冀金融协同发展》,《中国金融》2014年第20期。

[42] 翁清雄、杨书春、曹威麟:《区域环境对人才承诺与根植意愿的影

响》,《科研管理》2014 年第 6 期。

[43] 邬晓霞、李青:《京津冀区域金融一体化进程的测度与评价》,《广东社会科学》2015 年第 5 期。

[44] 吴季松:《以协同论指导京津冀协同创新》,《经济与管理》2014 年第 9 期。

[45] 吴晓灵:《大国金融博弈需要多层次金融人才》,《中国金融》2011 年第 16 期。

[46] 武博:《当代中国人才流动》,人民出版社,2005。

[47] 武义青、柳天恩、窦丽琛:《建设雄安创新驱动发展引领区的思考》,《经济与管理》2017 年第 3 期。

[48] 武义青、田学斌、张云:《京津冀协同发展三年回顾与展望》,《经济与管理》2017 第 2 期。

[49] 肖金成、郭克莎、陆军等:《雄安新区战略发展的路径选择——"雄安新区与京津冀协同发展:理论及政策"高端论坛专家发言摘编(上)》,《经济与管理》2017 年第 3 期。

[50] 辛文玉、崔涛、杨欣玥:《京津冀协同发展模式下金融人才培养路径研究》,《当代经济》2016 年第 11 期。

[51] 熊莎:《关于人力资本流动与聚集的认识与评述》,《经济研究导刊》2008 年第 15 期。

[52] 许爱萍:《京津冀科技创新协同发展背景下的科技金融支持研究》,《当代经济管理》2015 年第 9 期。

[53] 阎庆民、张晓朴等:《京津冀区域协同发展研究》,中国金融出版社,2017。

[54] 殷存毅:《雄安新区发展与制度创新》,《经济与管理》2017 年第 3 期。

[55] 尹成远、冯悦:《京津冀协同发展背景下河北省金融结构优化研究》,《金融理论探索》2017 年第 1 期。

[56] 袁亚杰、乔宏、虞丹婷:《京津冀金融一体化视角下河北省金融业发

展水平评价研究》,《商业会计》2016年第23期。

[57] 岳岐峰、宋保庆:《先行先试——京津冀协同发展中的金融角色探讨》,《河北金融》2015年第2期。

[58] 张贵:《京津冀协同发展新情况与雄安新区创新驱动发展》,《经济与管理》2017年第3期。

[59] 张双英、刘圣:《京津冀金融支持产业结构升级的模式选择》,《金融教学与研究》2015年第6期。

[60] 张同斌、高铁梅:《财税政策激励、高新技术产业发展与产业结构调整》,《经济研究》2012年第5期。

[61] 张菀航、高妍蕊:《雄安新区:激活京津冀协同发展"一盘棋"》,《中国发展观察》2017年第8期。

[62] 张西奎、胡蓓:《产业集群的人才集聚研究》,《商业研究》2007年第3期。

[63] 张雪、李爽、张靖轩:《京津冀区域人才开发合作机制》,《河北联合大学学报》(社会科学版)2014年第6期。

[64] 张耀军:《从雄安新区设立看京津冀一体化协同发展》,《群言》2017年第5期。

[65] 张玉柯、胡继成:《京津冀协同视域下金融发展与技术创新的融合效率》,《河北大学学报》(哲学社会科学版)2016年第6期。

[66] 张玉兰:《把握人才集聚规律,推进人才集聚工程》,《中国人才》2005年第12期。

[67] 周京奎、白极星:《京津冀金融一体化"破局":模式选择与实现机制》,《长白学刊》2017年第1期。

[68] 周密、孙哲:《雄安新区创新体系建设的对策》,《经济与管理》2017年第3期。

[69] 朱杏珍:《人才集聚过程中的羊群行为分析》,《数量经济技术经济研究》2002年第7期。

[70] 北京市统计局:《北京市2016年国民经济和社会发展统计公报》。

[71] 天津市统计局:《2016年天津市国民经济和社会发展统计公报》。

[72] 河北省统计局:《河北省2016年国民经济和社会发展统计公报》。

[73] Becker G. S., *Human Capital* (Chicago: University of Chicago Press, 1975).

[74] R. Florida, "The Economic geography of talent", *Annals of the Association of American Geographers* 4 (2002): 92.

[75] M. Giannetti, "Skill ComplemEntarities and Migration Decisions", *Labour* 1 (2010): 15.

[76] Hicks, John Richard, *The Theory of Wages* (London: Macmillan, 1932).

[77] Jesse M. Shapiro, "Smart Cities: Quality of Life, Productivity, and the Growth Effects of Human Capital", http://nber15.nber.org/papers/w.11615.

[78] Kenney Martin, Florida Richard, "Japanese Maquiladoras: Production Organization and Global Commodity Chains", *World Development* 1 (1994): 22.

[79] P. Krugman, "Increasing Returns and Economic Geography", *Journal of Political Economy* 3 (1991): 483~499.

[80] Ravenstein E. G., "The Laws of Migration", *Journal of the Statistic Society* 1385 (1976): 151.

[81] Tan Yigitcanlar, Scott Baum, Stephen Horton, "Attracting and Retaining Knowledge Workers in Knowledge Cities", *Journal of Knowledge Management* 5 (2007): 11.

[82] Taylor L. R., Taylor R. A., "Aggregation, Migration and Population Mechanics", *Nature* (1977): 265.

Abstract

Since the coordinated development of Beijing-Tianjin-Hebei in 2014 as a national strategy, from the top-level design to the full implementation of the traffic integration, eco-environmental protection, industrial development and other key areas have got the first breakthrough. Coordinated development of Beijing-Tianjin-Hebei of this historic project actively promote, with remarkable results. Beijing, Tianjin and Hebei are rapidly becoming the new growth pole of China's economic development. In 2017, the establishment of the Xiong'an New Area, not only pointed out a new direction for the coordinated development of Beijing-Tianjin-Hebei, but also brought for the Beijing-Tianjin-Hebei financial development new opportunities and challenges.

"Beijing-Tianjin-Hebei financial development report (2017)" is composed of the general report, study report, special report and meeting summary four parts: the total report is "The construction of Xiong'an New Area: the new pattern and motivation for cordinated development of Beijing-Tianjin-Hebei", which in-depth analyzes the "new pattern" in the construction of the Xiong'an New Area and the coordinated development of Beijing-Tianjin-Hebei. The study report introduces the financial development of Beijing, Tianjin and Hebei in 2016 from the perspectives of financial institutions, financial markets and financial reform and so on. and the special report analyzes the key issues and difficulties in the process of coordinated development of Beijing-Tianjin-Hebei, including the "thinking about the coordinated development of Beijing-Tianjin-Hebei science and technology finance", the "Beijing-Tianjin-Hebei financial talents attracting policy research", "Suggestions on the reform and innovation of the investment and financing system in the development of the Xiong'an New Area", "The problem of Beijing-Tianjin-Hebei financial coordinated development - based on the survey of 18 commercial banks in Tianjin"; Conference summary of the "2015 Beijing-Tianjin-

Hebei financial development report", the "Coordinated Development of Beijing-Tianjin-Hebei", "2017 Xiong'an New Area Construction and Development Research Center High-end Forum", and "Financial support Beijing-Tianjin-Hebei cooperation and development seminar" summarize the views, strengthen regional financial cooperation and provide reference.

Keywords: Beijing-Tianjin-Hebei; Finance; Coordinate Development; The Xiong'an New Area

Contents

I General Report

B. 1 The Construction of The Xiong'an New Area: the New Pattern and Motivation for Coordinated Development of Beijing-Tianjin-Hebei

Wang Jingyi, Yi Ke and Yao Shunda / 001

Abstract: The establishment of the Xiong'an New Area is a millennium plan, a new growth pole of the Beijing-Tianjin-Hebei Area, and brings new opportunities. This report chose the strategic background and significance of the Xiong'an New Area as the beginning, firstly summarized China's economic policy situation and progress of Beijing-Tianjin-Hebei Area in last three years, then introduced the new pattern made by "one body with two wings" of Beijing, Tongzhou and Xiong'an and new motivation——driving by the "two engines" of Xiong'an and Binhai of the Beijing-Tianjin-Hebei Area. Based on this, some challenges and opportunities which may exist in the process of establishment were analyzed. Finally, this report put forward some suggestions for the future development of the Xiong'an New Area.

Keywords: Xiong'an New Area; Beijing-Tianjin-Hebei; Coordinated Development

Contents

II Development of Beijing Financial Sector

B.2 The Development of Beijing's Financial Institutions in 2016
Dong Liang / 040

Abstract: In 2016, Beijing financial institutions effectively grasp the current historical opportunities, tightly around the financial services Beijing-Tianjin-Hebei coordinated development and "One Belt and One Road" and other major national strategies, and constantly optimize their own development. The annual financial value added (GDP) accounted for 18% of GDP in the region, and Beijing was among the international financial center cities. As of the end of "13th Five Year", Beijing's financial sectors have developed smoothly: the growth speed of deposits and loan balances are basically consistent with GDP, which is conducive to promote steady growth of the economy; The total number of domestic and foreign listed companies, which are still ranked in the forefront of the domestic enterprise quality and structure of continuous optimization and upgrading; The proportion of the insurance assets in the total financial assets has been rising, and the internal structure of the industry has been optimized; The new financial industry, such as Internet finance, continues to maintain a healthy standard of development, and the financial sector has increased its efficiency in the service to real economy, and the Beijing's financial industry further enlarges its influence on regional finance and nationwide finance.

Keywords: Beijing; Financial Institutions; Financial Forms; Services to the Real Economy

B.3 The Operation of Beijing's Financial Market in 2016
Du Qiang, Dong Liang / 051

Abstract: In 2016, with the Beijing financial market ushering in a year of comprehensive adjustment, the traditional money market operate steadily and loan

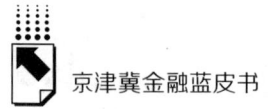

and deposit balance growth has slowed down; although the Shanghai A-share market opens IPOs, but affected by the 2015 stock market disaster, A-share stock market is still in a period of shock-adjusted bear market, and investors lack of enthusiasm for their investment; the increment and stock scale of Beijing bond markets are greatly enlarged, the market is very active and the risk of bond default is appeared to a certain extent, but the size of the private equity industry is still growing; by contrast, the insurance industry, contrary to other industries, ushered in a year of rapid expansion, and its size is a geometric growth trend; the private equity investment market, the trust market, the leasing market, the Beijing equity exchange market (four board market) continue to maintain a steady and rapid pace of development throughout the year.

Keywords: Financial Markets; Monetary Markets; Stock Markets; Insurance Markets; Fund Markets

B.4   The Reform and Innovation of Beijing Financial Industry in 2016

Wang Xuelong, Dong Liang / 069

Abstract: In 2016, the financial industry in Beijing continue to adhere to reform and innovation, and always adhere to the implementation of the eighteen important since the spirit of the meeting, in accordance with the The Four-Pronged Strategy, implement the development concept of innovation, coordinated, green, open, shared, promoting financial supply side structural reform, improve the efficiency of financial services in the real economy Beijing; the deepening of opening up the financial sector cooperation, into the new international financial structure; give full play to the Beijing banking industry as a platform to actively boost the capital's economic development entities; promote the Jingxi town fund to open fund industry the rise of new model ecosystem; accelerating the coordinated development of Beijing Tianjin Hebei, develop new product integration process; on the non bank payment institutions risk the special rectification work, and effectively protect the interests of consumers.

Keywords: Beijing; Services to the Real Economy; Financial Supply Side; Coordinated Development of Beijing-Tianjin-Hebei

Ⅲ Development of Tianjin Financial Sector

B.5 The Development of Tianjin's Financial Institutions in 2016

Ma Yaming, Tang Xueqing / 081

Abstract: In 2016, China's economic development is confronted with many contradictions and risks at home and abroad. Facing the complicated domestic and international economic situation, Tianjin, under the leadership of the municipal government, accelerates the new normal to adapt to the economy, and actively promotes the supply-side structural reform. To implement new development concept and seize the opportunity of the times, which achieve Tianjin history of the window period get through successfully. To support the coordinated development of Beijing-Tianjin-Hebei and promote regional economic synergies. The data show that in 2016, the city's GDP reached 1788.539 billion yuan, an increase of 9.0% over the previous year. Among them, the first industry added value of 22.022 billion yuan, an increase of 3.0%; the second industry added value of 800.387 billion yuan, an increase of 8.0%; the tertiary industry added value of 966.13 billion yuan, an increase of 10.0%. The added value of the financial industry was 175.333 billion yuan, up by 9.1%, accounting for 9.7% of the Tianjin's GDP. The financial industry's prosperity to the economic development of Tianjin has made great contributions. In 2016, the Tianjin financial industry accurately grasp the economic development of the new normal under the regulation of sound monetary intentions, and banking, security and insurance three major financial institutions developed well. On this basis, trust, factoring, micro-credit, Internet finance and other emerging markets have been a good opportunity for development. The pace of Tianjin financial reform and innovation is further accelerated.

Keywords: Tianjin; Financial Reform; Coordinated Development

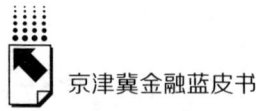

B.6　The Operation of TianJin's Financial Market in 2016

Tang Xueqing, Yang Fan / 095

Abstract: In 2016, the financial market in Tianjin was running smoothly and the money market transactions grew steadily. In the 2016 interbank market, Tianjin was greatly improved in terms of the amount of money and the amount of money. The stock market in Tianjin to further accelerate the pace of listing, high yield increased significantly. With the market de-leveraging and bond default risk increasing, the Tianjin bond market with prudent risks control system and high-quality enterprise resources, bond market bond turnover to 1570.239 billion yuan, an increase of 19.9%. In addition, the fund market, futures market, rental market, new trading market and foreign exchange market, also made significant progress in their own respective areas.

Keywords: Tianjin; Financial Market; Financial Innovation

B.7　The Reform and Innovation of Tianjin Financial Industry in 2016

Tang Xueqing / 110

Abstract: Under the New Normal, the most fundamental driving force of economic and social development is innovation. In 2016, Tianjin Finance sought to develop under the New Normal state. The financial institution system was being perfected, and the construction of the FTA was also supported by the policy. Rural Financial Reform has also achieved remarkable achievement. Outlook 2017, there will be a broader space for development, improve the business environment in Tianjin, promote the development of capital projects convertible, vertical open convertible depth. In the Free Trade Area Tianjin should support and develop the financial business with Tianjin characteristics, and vigorously support the development of shipping finance.

Keywords: Tianjin; Financial Reform; Institutional Innovation; Tianjin Free Trade Zone

IV Development of Hebei Financial Sector

B.8 The Development of Hebei's Financial Institutions in 2016

Song Huan / 118

Abstract: In 2016, Hebei province conscientiously implement the party and state policies, accurate use of macro-control means, actively steady growth, adjusting structure, promoting reform and improve people's livelihood, steady progress in all aspects of the national economy, social welfare, and continuously made new achievements. Based on the analysis of the data of the financial institutions in Hebei Province in 2016 we found that the development of financial institutions in Hebei province show the following trend: steady operation of the banking organization system, more perfect, moderate loan growth accelerated, further optimize the credit structure, interest rate marketization reform smoothly, loan interest rates significantly downward, increase efforts to support the physical economy; the securities industry healthy and stable development of the futures industry is still facing challenges; accelerate the development of the insurance industry, the ability to continuously improve the people's livelihood; financial Internet small loan companies, have maintained a good momentum of development.

Keywords: Hebei's Financial Institutions, Non-banking Financial Institutions, Financial Supporting for the Real Economy

B.9 The Operation of Hebei's Financial Market in 2016

Song Huan, Qu Zichang / 135

Abstract: In 2016, all kinds of financial markets in Hebei operated stably and supported the rapid economic development of Hebei province. The money market trading activity, commercial bills issued by the slowdown, the bill discounting business explosive growth, has achieved remarkable results in small bills discounted business; the amount of direct financing of listed companies increased significantly; the inter-bank bond market a good momentum of development, play a full role in promoting the integrated development of Beijing Tianjin Hebei; new phase of the fund market into the survival of the fittest, effectively promoted the rapid development of Hebei Province, innovative, growth oriented enterprises; equity market to implement preferential policies, provide a good development opportunity for the development of small and medium-sized enterprises in Hebei province; the trust market, the rental market is steady development, provides a powerful impetus to the development for the social development of Hebei province.

Keywords: Hebei's Financial Market; Social Financing; Currency and Credit

B.10　The Reform and Innovation of Hebei Financial Industry in 2016

Song Huan / 142

Abstract: Hebei financial industry always adhere to the idea that the financial industry should consistently serve the physical economy, in the context of the coordinated development of the Beijing-Tianjin-and Hebei and cirum-Bohai-Sea development and opening up, Hebei continues to carry out financial reform and innovation, optimize the administrative and financial environment, improve the financial institutions and improve the financial market; remarkable achievements have been made in the development of characteristic finance; the ability to serve the physical economy has been continuously improved, the financial ecological environment has been improved day by day. Through financial reform and innovation in various fields, to better meet the needs of social and economic development in Hebei Province, have increased in the breadth and depth of financial support for the economic development of Hebei Province, for the further development of Hebei's economy has played a role in supporting and promoting

Keywords: Financial Reform in Hebei; Financial Ecological Environment; Services to Real Economy; Financial Innovation

V Special Research Reports

B. 11 Thinking About Financial Coordinated Development of Beijing-Tianjin-Hebei   *Yang Di, Liu Xiao, Chen Baihui* / 159

Abstract: In order to promote the supply-side structural reform, promote the coordinated development of Beijing-Tianjin-Hebei and make high-tech industry play a leading role in the economic transformation and upgrading, this report summarizes the three financial strategic positioning and development direction and comparative analyzes the reality of difference of the three high and new technology industry, the present situation of the three financial support of new and high technology industry and the situation of the three financial policy of science and technology and statistics system, based on the supply-side structural reform and practical development of Beijing-Tianjin-Hebei coordinated. It is Obtained three coordinated development of the financial problems existing in the process of science and technology and analyzing the causes of these problems. And thus it puts forward three suggestions, such as deepening the infrastructure construction of scientific and technological financial data, strengthening the docking of science and technology finance policy, optimizing the construction of multi-level technology and financial investment and financing system, etc. Furthermore, it provides a reference for the effective support of the industrial transfer and industrial innovation development in the Beijing-Tianjin-Hebei high-tech zone.

Keywords: Beijing-Tianjin-Hebei; Fintech; Coordinated Development

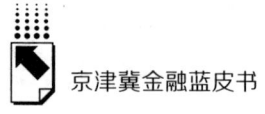

B.12 The Study of Financial Talent Attraction Policy in Beijing-
Tianjin-Hebei　　　　　*Yuan Jia, Dong Liang and Lan Fang* / 176

Abstract: The report draws lessons from the United States, Singapore and domestic Yangtze River Delta, the Pearl River Delta financial talent's attraction policy from the perspective of area attracting financial talent. And the report thinks that Beijing-Tianjin-Hebei financial talent's attraction policy should be given priority to attract financial talent outside and focus on the promotion of the rational flow of financial talent inside. Measures can be taken to transfer residence permit to household registration, set up financial talent fund or assistance program of the Beijing-Tianjin-Hebei region, take tax incentives, encourage financial enterprises to adopt diversified salary system, promote the headhunting industry development, promote regional financial agglomeration degree and so on to attract financial talent to Beijing-Tianjin-Hebei region outside ; Measures can be taken to promote the mechanism of mutual recognition in Beijing-Tianjin-Hebei region, play a role of Beijing-Tianjin-Hebei talent association, encourage regional financial talent secondment to promote the rational flow, promoting the coordinated development of Beijing-Tianjin-Hebei financial.

Keywords: Beijing-Tianjin-Hebei Financial Talent; Attraction Policy; Financial Aggregation

B.13 Suggestions on Reform and Innovation of Investment
and Financing System in the Development of the Xiong'an
New Area　　　　*Yang Zhaoyan, Hu Jicheng and Li Junqiang* / 200

Abstract: The Xiong'an New Area is different from the Shenzhen and Pudong's new depth development of "reform and opening", and its development orientation is to build a new green and wisdom urban, and to create beautiful ecological and cultural environment, provide quality public services, build efficient and convenient traffic network, promote the reform of systems and mechanisms, expand all-round opening to the outside world. The Xiong'an New Area's construction shall be from the six aspects to control the new district's construction investment and financing problems: deep integration between "administrative orientation" and "market orientation", "international capital" and "domestic capital", "hierarchical design" and "major breakthrough", PPP mode innovation and diversified financial instruments, green finance and green development, liquidizing the stock resources and benign fusion innovation factors.

Keywords: Xiong'an New Area; Innovation of Investing and Financing System; Optimization of Investing and Financing System

B.14 The Problem of Beijing-Tianjin-Hebei Financial Coordinated Development
—*Based on the Survey of 18 Commercial Banks in Tianjin*
Zhou Shengqiang, Li Xijing and Liu Boyou / 212

Abstract: Supporting for the coordinated development of Beijing-Tianjin-Hebei region, three financial activities need to be mutual permeated and integrated. The financial development is unbalanced, financial market fragmented and financial competition is greater than that of financial cooperation, which both impede the free flow and optimal allocation of financial resources in the region. Therefore, financial synergies must be strengthened to promote the integrated development of financial factors market and financial services system. Based on the investigation of 18 commercial banks in Tianjin, this paper makes an analysis and discussion on the financial Coordination of Beijing-Tianjin-Hebei region.

Keywords: Beijing-Tianjin-Hebei; Finance; Coordinated Development

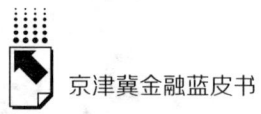
京津冀金融蓝皮书

Ⅵ Summary of Conference

B. 15　Conference Summary of the "2015 Beijing-Tianjin-Hebei Financial Development Report"

Yang Fan, Du Qiang / 224

Abstract: On May 8, 2016, the "2015 Beijing-Tianjin-Hebei Financial Development Report" and the "Beijing-Tianjin-Hebei Financial Coordinated Development" seminar were held at Tianjin University of Finance and Economics. Leaders and experts from universities, scientific institutions and financial sector in the Beijing-Tianjin-Hebei region have conducted in-depth exchanges on the "Beijing-Tianjin-Hebei financial coordinated development", discuss the direction and measures of the coordinated development, such as financial reform and innovation, construction of financial innovation operation demonstration area, free trade zone and regional coordinated development to provide a reference for the Beijing-Tianjin-Hebei financial coordinated development.

Keywords: Beijing-Tianjin-Hebei; Coordinated Development; Financial Development; Free Trade Zone

B. 16　Strengthen Financial Support, Creating the Xiong'an Area New Area Core Competitiveness
　　　—*Conference Summary of "2017 Xiong'an New Area Construction and Development Research Center High-end Forum"*

Yang Zhaoting, Han Jingwang, Yang Lei and Liu Bin / 234

Abstract: On April 22, the first high-end forum of the construction and development research center of Xiong'an New Area was held in Hebei Finance

Institute. Nearly a hundred experts and scholars from the Chinese Academy of Social Sciences, Peking University, Tsinghua University, Renmin University of China, Central University of Finance and Economics, University of International Business and Economics, Zhongnan University of Economics and Law discussed the "Strengthening financial support to build the core competitiveness of Xiong'an New Area". It is pointed out that the construction of Xiong'an New Area has brought new opportunities for financial development. It should strengthen the financial support for the construction of Xiong'an New Area by focusing on the development of new financial formats such as Fintech, green finance and financial technology, and trying to construct "Jingu" to build the core competitiveness of Xiong'an New Area.

Keywords: Xiong'an New Area; Green Finance; Xiong'an "Jingu"; Financial Technology

B. 17 Conference Summary of Financial Support Beijing-Tianjin-Hebei Cooperation and Development Seminar

Zhou Shengqiang, Li Boyou and Gao Lei / 239

Abstract: On June 29, 2017, hosted by the People's Bank of Beijing, Tianjin and Hebei, and finance society of the three places, undertaken by the Tianjin Branch of the People's Bank of China and the Tianjin Financial Association, the Beijing-Tianjin-Hebei Coordinated Development Seminar was held in Tianjin. Experts and scholars around the "Financial Innovation and Regional Collaboration" to explore the Beijing-Tianjin-Hebei financial policy, financial supervision, financial services, financial business and other facilities to promote Beijing-Tianjin-Hebei financial cooperation and service Beijing-Tianjin-Hebei coordinated development.

Keywords: Beijing-Tianjin-Hebei; Coordinated Development; Financial Innovation; Regional Collaboration

权威报告·热点资讯·特色资源

皮书数据库
ANNUAL REPORT(YEARBOOK) DATABASE

当代中国与世界发展高端智库平台

所获荣誉

- 2016年，入选"国家'十三五'电子出版物出版规划骨干工程"
- 2015年，荣获"搜索中国正能量 点赞2015""创新中国科技创新奖"
- 2013年，荣获"中国出版政府奖·网络出版物奖"提名奖
- 连续多年荣获中国数字出版博览会"数字出版·优秀品牌"奖

成为会员

通过网址www.pishu.com.cn或使用手机扫描二维码进入皮书数据库网站，进行手机号码验证或邮箱验证即可成为皮书数据库会员（建议通过手机号码快速验证注册）。

会员福利

- 使用手机号码首次注册会员可直接获得100元体验金，不需充值即可购买和查看数据库内容（仅限使用手机号码快速注册）。
- 已注册用户购书后可免费获赠100元皮书数据库充值卡。刮开充值卡涂层获取充值密码，登录并进入"会员中心"—"在线充值"—"充值卡充值"，充值成功后即可购买和查看数据库内容。

社会科学文献出版社 皮书系列
SOCIAL SCIENCES ACADEMIC PRESS (CHINA)

卡号：445815418345
密码：

数据库服务热线：400-008-6695
数据库服务QQ：2475522410
数据库服务邮箱：database@ssap.cn
图书销售热线：010-59367070/7028
图书服务QQ：1265056568
图书服务邮箱：duzhe@ssap.cn

子库介绍
Sub-Database Introduction

中国经济发展数据库

涵盖宏观经济、农业经济、工业经济、产业经济、财政金融、交通旅游、商业贸易、劳动经济、企业经济、房地产经济、城市经济、区域经济等领域，为用户实时了解经济运行态势、把握经济发展规律、洞察经济形势、做出经济决策提供参考和依据。

中国社会发展数据库

全面整合国内外有关中国社会发展的统计数据、深度分析报告、专家解读和热点资讯构建而成的专业学术数据库。涉及宗教、社会、人口、政治、外交、法律、文化、教育、体育、文学艺术、医药卫生、资源环境等多个领域。

中国行业发展数据库

以中国国民经济行业分类为依据，跟踪分析国民经济各行业市场运行状况和政策导向，提供行业发展最前沿的资讯，为用户投资、从业及各种经济决策提供理论基础和实践指导。内容涵盖农业，能源与矿产业，交通运输业，制造业，金融业，房地产业，租赁和商务服务业，科学研究，环境和公共设施管理，居民服务业，教育，卫生和社会保障，文化、体育和娱乐业等100余个行业。

中国区域发展数据库

对特定区域内的经济、社会、文化、法治、资源环境等领域的现状与发展情况进行分析和预测。涵盖中部、西部、东北、西北等地区，长三角、珠三角、黄三角、京津冀、环渤海、合肥经济圈、长株潭城市群、关中—天水经济区、海峡经济区等区域经济体和城市圈，北京、上海、浙江、河南、陕西等34个省份及中国台湾地区。

中国文化传媒数据库

包括文化事业、文化产业、宗教、群众文化、图书馆事业、博物馆事业、档案事业、语言文字、文学、历史地理、新闻传播、广播电视、出版事业、艺术、电影、娱乐等多个子库。

世界经济与国际关系数据库

以皮书系列中涉及世界经济与国际关系的研究成果为基础，全面整合国内外有关世界经济与国际关系的统计数据、深度分析报告、专家解读和热点资讯构建而成的专业学术数据库。包括世界经济、国际政治、世界文化与科技、全球性问题、国际组织与国际法、区域研究等多个子库。

法律声明

"皮书系列"(含蓝皮书、绿皮书、黄皮书)之品牌由社会科学文献出版社最早使用并持续至今,现已被中国图书市场所熟知。"皮书系列"的LOGO( )与"经济蓝皮书""社会蓝皮书"均已在中华人民共和国国家工商行政管理总局商标局登记注册。"皮书系列"图书的注册商标专用权及封面设计、版式设计的著作权均为社会科学文献出版社所有。未经社会科学文献出版社书面授权许可,任何使用与"皮书系列"图书注册商标、封面设计、版式设计相同或者近似的文字、图形或其组合的行为均系侵权行为。

经作者授权,本书的专有出版权及信息网络传播权为社会科学文献出版社享有。未经社会科学文献出版社书面授权许可,任何就本书内容的复制、发行或以数字形式进行网络传播的行为均系侵权行为。

社会科学文献出版社将通过法律途径追究上述侵权行为的法律责任,维护自身合法权益。

欢迎社会各界人士对侵犯社会科学文献出版社上述权利的侵权行为进行举报。电话:010-59367121,电子邮箱:fawubu@ssap.cn。

社会科学文献出版社

皮书品牌20年
YEAR BOOKS

皮书系列

2017年

智库成果出版与传播平台

社会科学文献出版社
SOCIAL SCIENCES ACADEMIC PRESS (CHINA)

社长致辞

伴随着今冬的第一场雪，2017年很快就要到了。世界每天都在发生着让人眼花缭乱的变化，而唯一不变的，是面向未来无数的可能性。作为个体，如何获取专业信息以备不时之需？作为行政主体或企事业主体，如何提高决策的科学性让这个世界变得更好而不是更糟？原创、实证、专业、前沿、及时、持续，这是1997年"皮书系列"品牌创立的初衷。

1997~2017，从最初一个出版社的学术产品名称到媒体和公众使用频率极高的热点词语，从专业术语到大众话语，从官方文件到独特的出版型态，作为重要的智库成果，"皮书"始终致力于成为海量信息时代的信息过滤器，成为经济社会发展的记录仪，成为政策制定、评估、调整的智力源，社会科学研究的资料集成库。"皮书"的概念不断延展，"皮书"的种类更加丰富，"皮书"的功能日渐完善。

1997~2017，皮书及皮书数据库已成为中国新型智库建设不可或缺的抓手与平台，成为政府、企业和各类社会组织决策的利器，成为人文社科研究最基本的资料库，成为世界系统完整及时认知当代中国的窗口和通道！"皮书"所具有的凝聚力正在形成一种无形的力量，吸引着社会各界关注中国的发展，参与中国的发展。

二十年的"皮书"正值青春，愿每一位皮书人付出的年华与智慧不辜负这个时代！

社会科学文献出版社社长
中国社会学会秘书长

2016年11月

社会科学文献出版社简介

社会科学文献出版社成立于1985年，是直属于中国社会科学院的人文社会科学专业学术出版机构。

成立以来，社科文献依托于中国社会科学院丰厚的学术出版和专家学者资源，坚持"创社科经典，出传世文献"的出版理念和"权威、前沿、原创"的产品定位，逐步走上了智库产品与专业学术成果系列化、规模化、数字化、国际化、市场化发展的经营道路，取得了令人瞩目的成绩。

学术出版 社科文献先后策划出版了"皮书"系列、"列国志"、"社科文献精品译库"、"全球化译丛"、"全面深化改革研究书系"、"近世中国"、"甲骨文"、"中国史话"等一大批既有学术影响又有市场价值的图书品牌和学术品牌，形成了较强的学术出版能力和资源整合能力。2016年社科文献发稿5.5亿字，出版图书2000余种，承印发行中国社会科学院院属期刊72种。

数字出版 凭借着雄厚的出版资源整合能力，社科文献长期以来一直致力于从内容资源和数字平台两个方面实现传统出版的再造，并先后推出了皮书数据库、列国志数据库、中国田野调查数据库等一系列数字产品。2016年数字化加工图书近4000种，文字处理量达10亿字。数字出版已经初步形成了产品设计、内容开发、编辑标引、产品运营、技术支持、营销推广等全流程体系。

国际出版 社科文献通过学术交流和国际书展等方式积极参与国际学术和国际出版的交流合作，努力将中国优秀的人文社会科学研究成果推向世界，从构建国际话语体系的角度推动学术出版国际化。目前已与英、荷、法、德、美、日、韩等国及港澳台地区近40家出版和学术文化机构建立了长期稳定的合作关系。

融合发展 紧紧围绕融合发展战略，社科文献全面布局融合发展和数字化转型升级，成效显著。以核心资源和重点项目为主的社科文献数据库产品群和数字出版体系日臻成熟，"一带一路"系列研究成果与专题数据库、阿拉伯问题研究国别基础库及中阿文化交流数据库平台等项目开启了社科文献向专业知识服务商转型的新篇章，成为行业领先。

此外，社科文献充分利用网络媒体平台，积极与各类媒体合作，并联合大型书店、学术书店、机场书店、网络书店、图书馆，构建起强大的学术图书内容传播平台，学术图书的媒体曝光率居全国之首，图书馆藏率居于全国出版机构前十位。

有温度，有情怀，有视野，更有梦想。未来社科文献将继续坚持专业化学术出版之路不动摇，着力搭建最具影响力的智库产品整合及传播平台、学术资源共享平台，为实现"社科文献梦"奠定坚实基础。

经济类 皮书系列 重点推荐

经 济 类

经济类皮书涵盖宏观经济、城市经济、大区域经济，提供权威、前沿的分析与预测

经济蓝皮书
2017年中国经济形势分析与预测

李扬 / 主编　2016年12月出版　定价：89.00元

◆ 本书为总理基金项目，由著名经济学家李扬领衔，联合中国社会科学院等数十家科研机构、国家部委和高等院校的专家共同撰写，系统分析了2016年的中国经济形势并预测2017年我国经济运行情况。

中国省域竞争力蓝皮书
中国省域经济综合竞争力发展报告（2015~2016）

李建平　李闽榕　高燕京 / 主编　2017年2月出版　估价：198.00元

◆ 本书融多学科的理论为一体，深入追踪研究了省域经济发展与中国国家竞争力的内在关系，为提升中国省域经济综合竞争力提供有价值的决策依据。

城市蓝皮书
中国城市发展报告No.10

潘家华　单菁菁 / 主编　2017年9月出版　估价：89.00元

◆ 本书是由中国社会科学院城市发展与环境研究中心编著的，多角度、全方位地立体展示了中国城市的发展状况，并对中国城市的未来发展提出了许多建议。该书有强烈的时代感，对中国城市发展实践有重要的参考价值。

皮书系列重点推荐 — 经济类

人口与劳动绿皮书
中国人口与劳动问题报告 No.18

蔡昉 张车伟 / 主编　2017年10月出版　估价：89.00元

◆ 本书为中国社科院人口与劳动经济研究所主编的年度报告，对当前中国人口与劳动形势做了比较全面和系统的深入讨论，为研究我国人口与劳动问题提供了一个专业性的视角。

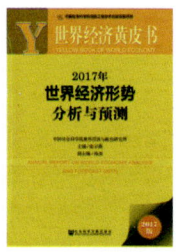

世界经济黄皮书
2017年世界经济形势分析与预测

张宇燕 / 主编　2016年12月出版　定价：89.00元

◆ 本书由中国社会科学院世界经济与政治研究所的研究团队撰写，2016年世界经济增速进一步放缓，就业增长放慢。世界经济面临许多重大挑战同时，地缘政治风险、难民危机、大国政治周期、恐怖主义等问题也仍然在影响世界经济的稳定与发展。预计2017年按PPP计算的世界GDP增长率约为3.0%。

国际城市蓝皮书
国际城市发展报告（2017）

屠启宇 / 主编　2017年2月出版　估价：89.00元

◆ 本书作者以上海社会科学院从事国际城市研究的学者团队为核心，汇集同济大学、华东师范大学、复旦大学、上海交通大学、南京大学、浙江大学相关城市研究专业学者。立足动态跟踪介绍国际城市发展时间中，最新出现的重大战略、重大理念、重大项目、重大报告和最佳案例。

金融蓝皮书
中国金融发展报告（2017）

李扬　王国刚 / 主编　2017年1月出版　估价：89.00元

◆ 本书由中国社会科学院金融研究所组织编写，概括和分析了2016年中国金融发展和运行中的各方面情况，研讨和评论了2016年发生的主要金融事件，有利于读者了解掌握2016年中国的金融状况，把握2017年中国金融的走势。

经济类 皮书系列 重点推荐

农村绿皮书
中国农村经济形势分析与预测（2016~2017）

魏后凯 杜志雄 黄秉信/著 2017年4月出版 估价：89.00元

◆ 本书描述了2016年中国农业农村经济发展的一些主要指标和变化，并对2017年中国农业农村经济形势的一些展望和预测，提出相应的政策建议。

西部蓝皮书
中国西部发展报告（2017）

姚慧琴 徐璋勇/主编 2017年9月出版 估价：89.00元

◆ 本书由西北大学中国西部经济发展研究中心主编，汇集了源自西部本土以及国内研究西部问题的权威专家的第一手资料，对国家实施西部大开发战略进行年度动态跟踪，并对2017年西部经济、社会发展态势进行预测和展望。

经济蓝皮书·夏季号
中国经济增长报告（2016~2017）

李扬/主编 2017年9月出版 估价：98.00元

◆ 中国经济增长报告主要探讨2016~2017年中国经济增长问题，以专业视角解读中国经济增长，力求将其打造成一个研究中国经济增长、服务宏微观各级决策的周期性、权威性读物。

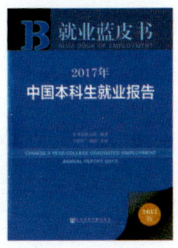

就业蓝皮书
2017年中国本科生就业报告

麦可思研究院/编著 2017年6月出版 估价：98.00元

◆ 本书基于大量的数据和调研，内容翔实，调查独到，分析到位，用数据说话，对我国大学生教育与发展起到了很好的建言献策作用。

社会政法类

社会政法类皮书聚焦社会发展领域的热点、难点问题，提供权威、原创的资讯与视点

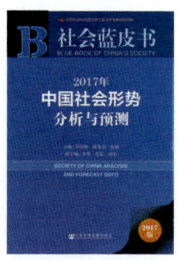

社会蓝皮书
2017年中国社会形势分析与预测

李培林　陈光金　张翼/主编　2016年12月出版　定价：89.00元

◆ 本书由中国社会科学院社会学研究所组织研究机构专家、高校学者和政府研究人员撰写，聚焦当下社会热点，对2016年中国社会发展的各个方面内容进行了权威解读，同时对2017年社会形势发展趋势进行了预测。

法治蓝皮书
中国法治发展报告 No.15（2017）

李林　田禾/主编　2017年3月出版　估价：118.00元

◆ 本年度法治蓝皮书回顾总结了2016年度中国法治发展取得的成就和存在的不足，并对2017年中国法治发展形势进行了预测和展望。

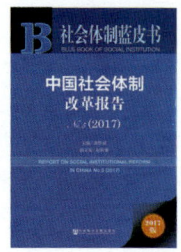

社会体制蓝皮书
中国社会体制改革报告 No.5（2017）

龚维斌/主编　2017年4月出版　估价：89.00元

◆ 本书由国家行政学院社会治理研究中心和北京师范大学中国社会管理研究院共同组织编写，主要对2016年社会体制改革情况进行回顾和总结，对2017年的改革走向进行分析，提出相关政策建议。

社会政法类　皮书系列 重点推荐

社会心态蓝皮书
中国社会心态研究报告（2017）

王俊秀　杨宜音/主编　2017年12月出版　估价：89.00元

◆ 本书是中国社会科学院社会学研究所社会心理研究中心"社会心态蓝皮书课题组"的年度研究成果，运用社会心理学、社会学、经济学、传播学等多种学科的方法进行了调查和研究，对于目前我国社会心态状况有较广泛和深入的揭示。

生态城市绿皮书
中国生态城市建设发展报告（2017）

刘举科　孙伟平　胡文臻/主编　2017年7月出版　估价：118.00元

◆ 报告以绿色发展、循环经济、低碳生活、民生宜居为理念，以更新民众观念、提供决策咨询、指导工程实践、引领绿色发展为宗旨，试图探索一条具有中国特色的城市生态文明建设新路。

城市生活质量蓝皮书
中国城市生活质量报告（2017）

中国经济实验研究院/主编　2017年7月出版　估价：89.00元

◆ 本书对全国35个城市居民的生活质量主观满意度进行了电话调查，同时对35个城市居民的客观生活质量指数进行了计算，为我国城市居民生活质量的提升，提出了针对性的政策建议。

公共服务蓝皮书
中国城市基本公共服务力评价（2017）

钟君　吴正杲/主编　2017年12月出版　估价：89.00元

◆ 中国社会科学院经济与社会建设研究室与华图政信调查组成联合课题组，从2010年开始对基本公共服务力进行研究，研创了基本公共服务力评价指标体系，为政府考核公共服务与社会管理工作提供了理论工具。

皮书系列
重点推荐

行业报告类

行业报告类

行业报告类皮书立足重点行业、新兴行业领域，提供及时、前瞻的数据与信息

企业社会责任蓝皮书
中国企业社会责任研究报告（2017）

黄群慧　钟宏武　张蒽　翟利峰 / 著　2017年10月出版　估价：89.00元

◆ 本书剖析了中国企业社会责任在2016～2017年度的最新发展特征，详细解读了省域国有企业在社会责任方面的阶段性特征，生动呈现了国内外优秀企业的社会责任实践。对了解中国企业社会责任履行现状、未来发展，以及推动社会责任建设有重要的参考价值。

新能源汽车蓝皮书
中国新能源汽车产业发展报告（2017）

黄中国汽车技术研究中心　日产（中国）投资有限公司
东风汽车有限公司 / 编著　2017年7月出版　估价：98.00元

◆ 本书对我国2016年新能源汽车产业发展进行了全面系统的分析，并介绍了国外的发展经验。有助于相关机构、行业和社会公众等了解中国新能源汽车产业发展的最新动态，为政府部门出台新能源汽车产业相关政策法规、企业制定相关战略规划，提供必要的借鉴和参考。

杜仲产业绿皮书
中国杜仲橡胶资源与产业发展报告（2016～2017）

杜红岩　胡文臻　俞锐 / 主编　2017年1月出版　估价：85.00元

◆ 本书对2016年来的杜仲产业的发展情况、研究团队在杜仲研究方面取得的重要成果、部分地区杜仲产业发展的具体情况、杜仲新标准的制定情况等进行了较为详细的分析与介绍，使广大关心杜仲产业发展的读者能够及时跟踪产业最新进展。

行业报告类　皮书系列重点推荐

企业蓝皮书
中国企业绿色发展报告 No.2（2017）

李红玉　朱光辉 / 主编　　2017 年 8 月出版　　估价：89.00 元

◆ 本书深入分析中国企业能源消费、资源利用、绿色金融、绿色产品、绿色管理、信息化、绿色发展政策及绿色文化方面的现状，并对目前存在的问题进行研究，剖析因果，谋划对策。为企业绿色发展提供借鉴，为我国生态文明建设提供支撑。

中国上市公司蓝皮书
中国上市公司发展报告（2017）

张平　王宏淼 / 主编　　2017 年 10 月出版　　估价：98.00 元

◆ 本书由中国社会科学院上市公司研究中心组织编写的，着力于全面、真实、客观反映当前中国上市公司财务状况和价值评估的综合性年度报告。本书详尽分析了 2016 年中国上市公司情况，特别是现实中暴露出的制度性、基础性问题，并对资本市场改革进行了探讨。

资产管理蓝皮书
中国资产管理行业发展报告（2017）

智信资产管理研究院 / 编著　　2017 年 6 月出版　　估价：89.00 元

◆ 中国资产管理行业刚刚兴起，未来将中国金融市场最有看点的行业。本书主要分析了 2016 年度资产管理行业的发展情况，同时对资产管理行业的未来发展做出科学的预测。

体育蓝皮书
中国体育产业发展报告（2017）

阮伟　钟秉枢 / 主编　　2017 年 12 月出版　　估价：89.00 元

◆ 本书运用多种研究方法，在对于体育竞赛业、体育用品业、体育场馆业、体育传媒业等传统产业研究的基础上，紧紧围绕 2016 年体育领域内的各种热点事件进行研究和梳理，进一步拓宽了研究的广度、提升了研究的高度、挖掘了研究的深度。

 国别与地区类

国别与地区类

国别与地区类皮书关注全球重点国家与地区，
提供全面、独特的解读与研究

美国蓝皮书
美国研究报告（2017）

郑秉文 黄平 / 主编　2017年6月出版　估价：89.00元

◆ 本书是由中国社会科学院美国所主持完成的研究成果，它回顾了美国2016年的经济、政治形势与外交战略，对2017年以来美国内政外交发生的重大事件及重要政策进行了较为全面的回顾和梳理。

日本蓝皮书
日本研究报告（2017）

杨伯江 / 主编　2017年5月出版　估价：89.00元

◆ 本书对2016年拉丁美洲和加勒比地区诸国的政治、经济、社会、外交等方面的发展情况做了系统介绍，对该地区相关国家的热点及焦点问题进行了总结和分析，并在此基础上对该地区各国2017年的发展前景做出预测。

亚太蓝皮书
亚太地区发展报告（2017）

李向阳 / 主编　2017年3月出版　估价：89.00元

◆ 本书是中国社会科学院亚太与全球战略研究院的集体研究成果。2016年的"亚太蓝皮书"继续关注中国周边环境的变化。该书盘点了2016年亚太地区的焦点和热点问题，为深入了解2016年及未来中国与周边环境的复杂形势提供了重要参考。

国别与地区类 — 皮书系列重点推荐

德国蓝皮书
德国发展报告（2017）

郑春荣 / 主编　2017年6月出版　估价：89.00元

◆ 本报告由同济大学德国研究所组织编撰，由该领域的专家学者对德国的政治、经济、社会文化、外交等方面的形势发展情况，进行全面的阐述与分析。

日本经济蓝皮书
日本经济与中日经贸关系研究报告（2017）

王洛林　张季风 / 编著　2017年5月出版　估价：89.00元

◆ 本书系统、详细地介绍了2016年日本经济以及中日经贸关系发展情况，在进行了大量数据分析的基础上，对2017年日本经济以及中日经贸关系的大致发展趋势进行了分析与预测。

俄罗斯黄皮书
俄罗斯发展报告（2017）

李永全 / 编著　2017年7月出版　估价：89.00元

◆ 本书系统介绍了2016年俄罗斯经济政治情况，并对2016年该地区发生的焦点、热点问题进行了分析与回顾；在此基础上，对该地区2017年的发展前景进行了预测。

非洲黄皮书
非洲发展报告No.19（2016～2017）

张宏明 / 主编　2017年8月出版　估价：89.00元

◆ 本书是由中国社会科学院西亚非洲研究所组织编撰的非洲形势年度报告，比较全面、系统地分析了2016年非洲政治形势和热点问题，探讨了非洲经济形势和市场走向，剖析了大国对非洲关系的新动向；此外，还介绍了国内非洲研究的新成果。

皮书系列
重点推荐

地方发展类

地方发展类

地方发展类皮书关注中国各省份、经济区域，
提供科学、多元的预判与资政信息

北京蓝皮书
北京公共服务发展报告（2016~2017）

施昌奎 / 主编　2017年2月出版　估价：89.00元

◆ 本书是由北京市政府职能部门的领导、首都著名高校的教授、知名研究机构的专家共同完成的关于北京市公共服务发展与创新的研究成果。

河南蓝皮书
河南经济发展报告（2017）

张占仓 / 编著　2017年3月出版　估价：89.00元

◆ 本书以国内外经济发展环境和走向为背景，主要分析当前河南经济形势，预测未来发展趋势，全面反映河南经济发展的最新动态、热点和问题，为地方经济发展和领导决策提供参考。

广州蓝皮书
2017年中国广州经济形势分析与预测

庾建设　陈浩钿　谢博能 / 主编　2017年7月出版　估价：85.00元

◆ 本书由广州大学与广州市委政策研究室、广州市统计局联合主编，汇集了广州科研团体、高等院校和政府部门诸多经济问题研究专家、学者和实际部门工作者的最新研究成果，是关于广州经济运行情况和相关专题分析、预测的重要参考资料。

 文化传媒类　皮书系列 重点推荐

文化传媒类

文化传媒类皮书透视文化领域、文化产业，探索文化大繁荣、大发展的路径

新媒体蓝皮书
中国新媒体发展报告 No.8（2017）

唐绪军/主编　2017年6月出版　估价：89.00元

◆ 本书是由中国社会科学院新闻与传播研究所组织编写的关于新媒体发展的最新年度报告，旨在全面分析中国新媒体的发展现状，解读新媒体的发展趋势，探析新媒体的深刻影响。

移动互联网蓝皮书
中国移动互联网发展报告（2017）

官建文/编著　2017年6月出版　估价：89.00元

◆ 本书着眼于对中国移动互联网2016年度的发展情况做深入解析，对未来发展趋势进行预测，力求从不同视角、不同层面全面剖析中国移动互联网发展的现状、年度突破及热点趋势等。

传媒蓝皮书
中国传媒产业发展报告（2017）

崔保国/主编　2017年5月出版　估价：98.00元

◆ "传媒蓝皮书"连续十多年跟踪观察和系统研究中国传媒产业发展。本报告在对传媒产业总体以及各细分行业发展状况与趋势进行深入分析基础上，对年度发展热点进行跟踪，剖析新技术引领下的商业模式，对传媒各领域发展趋势、内体经营、传媒投资进行解析，为中国传媒产业正在发生的变革提供前瞻行参考。

经济类

"三农"互联网金融蓝皮书
中国"三农"互联网金融发展报告（2017）
著（编）者：李勇坚 王弢　2017年8月出版 / 估价：98.00元
PSN B-2016-561-1/1

G20国家创新竞争力黄皮书
二十国集团（G20）国家创新竞争力发展报告（2016~2017）
著（编）者：李建平 李闽榕 赵新力 周天勇
2017年8月出版 / 估价：158.00元
PSN Y-2011-229-1/1

产业蓝皮书
中国产业竞争力报告（2017）No.7
著（编）者：张其仔　2017年12月出版 / 估价：98.00元
PSN B-2010-175-1/1

城市创新蓝皮书
中国城市创新报告（2017）
著（编）者：周天勇 旷建伟　2017年11月出版 / 估价：89.00元
PSN B-2013-340-1/1

城市蓝皮书
中国城市发展报告 No.10
著（编）者：潘家华 单菁菁　2017年9月出版 / 估价：89.00元
PSN B-2007-091-1/1

城乡一体化蓝皮书
中国城乡一体化发展报告（2016～2017）
著（编）者：汝信 付崇兰　2017年7月出版 / 估价：85.00元
PSN B-2011-226-1/2

城镇化蓝皮书
中国新型城镇化健康发展报告（2017）
著（编）者：张占斌　2017年8月出版 / 估价：89.00元
PSN B-2014-396-1/1

创新蓝皮书
创新型国家建设报告（2016～2017）
著（编）者：詹正茂　2017年12月出版 / 估价：89.00元
PSN B-2009-140-1/1

创业蓝皮书
中国创业发展报告（2016～2017）
著（编）者：黄群慧 赵卫星 钟宏武等
2017年11月出版 / 估价：89.00元
PSN B-2016-578-1/1

低碳发展蓝皮书
中国低碳发展报告（2016~2017）
著（编）者：齐晔 张希良　2017年3月出版 / 估价：98.00元
PSN B-2011-223-1/1

低碳经济蓝皮书
中国低碳经济发展报告（2017）
著（编）者：薛进军 赵忠秀　2017年6月出版 / 估价：85.00元
PSN B-2011-194-1/1

东北蓝皮书
中国东北地区发展报告（2017）
著（编）者：朱宇 张新颖　2017年12月出版 / 估价：89.00元
PSN B-2006-067-1/1

发展与改革蓝皮书
中国经济发展和体制改革报告No.8
著（编）者：邹东涛 王再文　2017年1月出版 / 估价：98.00元
PSN B-2008-122-1/1

工业化蓝皮书
中国工业化进程报告（2017）
著（编）者：黄群慧　2017年12月出版 / 估价：158.00元
PSN B-2007-095-1/1

管理蓝皮书
中国管理发展报告（2017）
著（编）者：张晓东　2017年10月出版 / 估价：98.00元
PSN B-2014-416-1/1

国际城市蓝皮书
国际城市发展报告（2017）
著（编）者：屠启宇　2017年2月出版 / 估价：89.00元
PSN B-2012-260-1/1

国家创新蓝皮书
中国创新发展报告（2017）
著（编）者：陈劲　2017年12月出版 / 估价：89.00元
PSN B-2014-370-1/1

金融蓝皮书
中国金融发展报告（2017）
著（编）者：李杨 王国刚　2017年12月出版 / 估价：89.00元
PSN B-2004-031-1/6

京津冀金融蓝皮书
京津冀金融发展报告（2017）
著（编）者：王爱俭 李向前
2017年3月出版 / 估价：89.00元
PSN B-2016-528-1/1

京津冀蓝皮书
京津冀发展报告（2017）
著（编）者：文魁 祝尔娟　2017年4月出版 / 估价：89.00元
PSN B-2012-262-1/1

经济蓝皮书
2017年中国经济形势分析与预测
著（编）者：李扬　2016年12月出版 / 定价：89.00元
PSN B-1996-001-1/1

经济蓝皮书·春季号
2017年中国经济前景分析
著（编）者：李扬　2017年6月出版 / 估价：89.00元
PSN B-1999-008-1/1

经济蓝皮书·夏季号
中国经济增长报告（2016～2017）
著（编）者：李扬　2017年9月出版 / 估价：89.00元
PSN B-2010-176-1/1

经济信息绿皮书
中国与世界经济发展报告（2017）
著（编）者：杜平　2017年12月出版 / 估价：89.00元
PSN G-2003-023-1/1

就业蓝皮书
2017年中国本科生就业报告
著（编）者：麦可思研究院　2017年6月出版 / 估价：98.00元
PSN B-2009-146-1/2

 经济类

皮书系列 2017全品种

就业蓝皮书
2017年中国高职高专生就业报告
著(编)者:麦可思研究院　2017年6月出版 / 估价:98.00元
PSN B-2015-472-2/2

科普能力蓝皮书
中国科普能力评价报告(2017)
著(编)者:李富强 李群　2017年8月出版 / 估价:89.00元
PSN B-2016-556-1/1

临空经济蓝皮书
中国临空经济发展报告(2017)
著(编)者:连玉明　2017年9月出版 / 估价:89.00元
PSN B-2014-421-1/1

农村绿皮书
中国农村经济形势分析与预测(2016~2017)
著(编)者:魏后凯 杜志雄 黄秉信
2017年4月出版 / 估价:89.00元
PSN G-1998-003-1/1

农业应对气候变化蓝皮书
气候变化对中国农业影响评估报告No.3
著(编)者:矫梅燕　2017年8月出版 / 估价:98.00元
PSN B-2014-413-1/1

气候变化绿皮书
应对气候变化报告(2017)
著(编)者:王伟光 郑国光　2017年6月出版 / 估价:89.00元
PSN G-2009-144-1/1

区域蓝皮书
中国区域经济发展报告(2016~2017)
著(编)者:赵弘　2017年6月出版 / 估价:89.00元
PSN B-2004-034-1/1

全球环境竞争力绿皮书
全球环境竞争力报告(2017)
著(编)者:李建平 李闽榕 王金南
2017年12月出版 / 估价:198.00元
PSN G-2013-363-1/1

人口与劳动绿皮书
中国人口与劳动问题报告No.18
著(编)者:蔡昉 张车伟　2017年11月出版 / 估价:89.00元
PSN G-2000-012-1/1

商务中心区蓝皮书
中国商务中心区发展报告No.3(2016)
著(编)者:李国红 单菁菁　2017年1月出版 / 估价:89.00元
PSN B-2015-444-1/1

世界经济黄皮书
2017年世界经济形势分析与预测
著(编)者:张宇燕　2016年12月出版 / 定价:89.00元
PSN Y-1999-006-1/1

世界旅游城市绿皮书
世界旅游城市发展报告(2017)
著(编)者:宋宇　2017年1月出版 / 估价:128.00元
PSN G-2014-400-1/1

土地市场蓝皮书
中国农村土地市场发展报告(2016~2017)
著(编)者:李光荣　2017年3月出版 / 估价:89.00元
PSN B-2016-527-1/1

西北蓝皮书
中国西北发展报告(2017)
著(编)者:高建龙　2017年3月出版 / 估价:89.00元
PSN B-2012-261-1/1

西部蓝皮书
中国西部发展报告(2017)
著(编)者:姚慧琴 徐璋勇　2017年9月出版 / 估价:89.00元
PSN B-2005-039-1/1

新型城镇化蓝皮书
新型城镇化发展报告(2017)
著(编)者:李伟 宋敏 沈体雁　2017年3月出版 / 估价:98.00元
PSN B-2014-431-1/1

新兴经济体蓝皮书
金砖国家发展报告(2017)
著(编)者:林跃勤 周文　2017年12月出版 / 估价:89.00元
PSN B-2011-195-1/1

长三角蓝皮书
2017年新常态下深化一体化的长三角
著(编)者:王庆五　2017年12月出版 / 估价:88.00元
PSN B-2005-038-1/1

中部竞争力蓝皮书
中国中部经济社会竞争力报告(2017)
著(编)者:教育部人文社会科学重点研究基地
南昌大学中国中部经济社会发展研究中心
2017年12月出版 / 估价:89.00元
PSN B-2012-276-1/1

中部蓝皮书
中国中部地区发展报告(2017)
著(编)者:宋亚平　2017年12月出版 / 估价:88.00元
PSN B-2007-089-1/1

中国省域竞争力蓝皮书
中国省域经济综合竞争力发展报告(2017)
著(编)者:李建平 李闽榕 高燕京
2017年2月出版 / 估价:198.00元
PSN B-2007-088-1/1

中三角蓝皮书
长江中游城市群发展报告(2017)
著(编)者:秦尊文　2017年9月出版 / 估价:89.00元
PSN B-2014-417-1/1

中小城市绿皮书
中国中小城市发展报告(2017)
著(编)者:中国城市经济学会中小城市经济发展委员会
中国城镇化促进会中小城市发展委员会
《中国中小城市发展报告》编纂委员会
中小城市发展战略研究院
2017年11月出版 / 估价:128.00元
PSN G-2010-161-1/1

中原蓝皮书
中原经济区发展报告(2017)
著(编)者:李英杰　2017年6月出版 / 估价:88.00元
PSN B-2011-192-1/1

自贸区蓝皮书
中国自贸区发展报告(2017)
著(编)者:王力　2017年7月出版 / 估价:89.00元
PSN B-2016-559-1/1

社会政法类

北京蓝皮书
中国社区发展报告（2017）
著(编)者：于燕燕　　2017年2月出版 / 估价：89.00元
PSN B-2007-083-5/8

殡葬绿皮书
中国殡葬事业发展报告（2017）
著(编)者：李伯森　　2017年4月出版 / 估价：158.00元
PSN G-2010-180-1/1

城市管理蓝皮书
中国城市管理报告（2016~2017）
著(编)者：刘林　刘承水　2017年5月出版 / 估价：158.00元
PSN B-2013-336-1/1

城市生活质量蓝皮书
中国城市生活质量报告（2017）
著(编)者：中国经济实验研究院
2017年7月出版 / 估价：89.00元
PSN B-2013-326-1/1

城市政府能力蓝皮书
中国城市政府公共服务能力评估报告（2017）
著(编)者：何艳玲　　2017年4月出版 / 估价：89.00元
PSN B-2013-338-1/1

慈善蓝皮书
中国慈善发展报告（2017）
著(编)者：杨团　　2017年6月出版 / 估价：89.00元
PSN B-2009-142-1/1

党建蓝皮书
党的建设研究报告 No.2（2017）
著(编)者：崔建民　陈东平　2017年2月出版 / 估价：89.00元
PSN B-2016-524-1/1

地方法治蓝皮书
中国地方法治发展报告 No.3（2017）
著(编)者：李林　田禾　2017年3出版 / 估价：108.00元
PSN B-2015-442-1/1

法治蓝皮书
中国法治发展报告 No.15（2017）
著(编)者：李林　田禾　2017年3月出版 / 估价：118.00元
PSN B-2004-027-1/1

法治政府蓝皮书
中国法治政府发展报告（2017）
著(编)者：中国政法大学法治政府研究院
2017年2月出版 / 估价：98.00元
PSN B-2015-502-1/2

法治政府蓝皮书
中国法治政府评估报告（2017）
著(编)者：中国政法大学法治政府研究院
2016年11月出版 / 估价：98.00元
PSN B-2016-577-2/2

反腐倡廉蓝皮书
中国反腐倡廉建设报告 No.7
著(编)者：张英伟　　2017年12月出版 / 估价：89.00元
PSN B-2012-259-1/1

非传统安全蓝皮书
中国非传统安全研究报告（2016~2017）
著(编)者：余潇枫　魏志江　2017年6月出版 / 估价：89.00元
PSN B-2012-273-1/1

妇女发展蓝皮书
中国妇女发展报告 No.7
著(编)者：王金玲　　2017年9月出版 / 估价：148.00元
PSN B-2006-069-1/1

妇女教育蓝皮书
中国妇女教育发展报告 No.4
著(编)者：张李玺　　2017年10月出版 / 估价：78.00元
PSN B-2008-121-1/1

妇女绿皮书
中国性别平等与妇女发展报告（2017）
著(编)者：谭琳　　2017年12月出版 / 估价：99.00元
PSN G-2006-073-1/1

公共服务蓝皮书
中国城市基本公共服务力评价（2017）
著(编)者：钟君　吴正杲　2017年12月出版 / 估价：89.00元
PSN B-2011-214-1/1

公民科学素质蓝皮书
中国公民科学素质报告（2016~2017）
著(编)者：李群　陈雄　马宗文
2017年1月出版 / 估价：89.00元
PSN B-2014-379-1/1

公共关系蓝皮书
中国公共关系发展报告（2017）
著(编)者：柳斌杰　　2017年11月出版 / 估价：89.00元
PSN B-2016-580-1/1

公益蓝皮书
中国公益慈善发展报告（2017）
著(编)者：朱健刚　　2017年4月出版 / 估价：118.00元
PSN B-2012-283-1/1

国际人才蓝皮书
海外华侨华人专业人士报告（2017）
著(编)者：王辉耀　苗绿　2017年8月出版 / 估价：89.00元
PSN B-2014-409-4/4

国际人才蓝皮书
中国国际移民报告（2017）
著(编)者：王辉耀　　2017年2月出版 / 估价：89.00元
PSN B-2012-304-3/4

国际人才蓝皮书
中国留学发展报告（2017）No.5
著(编)者：王辉耀　苗绿　2017年10月出版 / 估价：89.00元
PSN B-2012-244-2/4

海洋社会蓝皮书
中国海洋社会发展报告（2017）
著(编)者：崔凤　宋宁而　2017年7月出版 / 估价：89.00元
PSN B-2015-478-1/1

社会政法类 — 皮书系列 2017全品种

行政改革蓝皮书
中国行政体制改革报告（2017）No.6
著（编）者：魏礼群　2017年5月出版／估价：98.00元
PSN B-2011-231-1/1

华侨华人蓝皮书
华侨华人研究报告（2017）
著（编）者：贾益民　2017年12月出版／估价：128.00元
PSN B-2011-204-1/1

环境竞争力绿皮书
中国省域环境竞争力发展报告（2017）
著（编）者：李建平　李闽榕　王金南
2017年11月出版／估价：198.00元
PSN G-2010-165-1/1

环境绿皮书
中国环境发展报告（2017）
著（编）者：刘鉴强　2017年11月出版／估价：89.00元
PSN G-2006-048-1/1

基金会蓝皮书
中国基金会发展报告（2016~2017）
著（编）者：中国基金会发展报告课题组
2017年4月出版／估价：85.00元
PSN B-2013-368-1/1

基金会绿皮书
中国基金会发展独立研究报告（2017）
著（编）者：基金会中心网　中央民族大学基金会研究中心
2017年6月出版／估价：88.00元
PSN G-2011-213-1/1

基金会透明度蓝皮书
中国基金会透明度发展研究报告（2017）
著（编）者：基金会中心网　清华大学廉政与治理研究中心
2017年12月出版／估价：89.00元
PSN B-2015-509-1/1

家庭蓝皮书
中国"创建幸福家庭活动"评估报告（2017）
著（编）者：国务院发展研究中心"创建幸福家庭活动评估"课题组
2017年8月出版／估价：89.00元
PSN B-2012-261-1/1

健康城市蓝皮书
中国健康城市建设研究报告（2017）
著（编）者：王鸿春　解树江　盛继洪
2017年9月出版／估价：89.00元
PSN B-2016-565-2/2

教师蓝皮书
中国中小学教师发展报告（2017）
著（编）者：曾晓东　鱼霞　2017年6月出版／估价：89.00元
PSN B-2012-289-1/1

教育蓝皮书
中国教育发展报告（2017）
著（编）者：杨东平　2017年4月出版／估价：89.00元
PSN B-2006-047-1/1

科普蓝皮书
中国基层科普发展报告（2016~2017）
著（编）者：赵立　新陈玲　2017年9月出版／估价：89.00元
PSN B-2016-569-3/3

科普蓝皮书
中国科普基础设施发展报告（2017）
著（编）者：任福君　2017年6月出版／估价：89.00元
PSN B-2010-174-1/3

科普蓝皮书
中国科普人才发展报告（2017）
著（编）者：郑念　任嵘嵘　2017年4月出版／估价：98.00元
PSN B-2015-513-2/3

科学教育蓝皮书
中国科学教育发展报告（2017）
著（编）者：罗晖　王康友　2017年10月出版／估价：89.00元
PSN B-2015-487-1/1

劳动保障蓝皮书
中国劳动保障发展报告（2017）
著（编）者：刘燕斌　2017年9月出版／估价：188.00元
PSN B-2014-415-1/1

老龄蓝皮书
中国老年宜居环境发展报告（2017）
著（编）者：党俊武　周燕珉　2017年1月出版／估价：89.00元
PSN B-2013-320-1/1

连片特困区蓝皮书
中国连片特困区发展报告（2017）
著（编）者：游俊　冷志明　丁建军
2017年3月出版／估价：98.00元
PSN B-2013-321-1/1

民间组织蓝皮书
中国民间组织报告（2017）
著（编）者：黄晓勇　2017年12月出版／估价：89.00元
PSN B-2008-118-1/1

民调蓝皮书
中国民生调查报告（2017）
著（编）者：谢耘耕　2017年12月出版／估价：98.00元
PSN B-2014-398-1/1

民族发展蓝皮书
中国民族发展报告（2017）
著（编）者：郝时远　王延中　王希恩
2017年4月出版／估价：98.00元
PSN B-2006-070-1/1

女性生活蓝皮书
中国女性生活状况报告 No.11（2017）
著（编）者：韩湘景　2017年10月出版／估价：98.00元
PSN B-2006-071-1/1

汽车社会蓝皮书
中国汽车社会发展报告（2017）
著（编）者：王俊秀　2017年1月出版／估价：89.00元
PSN B-2011-224-1/1

皮书系列 2017全品种

社会政法类

青年蓝皮书
中国青年发展报告（2017）No.3
著(编)者：廉思 等　2017年4月出版 / 估价：89.00元
PSN B-2013-333-1/1

青少年蓝皮书
中国未成年人互联网运用报告（2017）
著(编)者：李文革 沈杰 季为民
2017年11月出版 / 估价：89.00元
PSN B-2010-156-1/1

青少年体育蓝皮书
中国青少年体育发展报告（2017）
著(编)者：郭建军 杨桦　2017年9月出版 / 估价：89.00元
PSN B-2015-482-1/1

群众体育蓝皮书
中国群众体育发展报告（2017）
著(编)者：刘国永 杨桦　2017年12月出版 / 估价：89.00元
PSN B-2016-519-2/3

人权蓝皮书
中国人权事业发展报告 No.7（2017）
著(编)者：李君如　2017年9月出版 / 估价：98.00元
PSN B-2011-215-1/1

社会保障绿皮书
中国社会保障发展报告（2017）No.9
著(编)者：王延中　2017年4月出版 / 估价：89.00元
PSN G-2001-014-1/1

社会风险评估蓝皮书
风险评估与危机预警评估报告（2017）
著(编)者：唐钧　2017年8月出版 / 估价：85.00元
PSN B-2016-521-1/1

社会工作蓝皮书
中国社会工作发展报告（2017）
著(编)者：民政部社会工作研究中心
2017年8月出版 / 估价：89.00元
PSN B-2009-141-1/1

社会管理蓝皮书
中国社会管理创新报告 No.5
著(编)者：连玉明　2017年11月出版 / 估价：89.00元
PSN B-2012-300-1/1

社会蓝皮书
2017年中国社会形势分析与预测
著(编)者：李培林 陈光金 张翼
2016年12月出版 / 定价：89.00元
PSN B-1998-002-1/1

社会体制蓝皮书
中国社会体制改革报告No.5（2017）
著(编)者：龚维斌　2017年4月出版 / 估价：89.00元
PSN B-2013-330-1/1

社会心态蓝皮书
中国社会心态研究报告（2017）
著(编)者：王俊秀 杨宜音　2017年12月出版 / 估价：89.00元
PSN B-2011-199-1/1

社会组织蓝皮书
中国社会组织评估发展报告（2017）
著(编)者：徐家良 廖鸿　2017年12月出版 / 估价：89.00元
PSN B-2013-366-1/1

生态城市绿皮书
中国生态城市建设发展报告（2017）
著(编)者：刘举科 孙伟平 胡文臻
2017年9月出版 / 估价：118.00元
PSN G-2012-269-1/1

生态文明绿皮书
中国省域生态文明建设评价报告（ECI 2017）
著(编)者：严耕　2017年12月出版 / 估价：98.00元
PSN G-2010-170-1/1

体育蓝皮书
中国公共体育服务发展报告（2017）
著(编)者：戴健　2017年12月出版 / 估价：89.00元
PSN B-2013-367-2/4

土地整治蓝皮书
中国土地整治发展研究报告 No.4
著(编)者：国土资源部土地整治中心
2017年7月出版 / 估价：89.00元
PSN B-2014-401-1/1

土地政策蓝皮书
中国土地政策研究报告（2017）
著(编)者：高延利 李宪文
2017年12月出版 / 估价：89.00元
PSN B-2015-506-1/1

医改蓝皮书
中国医药卫生体制改革报告（2017）
著(编)者：文学国 房志武　2017年11月出版 / 估价：98.00元
PSN B-2014-432-1/1

医疗卫生绿皮书
中国医疗卫生发展报告 No.7（2017）
著(编)者：申宝忠 韩玉珍　2017年4月出版 / 估价：85.00元
PSN G-2004-033-1/1

应急管理蓝皮书
中国应急管理报告（2017）
著(编)者：宋英华　2017年9月出版 / 估价：98.00元
PSN B-2016-563-1/1

政治参与蓝皮书
中国政治参与报告（2017）
著(编)者：房宁　2017年9月出版 / 估价：118.00元
PSN B-2011-200-1/1

中国农村妇女发展蓝皮书
农村流动女性城市生活发展报告（2017）
著(编)者：谢丽华　2017年12月出版 / 估价：89.00元
PSN B-2014-434-1/1

宗教蓝皮书
中国宗教报告（2017）
著(编)者：邱永辉　2017年4月出版 / 估价：89.00元
PSN B-2008-117-1/1

行业报告类

SUV蓝皮书
中国SUV市场发展报告（2016~2017）
著(编)者：靳军　2017年9月出版／估价：89.00元
PSN B-2016-572-1/1

保健蓝皮书
中国保健服务产业发展报告 No.2
著(编)者：中国保健协会　中共中央党校
2017年7月出版／估价：198.00元
PSN B-2012-272-3/3

保健蓝皮书
中国保健食品产业发展报告 No.2
著(编)者：中国保健协会
　　　　中国社会科学院食品药品产业发展与监管研究中心
2017年7月出版／估价：198.00元
PSN B-2012-271-2/3

保健蓝皮书
中国保健用品产业发展报告 No.2
著(编)者：中国保健协会
　　　　国务院国有资产监督管理委员会研究中心
2017年3月出版／估价：198.00元
PSN B-2012-270-1/3

保险蓝皮书
中国保险业竞争力报告（2017）
著(编)者：项俊波　2017年12月出版／估价：99.00元
PSN B-2013-311-1/1

冰雪蓝皮书
中国滑雪产业发展报告（2017）
著(编)者：孙承华　伍斌　魏庆华　张鸿俊
2017年8月出版／估价：89.00元
PSN B-2016-560-1/1

彩票蓝皮书
中国彩票发展报告（2017）
著(编)者：益彩基金　2017年4月出版／估价：98.00元
PSN B-2015-462-1/1

餐饮产业蓝皮书
中国餐饮产业发展报告（2017）
著(编)者：邢颖　2017年6月出版／估价：98.00元
PSN B-2009-151-1/1

测绘地理信息蓝皮书
新常态下的测绘地理信息研究报告（2017）
著(编)者：库热西·买合苏提
2017年12月出版／估价：118.00元
PSN B-2009-145-1/1

茶业蓝皮书
中国茶产业发展报告（2017）
著(编)者：杨江帆　李闽榕　2017年10月出版／估价：88.00元
PSN B-2010-164-1/1

产权市场蓝皮书
中国产权市场发展报告（2016~2017）
著(编)者：曹和平　2017年5月出版／估价：89.00元
PSN B-2009-147-1/1

产业安全蓝皮书
中国出版传媒产业安全报告（2016~2017）
著(编)者：北京印刷学院文化产业安全研究院
2017年3月出版／估价：89.00元
PSN B-2014-384-13/14

产业安全蓝皮书
中国文化产业安全报告（2017）
著(编)者：北京印刷学院文化产业安全研究院
2017年12月出版／估价：89.00元
PSN B-2014-378-12/14

产业安全蓝皮书
中国新媒体产业安全报告（2017）
著(编)者：北京印刷学院文化产业安全研究院
2017年12月出版／估价：89.00元
PSN B-2015-500-14/14

城投蓝皮书
中国城投行业发展报告（2017）
著(编)者：王晨艳　丁伯康　2017年11月出版／估价：300.00元
PSN B-2016-514-1/1

电子政务蓝皮书
中国电子政务发展报告（2016~2017）
著(编)者：李季　杜平　2017年7月出版／估价：89.00元
PSN B-2003-022-1/1

杜仲产业绿皮书
中国杜仲橡胶资源与产业发展报告（2016~2017）
著(编)者：杜红岩　胡文臻　俞锐
2017年1月出版／估价：85.00元
PSN G-2013-350-1/1

房地产蓝皮书
中国房地产发展报告 No.14（2017）
著(编)者：李春华　王业强　2017年5月出版／估价：89.00元
PSN B-2004-028-1/1

服务外包蓝皮书
中国服务外包产业发展报告（2017）
著(编)者：王晓红　刘德军
2017年6月出版／估价：89.00元
PSN B-2013-331-2/2

服务外包蓝皮书
中国服务外包竞争力报告（2017）
著(编)者：王力　刘春生　黄育华
2017年11月出版／估价：85.00元
PSN B-2011-216-1/2

工业和信息化蓝皮书
世界网络安全发展报告（2016~2017）
著(编)者：洪京一　2017年4月出版／估价：89.00元
PSN B-2015-452-5/5

工业和信息化蓝皮书
世界信息化发展报告（2016~2017）
著(编)者：洪京一　2017年4月出版／估价：89.00元
PSN B-2015-451-4/5

皮书系列 2017全品种 — 行业报告类

工业和信息化蓝皮书
世界信息技术产业发展报告（2016~2017）
著(编)者： 洪京一　　2017年4月出版 / 估价：89.00元
PSN B-2015-449-2/5

工业和信息化蓝皮书
移动互联网产业发展报告（2016~2017）
著(编)者： 洪京一　　2017年4月出版 / 估价：89.00元
PSN B-2015-448-1/5

工业和信息化蓝皮书
战略性新兴产业发展报告（2016~2017）
著(编)者： 洪京一　　2017年4月出版 / 估价：89.00元
PSN B-2015-450-3/5

工业设计蓝皮书
中国工业设计发展报告（2017）
著(编)者： 王晓红　于炜　张立群
2017年9月出版 / 估价：138.00元
PSN B-2014-420-1/1

黄金市场蓝皮书
中国商业银行黄金业务发展报告（2016~2017）
著(编)者： 平安银行　　2017年3月出版 / 估价：98.00元
PSN B-2016-525-1/1

互联网金融蓝皮书
中国互联网金融发展报告（2017）
著(编)者： 李东荣　　2017年9月出版 / 估价：128.00元
PSN B-2014-374-1/1

互联网医疗蓝皮书
中国互联网医疗发展报告（2017）
著(编)者： 宫晓东　　2017年9月出版 / 估价：89.00元
PSN B-2016-568-1/1

会展蓝皮书
中外会展业动态评估年度报告（2017）
著(编)者： 张敏　　2017年1月出版 / 估价：88.00元
PSN B-2013-327-1/1

金融监管蓝皮书
中国金融监管报告（2017）
著(编)者： 胡滨　　2017年6月出版 / 估价：89.00元
PSN B-2012-281-1/1

金融蓝皮书
中国金融中心发展报告（2017）
著(编)者： 王力　黄育华　　2017年11月出版 / 估价：85.00元
PSN B-2011-186-6/6

建筑装饰蓝皮书
中国建筑装饰行业发展报告（2017）
著(编)者： 刘晓一　葛顺道　　2017年7月出版 / 估价：198.00元
PSN B-2016-554-1/1

客车蓝皮书
中国客车产业发展报告（2016~2017）
著(编)者： 姚蔚　　2017年10月出版 / 估价：85.00元
PSN B-2013-361-1/1

旅游安全蓝皮书
中国旅游安全报告（2017）
著(编)者： 郑向敏　谢朝武　　2017年5月出版 / 估价：128.00元
PSN B-2012-280-1/1

旅游绿皮书
2016~2017年中国旅游发展分析与预测
著(编)者： 张广瑞　刘德谦　　2017年4月出版 / 估价：89.00元
PSN G-2002-018-1/1

煤炭蓝皮书
中国煤炭工业发展报告（2017）
著(编)者： 岳福斌　　2017年12月出版 / 估价：85.00元
PSN B-2008-123-1/1

民营企业社会责任蓝皮书
中国民营企业社会责任报告（2017）
著(编)者： 中华全国工商业联合会
2017年12月出版 / 估价：89.00元
PSN B-2015-511-1/1

民营医院蓝皮书
中国民营医院发展报告（2017）
著(编)者： 庄一强　　2017年10月出版 / 估价：85.00元
PSN B-2012-299-1/1

闽商蓝皮书
闽商发展报告（2017）
著(编)者： 李闽榕　王日根　林琛
2017年12月出版 / 估价：89.00元
PSN B-2012-298-1/1

能源蓝皮书
中国能源发展报告（2017）
著(编)者： 崔民选　王军生　陈义和
2017年10月出版 / 估价：98.00元
PSN B-2006-049-1/1

农产品流通蓝皮书
中国农产品流通产业发展报告（2017）
著(编)者： 贾敬敦　张东科　张玉玺　张鹏毅　周伟
2017年1月出版 / 估价：89.00元
PSN B-2012-288-1/1

企业公益蓝皮书
中国企业公益研究报告（2017）
著(编)者： 钟宏武　汪杰　顾一　黄晓娟　等
2017年12月出版 / 估价：89.00元
PSN B-2015-501-1/1

企业国际化蓝皮书
中国企业国际化报告（2017）
著(编)者： 王辉耀　　2017年11月出版 / 估价：98.00元
PSN B-2014-427-1/1

企业蓝皮书
中国企业绿色发展报告No.2（2017）
著(编)者： 李红玉　朱光辉　　2017年8月出版 / 估价：89.00元
PSN B-2015-481-2/2

企业社会责任蓝皮书
中国企业社会责任研究报告（2017）
著(编)者： 黄群慧　钟宏武　张蒽　翟利峰
2017年11月出版 / 估价：89.00元
PSN B-2009-149-1/1

汽车安全蓝皮书
中国汽车安全发展报告（2017）
著(编)者： 中国汽车技术研究中心
2017年7月出版 / 估价：89.00元
PSN B-2014-385-1/1

皮书系列 2017全品种

行业报告类

汽车电子商务蓝皮书
中国汽车电子商务发展报告（2017）
著(编)者：中华全国工商业联合会汽车经销商商会
　　　　　北京易观智库网络科技有限公司
2017年10月出版 / 估价：128.00元
PSN B-2015-485-1/1

汽车工业蓝皮书
中国汽车工业发展年度报告（2017）
著(编)者：中国汽车工业协会 中国汽车技术研究中心
　　　　　丰田汽车（中国）投资有限公司
2017年4月出版 / 估价：128.00元
PSN B-2015-463-1/2

汽车工业蓝皮书
中国汽车零部件产业发展报告（2017）
著(编)者：中国汽车工业协会 中国汽车工程研究院
2017年10月出版 / 估价：98.00元
PSN B-2016-515-2/2

汽车蓝皮书
中国汽车产业发展报告（2017）
著(编)者：国务院发展研究中心产业经济研究部
　　　　　中国汽车工程学会 大众汽车集团（中国）
2017年8月出版 / 估价：98.00元
PSN B-2008-124-1/1

人力资源蓝皮书
中国人力资源发展报告（2017）
著(编)者：余兴安　2017年11月出版 / 估价：89.00元
PSN B-2012-287-1/1

融资租赁蓝皮书
中国融资租赁业发展报告（2016~2017）
著(编)者：李光荣 王力　2017年8月出版 / 估价：89.00元
PSN B-2015-443-1/1

商会蓝皮书
中国商会发展报告No.5（2017）
著(编)者：王钦敏　2017年7月出版 / 估价：89.00元
PSN B-2008-125-1/1

输血服务蓝皮书
中国输血行业发展报告（2017）
著(编)者：朱永明 耿鸿武　2016年8月出版 / 估价：89.00元
PSN B-2016-583-1/1

上市公司蓝皮书
中国上市公司社会责任信息披露报告（2017）
著(编)者：张旺 张杨　2017年11月出版 / 估价：89.00元
PSN B-2011-234-1/1

社会责任管理蓝皮书
中国上市公司社会责任能力成熟度报告（2017）No.2
著(编)者：肖红军 王晓光 李伟阳
2017年12月出版 / 估价：98.00元
PSN B-2015-507-2/2

社会责任管理蓝皮书
中国企业公众透明度报告（2017）No.3
著(编)者：黄速建 熊梦 王晓光 肖红军
2017年1月出版 / 估价：98.00元
PSN B-2015-440-1/2

食品药品蓝皮书
食品药品安全与监管政策研究报告（2016~2017）
著(编)者：唐民皓　2017年6月出版 / 估价：89.00元
PSN B-2009-129-1/1

世界能源蓝皮书
世界能源发展报告（2017）
著(编)者：黄晓勇　2017年6月出版 / 估价：99.00元
PSN B-2013-349-1/1

水利风景区蓝皮书
中国水利风景区发展报告（2017）
著(编)者：谢婵才 兰思仁　2017年5月出版 / 估价：89.00元
PSN B-2015-480-1/1

私募市场蓝皮书
中国私募股权市场发展报告（2017）
著(编)者：曹和平　2017年12月出版 / 估价：89.00元
PSN B-2010-162-1/1

碳市场蓝皮书
中国碳市场报告（2017）
著(编)者：定金彪　2017年11月出版 / 估价：89.00元
PSN B-2014-430-1/1

体育蓝皮书
中国体育产业发展报告（2017）
著(编)者：阮伟 钟秉枢　2017年12月出版 / 估价：89.00元
PSN B-2010-179-1/4

网络空间安全蓝皮书
中国网络空间安全发展报告（2017）
著(编)者：惠志斌 唐涛　2017年4月出版 / 估价：89.00元
PSN B-2015-466-1/1

西部金融蓝皮书
中国西部金融发展报告（2017）
著(编)者：李忠民　2017年8月出版 / 估价：85.00元
PSN B-2010-160-1/1

协会商会蓝皮书
中国行业协会商会发展报告（2017）
著(编)者：景朝阳 李勇　2017年4月出版 / 估价：99.00元
PSN B-2015-461-1/1

新能源汽车蓝皮书
中国新能源汽车产业发展报告（2017）
著(编)者：中国汽车技术研究中心
　　　　　日产（中国）投资有限公司 东风汽车有限公司
2017年7月出版 / 估价：98.00元
PSN B-2013-347-1/1

新三板蓝皮书
中国新三板市场发展报告（2017）
著(编)者：王力　2017年6月出版 / 估价：89.00元
PSN B-2016-534-1/1

信托市场蓝皮书
中国信托业市场报告（2016~2017）
著(编)者：用益信托工作室
2017年1月出版 / 估价：198.00元
PSN B-2014-371-1/1

皮书系列 2017全品种
行业报告类

信息化蓝皮书
中国信息化形势分析与预测（2016~2017）
著(编)者：周宏仁　2017年8月出版／估价：98.00元
PSN B-2010-168-1/1

信用蓝皮书
中国信用发展报告（2017）
著(编)者：章政　田侃　2017年4月出版／估价：99.00元
PSN B-2013-328-1/1

休闲绿皮书
2017年中国休闲发展报告
著(编)者：宋瑞　2017年10月出版／估价：89.00元
PSN G-2010-158-1/1

休闲体育蓝皮书
中国休闲体育发展报告（2016～2017）
著(编)者：李相如　钟炳枢　2017年10月出版／估价：89.00元
PSN G-2016-516-1/1

养老金融蓝皮书
中国养老金融发展报告（2017）
著(编)者：董克用　姚余栋
2017年6月出版／估价：89.00元
PSN B-2016-584-1/1

药品流通蓝皮书
中国药品流通行业发展报告（2017）
著(编)者：佘鲁林　温再兴　2017年8月出版／估价：158.00元
PSN B-2014-429-1/1

医院蓝皮书
中国医院竞争力报告（2017）
著(编)者：庄一强　曾益新　2017年3月出版／估价：128.00元
PSN B-2016-529-1/1

医药蓝皮书
中国中医药产业园战略发展报告（2017）
著(编)者：裴长洪　房书亭　吴滁心
2017年8月出版／估价：89.00元
PSN B-2012-305-1/1

邮轮绿皮书
中国邮轮产业发展报告（2017）
著(编)者：汪泓　2017年10月出版／估价：89.00元
PSN G-2014-419-1/1

智能养老蓝皮书
中国智能养老产业发展报告（2017）
著(编)者：朱勇　2017年10月出版／估价：89.00元
PSN B-2015-488-1/1

债券市场蓝皮书
中国债券市场发展报告（2016～2017）
著(编)者：杨农　2017年10月出版／估价：89.00元
PSN B-2016-573-1/1

中国节能汽车蓝皮书
中国节能汽车发展报告（2016~2017）
著(编)者：中国汽车工程研究院股份有限公司
2017年9月出版／估价：98.00元
PSN B-2016-566-1/1

中国上市公司蓝皮书
中国上市公司发展报告（2017）
著(编)者：张平　王宏淼
2017年10月出版／估价：98.00元
PSN B-2014-414-1/1

中国陶瓷产业蓝皮书
中国陶瓷产业发展报告（2017）
著(编)者：左和平　黄速建　2017年10月出版／估价：98.00元
PSN B-2016-574-1/1

中国总部经济蓝皮书
中国总部经济发展报告（2016～2017）
著(编)者：赵弘　2017年9月出版／估价：89.00元
PSN B-2005-036-1/1

中医文化蓝皮书
中国中医药文化传播发展报告（2017）
著(编)者：毛嘉陵　2017年7月出版／估价：89.00元
PSN B-2015-468-1/1

装备制造业蓝皮书
中国装备制造业发展报告（2017）
著(编)者：徐东华　2017年12月出版／估价：148.00元
PSN B-2015-505-1/1

资本市场蓝皮书
中国场外交易市场发展报告（2016～2017）
著(编)者：高峦　2017年3月出版／估价：89.00元
PSN B-2009-153-1/1

资产管理蓝皮书
中国资产管理行业发展报告（2017）
著(编)者：智信资产管理研究院
2017年6月出版／估价：89.00元
PSN B-2014-407-2/2

文化传媒类

传媒竞争力蓝皮书
中国传媒国际竞争力研究报告（2017）
著(编)者：李本乾 刘强
2017年11月出版 / 估价：148.00元
PSN B-2013-356-1/1

传媒蓝皮书
中国传媒产业发展报告（2017）
著(编)者：崔保国　2017年5月出版 / 估价：98.00元
PSN B-2005-035-1/1

传媒投资蓝皮书
中国传媒投资发展报告（2017）
著(编)者：张向东 谭云明
2017年6月出版 / 估价：128.00元
PSN B-2015-474-1/1

动漫蓝皮书
中国动漫产业发展报告（2017）
著(编)者：卢斌 郑玉明 牛兴侦
2017年9月出版 / 估价：89.00元
PSN B-2011-198-1/1

非物质文化遗产蓝皮书
中国非物质文化遗产发展报告（2017）
著(编)者：陈平　2017年5月出版 / 估价：98.00元
PSN B-2015-469-1/1

广电蓝皮书
中国广播电影电视发展报告（2017）
著(编)者：国家新闻出版广电总局发展研究中心
2017年7月出版 / 估价：98.00元
PSN B-2006-072-1/1

广告主蓝皮书
中国广告主营销传播趋势报告 No.9
著(编)者：黄升民 杜国清 邵华冬 等
2017年10月出版 / 估价：148.00元
PSN B-2005-041-1/1

国际传播蓝皮书
中国国际传播发展报告（2017）
著(编)者：胡正荣 李继东 姬德强
2017年11月出版 / 估价：89.00元
PSN B-2014-408-1/1

纪录片蓝皮书
中国纪录片发展报告（2017）
著(编)者：何苏六　2017年9月出版 / 估价：89.00元
PSN B-2011-222-1/1

科学传播蓝皮书
中国科学传播报告（2017）
著(编)者：詹正茂　2017年7月出版 / 估价：89.00元
PSN B-2008-120-1/1

两岸创意经济蓝皮书
两岸创意经济研究报告（2017）
著(编)者：罗昌智 林咏能
2017年10月出版 / 估价：98.00元
PSN B-2014-437-1/1

两岸文化蓝皮书
两岸文化产业合作发展报告（2017）
著(编)者：胡惠林 李保宗　2017年7月出版 / 估价：89.00元
PSN B-2012-285-1/1

媒介与女性蓝皮书
中国媒介与女性发展报告(2016~2017)
著(编)者：刘利群　2017年9月出版 / 估价：118.00元
PSN B-2013-345-1/1

媒体融合蓝皮书
中国媒体融合发展报告（2017）
著(编)者：梅宁华 宋建武　2017年7月出版 / 估价：89.00元
PSN B-2015-479-1/1

全球传媒蓝皮书
全球传媒发展报告（2017）
著(编)者：胡正荣 李继东 唐晓芬
2017年11月出版 / 估价：89.00元
PSN B-2012-237-1/1

少数民族非遗蓝皮书
中国少数民族非物质文化遗产发展报告（2017）
著(编)者：肖远平（彝）柴立（满）
2017年8月出版 / 估价：98.00元
PSN B-2015-467-1/1

视听新媒体蓝皮书
中国视听新媒体发展报告（2017）
著(编)者：国家新闻出版广电总局发展研究中心
2017年7月出版 / 估价：98.00元
PSN B-2011-184-1/1

文化创新蓝皮书
中国文化创新报告（2017）No.7
著(编)者：于平 傅才武　2017年7月出版 / 估价：98.00元
PSN B-2009-143-1/1

文化建设蓝皮书
中国文化发展报告（2016~2017）
著(编)者：江畅 孙伟平 戴茂堂
2017年6月出版 / 估价：116.00元
PSN B-2014-392-1/1

文化科技蓝皮书
文化科技创新发展报告（2017）
著(编)者：于平 李凤亮　2017年11月出版 / 估价：89.00元
PSN B-2013-342-1/1

文化蓝皮书
中国公共文化服务发展报告（2017）
著(编)者：刘新成 张永新 张旭
2017年12月出版 / 估价：98.00元
PSN B-2007-093-2/10

文化蓝皮书
中国公共文化投入增长测评报告（2017）
著(编)者：王亚南　2017年4月出版 / 估价：89.00元
PSN B-2014-435-10/10

文化传媒类

文化蓝皮书
中国少数民族文化发展报告（2016~2017）
著(编)者：武翠英 张晓明 任乌晶
2017年9月出版 / 估价：89.00元
PSN B-2013-369-9/10

文化蓝皮书
中国文化产业发展报告（2016~2017）
著(编)者：张晓明 王家新 章建刚
2017年2月出版 / 估价：89.00元
PSN B-2002-019-1/10

文化蓝皮书
中国文化产业供需协调检测报告（2017）
著(编)者：王亚南 2017年2月出版 / 估价：89.00元
PSN B-2013-323-8/10

文化蓝皮书
中国文化消费需求景气评价报告（2017）
著(编)者：王亚南 2017年4月出版 / 估价：89.00元
PSN B-2011-236-4/10

文化品牌蓝皮书
中国文化品牌发展报告（2017）
著(编)者：欧阳友权 2017年5月出版 / 估价：98.00元
PSN B-2012-277-1/1

文化遗产蓝皮书
中国文化遗产事业发展报告（2017）
著(编)者：苏杨 张颖岚 王宇飞
2017年8月出版 / 估价：98.00元
PSN B-2008-119-1/1

文学蓝皮书
中国文情报告（2016~2017）
著(编)者：白烨 2017年5月出版 / 估价：49.00元
PSN B-2011-221-1/1

新媒体蓝皮书
中国新媒体发展报告No.8（2017）
著(编)者：唐绪军 2017年6月出版 / 估价：89.00元
PSN B-2010-169-1/1

新媒体社会责任蓝皮书
中国新媒体社会责任研究报告（2017）
著(编)者：钟瑛 2017年11月出版 / 估价：89.00元
PSN B-2014-423-1/1

移动互联网蓝皮书
中国移动互联网发展报告（2017）
著(编)者：官建文 2017年6月出版 / 估价：89.00元
PSN B-2012-282-1/1

舆情蓝皮书
中国社会舆情与危机管理报告（2017）
著(编)者：谢耘耕 2017年9月出版 / 估价：128.00元
PSN B-2011-235-1/1

影视风控蓝皮书
中国影视舆情与风控报告（2017）
著(编)者：司若 2017年4月出版 / 估价：138.00元
PSN B-2016-530-1/1

地方发展类

安徽经济蓝皮书
合芜蚌国家自主创新综合示范区研究报告（2016~2017）
著(编)者：王开玉 2017年11月出版 / 估价：89.00元
PSN B-2014-383-1/1

安徽蓝皮书
安徽社会发展报告（2017）
著(编)者：程桦 2017年4月出版 / 估价：89.00元
PSN B-2013-325-1/1

安徽社会建设蓝皮书
安徽社会建设分析报告（2016~2017）
著(编)者：黄家海 王开玉 蔡宪
2016年4月出版 / 估价：89.00元
PSN B-2013-322-1/1

澳门蓝皮书
澳门经济社会发展报告（2016~2017）
著(编)者：吴志良 郝雨凡 2017年6月出版 / 估价：98.00元
PSN B-2009-138-1/1

北京蓝皮书
北京公共服务发展报告（2016~2017）
著(编)者：施昌奎 2017年2月出版 / 估价：89.00元
PSN B-2008-103-7/8

北京蓝皮书
北京经济发展报告（2016~2017）
著(编)者：杨松 2017年6月出版 / 估价：89.00元
PSN B-2006-054-2/8

北京蓝皮书
北京社会发展报告（2016~2017）
著(编)者：李伟东 2017年6月出版 / 估价：89.00元
PSN B-2006-055-3/8

北京蓝皮书
北京社会治理发展报告（2016~2017）
著(编)者：殷星辰 2017年5月出版 / 估价：89.00元
PSN B-2014-391-8/8

北京蓝皮书
北京文化发展报告（2016~2017）
著(编)者：李建盛 2017年4月出版 / 估价：89.00元
PSN B-2007-082-4/8

北京律师绿皮书
北京律师发展报告No.3（2017）
著(编)者：王隽 2017年7月出版 / 估价：88.00元
PSN G-2012-301-1/1

地方发展类 | 皮书系列 2017全品种

北京旅游蓝皮书
北京旅游发展报告（2017）
著(编)者：北京旅游学会　2017年1月出版／估价：88.00元
PSN B-2011-217-1/1

北京人才蓝皮书
北京人才发展报告（2017）
著(编)者：于淼　2017年12月出版／估价：128.00元
PSN B-2011-201-1/1

北京社会心态蓝皮书
北京社会心态分析报告（2016～2017）
著(编)者：北京社会心理研究所
2017年8月出版／估价：89.00元
PSN B-2014-422-1/1

北京社会组织管理蓝皮书
北京社会组织发展与管理（2016～2017）
著(编)者：黄江松　2017年4月出版／估价：88.00元
PSN B-2015-446-1/1

北京体育蓝皮书
北京体育产业发展报告（2016～2017）
著(编)者：钟秉枢　陈杰　杨铁黎
2017年9月出版／估价：89.00元
PSN B-2015-475-1/1

北京养老产业蓝皮书
北京养老产业发展报告（2017）
著(编)者：周明明　冯喜良　2017年8月出版／估价：89.00元
PSN B-2015-465-1/1

滨海金融蓝皮书
滨海新区金融发展报告（2017）
著(编)者：王爱俭　张锐钢　2017年12月出版／估价：89.00元
PSN B-2014-424-1/1

城乡一体化蓝皮书
中国城乡一体化发展报告·北京卷（2016～2017）
著(编)者：张宝秀　黄序　2017年5月出版／估价：89.00元
PSN B-2012-258-2/2

创意城市蓝皮书
北京文化创意产业发展报告（2017）
著(编)者：张京成　王国华　2017年10月出版／估价：89.00元
PSN B-2012-263-1/7

创意城市蓝皮书
青岛文化创意产业发展报告（2017）
著(编)者：马达　张丹妮　2017年8月出版／估价：89.00元
PSN B-2011-235-1/1

创意城市蓝皮书
天津文化创意产业发展报告（2016～2017）
著(编)者：谢思全　2017年6月出版／估价：89.00元
PSN B-2016-537-7/7

创意城市蓝皮书
无锡文化创意产业发展报告（2017）
著(编)者：谭军　张鸣年　2017年10月出版／估价：89.00元
PSN B-2013-346-3/7

创意城市蓝皮书
武汉文化创意产业发展报告（2017）
著(编)者：黄永林　陈汉桥　2017年9月出版／估价：99.00元
PSN B-2013-354-4/7

创意上海蓝皮书
上海文化创意产业发展报告（2016～2017）
著(编)者：王慧敏　王兴全　2017年8月出版／估价：89.00元
PSN B-2016-562-1/1

福建妇女发展蓝皮书
福建省妇女发展报告（2017）
著(编)者：刘群英　2017年11月出版／估价：88.00元
PSN B-2011-220-1/1

福建自贸区蓝皮书
中国（福建）自由贸易实验区发展报告（2016～2017）
著(编)者：黄茂兴　2017年4月出版／估价：108.00元
PSN B-2017-532-1/1

甘肃蓝皮书
甘肃经济发展分析与预测（2017）
著(编)者：朱智文　罗哲　2017年1月出版／估价：89.00元
PSN B-2013-312-1/6

甘肃蓝皮书
甘肃社会发展分析与预测（2017）
著(编)者：安文华　包晓霞　谢增虎
2017年1月出版／估价：89.00元
PSN B-2013-313-2/6

甘肃蓝皮书
甘肃文化发展分析与预测（2017）
著(编)者：安文华　周小华　2017年1月出版／估价：89.00元
PSN B-2013-314-3/6

甘肃蓝皮书
甘肃县域和农村发展报告（2017）
著(编)者：刘进军　柳民　王建兵
2017年1月出版／估价：89.00元
PSN B-2013-316-5/6

甘肃蓝皮书
甘肃舆情分析与预测（2017）
著(编)者：陈双梅　郝树声　2017年1月出版／估价：89.00元
PSN B-2013-315-4/6

甘肃蓝皮书
甘肃商贸流通发展报告（2017）
著(编)者：杨志武　王福生　王晓芳
2017年1月出版／估价：89.00元
PSN B-2016-523-6/6

广东蓝皮书
广东全面深化改革发展报告（2017）
著(编)者：周林生　涂成林　2017年12月出版／估价：89.00元
PSN B-2015-504-3/3

广东蓝皮书
广东社会工作发展报告（2017）
著(编)者：罗观翠　2017年6月出版／估价：89.00元
PSN B-2014-402-2/3

广东蓝皮书
广东省电子商务发展报告（2017）
著(编)者：程晓　邓顺国　2017年7月出版／估价：89.00元
PSN B-2013-360-1/3

皮书系列 2017全品种 — 地方发展类

广东社会建设蓝皮书
广东省社会建设发展报告（2017）
著（编）者：广东省社会工作委员会
2017年12月出版 / 估价：99.00元
PSN B-2014-436-1/1

广东外经贸蓝皮书
广东对外经济贸易发展研究报告（2016~2017）
著（编）者：陈万灵　2017年8月出版 / 估价：98.00元
PSN B-2012-286-1/1

广西北部湾经济区蓝皮书
广西北部湾经济区开放开发报告（2017）
著（编）者：广西北部湾经济区规划建设管理委员会办公室　广西社会科学院广西北部湾发展研究院
2017年2月出版 / 估价：89.00元
PSN B-2010-181-1/1

巩义蓝皮书
巩义经济社会发展报告（2017）
著（编）者：丁同民　朱军　2017年4月出版 / 估价：58.00元
PSN B-2016-533-1/1

广州蓝皮书
2017年中国广州经济形势分析与预测
著（编）者：庾建设　陈浩钿　谢博能
2017年7月出版 / 估价：85.00元
PSN B-2011-185-9/14

广州蓝皮书
2017年中国广州社会形势分析与预测
著（编）者：张强　陈怡霓　杨秦　2017年6月出版 / 估价：85.00元
PSN B-2008-110-5/14

广州蓝皮书
广州城市国际化发展报告（2017）
著（编）者：朱名宏　2017年8月出版 / 估价：79.00元
PSN B-2012-246-11/14

广州蓝皮书
广州创新型城市发展报告（2017）
著（编）者：尹涛　2017年7月出版 / 估价：79.00元
PSN B-2012-247-12/14

广州蓝皮书
广州经济发展报告（2017）
著（编）者：朱名宏　2017年7月出版 / 估价：79.00元
PSN B-2005-040-1/14

广州蓝皮书
广州农村发展报告（2017）
著（编）者：朱名宏　2017年8月出版 / 估价：79.00元
PSN B-2010-167-8/14

广州蓝皮书
广州汽车产业发展报告（2017）
著（编）者：杨再高　冯兴亚　2017年7月出版 / 估价：79.00元
PSN B-2006-066-3/14

广州蓝皮书
广州青年发展报告（2016~2017）
著（编）者：徐柳　张强　2017年9月出版 / 估价：79.00元
PSN B-2013-352-13/14

广州蓝皮书
广州商贸业发展报告（2017）
著（编）者：李江涛　肖振宇　荀振英
2017年7月出版 / 估价：79.00元
PSN B-2012-245-10/14

广州蓝皮书
广州社会保障发展报告（2017）
著（编）者：蔡国萱　2017年8月出版 / 估价：79.00元
PSN B-2014-425-14/14

广州蓝皮书
广州文化创意产业发展报告（2017）
著（编）者：徐咏虹　2017年7月出版 / 估价：79.00元
PSN B-2008-111-6/14

广州蓝皮书
中国广州城市建设与管理发展报告（2017）
著（编）者：董皞　陈小钢　李江涛
2017年7月出版 / 估价：85.00元
PSN B-2007-087-4/14

广州蓝皮书
中国广州科技创新发展报告（2017）
著（编）者：邹采荣　马正勇　陈爽
2017年7月出版 / 估价：79.00元
PSN B-2006-065-2/14

广州蓝皮书
中国广州文化发展报告（2017）
著（编）者：徐俊忠　陆志强　顾涧清
2017年7月出版 / 估价：79.00元
PSN B-2009-134-7/14

贵阳蓝皮书
贵阳城市创新发展报告No.2（白云篇）
著（编）者：连玉明　2017年10月出版 / 估价：89.00元
PSN B-2015-491-3/10

贵阳蓝皮书
贵阳城市创新发展报告No.2（观山湖篇）
著（编）者：连玉明　2017年10月出版 / 估价：89.00元
PSN B-2011-235-1/1

贵阳蓝皮书
贵阳城市创新发展报告No.2（花溪篇）
著（编）者：连玉明　2017年10月出版 / 估价：89.00元
PSN B-2015-490-2/10

贵阳蓝皮书
贵阳城市创新发展报告No.2（开阳篇）
著（编）者：连玉明　2017年10月出版 / 估价：89.00元
PSN B-2015-492-4/10

贵阳蓝皮书
贵阳城市创新发展报告No.2（南明篇）
著（编）者：连玉明　2017年10月出版 / 估价：89.00元
PSN B-2015-496-8/10

贵阳蓝皮书
贵阳城市创新发展报告No.2（清镇篇）
著（编）者：连玉明　2017年10月出版 / 估价：89.00元
PSN B-2015-489-1/10

地方发展类

皮书系列 2017全品种

贵阳蓝皮书
贵阳城市创新发展报告No.2（乌当篇）
著(编)者：连玉明　2017年10月出版 / 估价：89.00元
PSN B-2015-495-7/10

贵阳蓝皮书
贵阳城市创新发展报告No.2（息烽篇）
著(编)者：连玉明　2017年10月出版 / 估价：89.00元
PSN B-2015-493-5/10

贵阳蓝皮书
贵阳城市创新发展报告No.2（修文篇）
著(编)者：连玉明　2017年10月出版 / 估价：89.00元
PSN B-2015-494-6/10

贵阳蓝皮书
贵阳城市创新发展报告No.2（云岩篇）
著(编)者：连玉明　2017年10月出版 / 估价：89.00元
PSN B-2015-498-10/10

贵州房地产蓝皮书
贵州房地产发展报告No.4（2017）
著(编)者：武廷方　2017年7月出版 / 估价：89.00元
PSN B-2014-426-1/1

贵州蓝皮书
贵州册亨经济社会发展报告(2017)
著(编)者：黄德林　2017年3月出版 / 估价：89.00元
PSN B-2016-526-8/9

贵州蓝皮书
贵安新区发展报告（2016~2017）
著(编)者：马长青 吴大华　2017年6月出版 / 估价：89.00元
PSN B-2015-459-4/9

贵州蓝皮书
贵州法治发展报告（2017）
著(编)者：吴大华　2017年5月出版 / 估价：89.00元
PSN B-2012-254-2/9

贵州蓝皮书
贵州国有企业社会责任发展报告（2016~2017）
著(编)者：郭丽 周航 万勇
2017年12月出版 / 估价：89.00元
PSN B-2015-512-6/9

贵州蓝皮书
贵州民航业发展报告（2017）
著(编)者：申振东 吴大华　2017年10月出版 / 估价：89.00元
PSN B-2015-471-5/9

贵州蓝皮书
贵州民营经济发展报告（2017）
著(编)者：杨静 吴大华　2017年3月出版 / 估价：89.00元
PSN B-2016-531-9/9

贵州蓝皮书
贵州人才发展报告（2017）
著(编)者：于杰 吴大华　2017年9月出版 / 估价：89.00元
PSN B-2014-382-3/9

贵州蓝皮书
贵州社会发展报告（2017）
著(编)者：王兴骥　2017年6月出版 / 估价：89.00元
PSN B-2010-166-1/9

贵州蓝皮书
贵州国家级开放创新平台发展报告（2017）
著(编)者：申晓庆 吴大华 李泓
2017年6月出版 / 估价：89.00元
PSN B-2016-518-1/9

海淀蓝皮书
海淀区文化和科技融合发展报告（2017）
著(编)者：陈名杰 孟景伟　2017年5月出版 / 估价：85.00元
PSN B-2013-329-1/1

杭州都市圈蓝皮书
杭州都市圈发展报告（2017）
著(编)者：沈翔 戚建国　2017年5月出版 / 估价：128.00元
PSN B-2012-302-1/1

杭州蓝皮书
杭州妇女发展报告（2017）
著(编)者：魏颖　2017年6月出版 / 估价：89.00元
PSN B-2014-403-1/1

河北经济蓝皮书
河北省经济发展报告（2017）
著(编)者：马树强 金浩 张贵
2017年4月出版 / 估价：89.00元
PSN B-2014-380-1/1

河北蓝皮书
河北经济社会发展报告（2017）
著(编)者：郭金平　2017年1月出版 / 估价：89.00元
PSN B-2014-372-1/1

河北食品药品安全蓝皮书
河北食品药品安全研究报告（2017）
著(编)者：丁锦霞　2017年6月出版 / 估价：89.00元
PSN B-2015-473-1/1

河南经济蓝皮书
2017年河南经济形势分析与预测
著(编)者：胡五岳　2017年2月出版 / 估价：89.00元
PSN B-2007-086-1/1

河南蓝皮书
2017年河南社会形势分析与预测
著(编)者：刘道兴 牛苏林　2017年4月出版 / 估价89.00元
PSN B-2005-043-1/8

河南蓝皮书
河南城市发展报告（2017）
著(编)者：张占仓 王建国　2017年5月出版 / 估价：89.00元
PSN B-2009-131-3/8

河南蓝皮书
河南法治发展报告（2017）
著(编)者：丁同民 张林海　2017年5月出版 / 估价：89.00元
PSN B-2014-376-6/8

河南蓝皮书
河南工业发展报告（2017）
著(编)者：张占仓 丁同民　2017年5月出版 / 估价：89.00元
PSN B-2013-317-5/8

河南蓝皮书
河南金融发展报告（2017）
著(编)者：河南省社会科学院
2017年6月出版 / 估价：89.00元
PSN B-2014-390-7/8

皮书系列 重点推荐 — 地方发展类

河南蓝皮书
河南经济发展报告（2017）
著(编)者：张占仓　2017年3月出版／估价：89.00元
PSN B-2010-157-4/8

河南蓝皮书
河南农业农村发展报告（2017）
著(编)者：吴海峰　2017年4月出版／估价：89.00元
PSN B-2015-445-8/8

河南蓝皮书
河南文化发展报告（2017）
著(编)者：卫绍生　2017年3月出版／估价：88.00元
PSN B-2008-106-2/8

河南商务蓝皮书
河南商务发展报告（2017）
著(编)者：焦锦淼　穆荣国　2017年6月出版／估价：88.00元
PSN B-2014-399-1/1

黑龙江蓝皮书
黑龙江经济发展报告（2017）
著(编)者：朱宇　2017年1月出版／估价：89.00元
PSN B-2011-190-2/2

黑龙江蓝皮书
黑龙江社会发展报告（2017）
著(编)者：谢宝禄　2017年1月出版／估价：89.00元
PSN B-2011-189-1/2

湖北文化蓝皮书
湖北文化发展报告（2017）
著(编)者：吴成国　2017年10月出版／估价：95.00元
PSN B-2016-567-1/1

湖南城市蓝皮书
区域城市群整合
著(编)者：童中贤　韩未名
2017年12月出版／估价：89.00元
PSN B-2006-064-1/1

湖南蓝皮书
2017年湖南产业发展报告
著(编)者：梁志峰　2017年5月出版／估价：128.00元
PSN B-2011-207-2/8

湖南蓝皮书
2017年湖南电子政务发展报告
著(编)者：梁志峰　2017年5月出版／估价：128.00元
PSN B-2014-394-6/8

湖南蓝皮书
2017年湖南经济展望
著(编)者：梁志峰　2017年5月出版／估价：128.00元
PSN B-2011-206-1/8

湖南蓝皮书
2017年湖南两型社会与生态文明发展报告
著(编)者：梁志峰　2017年5月出版／估价：128.00元
PSN B-2011-208-3/8

湖南蓝皮书
2017年湖南社会发展报告
著(编)者：梁志峰　2017年5月出版／估价：128.00元
PSN B-2014-393-5/8

湖南蓝皮书
2017年湖南县域经济社会发展报告
著(编)者：梁志峰　2017年5月出版／估价：128.00元
PSN B-2014-395-7/8

湖南蓝皮书
湖南城乡一体化发展报告（2017）
著(编)者：陈文胜　王文强　陆福兴　邝奕轩
2017年6月出版／估价：89.00元
PSN B-2015-477-8/8

湖南县域绿皮书
湖南县域发展报告 No.3
著(编)者：袁准　周小毛　2017年9月出版／估价：89.00元
PSN G-2012-274-1/1

沪港蓝皮书
沪港发展报告（2017）
著(编)者：尤安山　2017年9月出版／估价：89.00元
PSN B-2013-362-1/1

吉林蓝皮书
2017年吉林经济社会形势分析与预测
著(编)者：马克　2015年12月出版／估价：89.00元
PSN B-2013-319-1/1

吉林省城市竞争力蓝皮书
吉林省城市竞争力报告（2017）
著(编)者：崔岳春　张磊　2017年3月出版／估价：89.00元
PSN B-2015-508-1/1

济源蓝皮书
济源经济社会发展报告（2017）
著(编)者：喻新安　2017年4月出版／估价：89.00元
PSN B-2014-387-1/1

健康城市蓝皮书
北京健康城市建设研究报告（2017）
著(编)者：王鸿春　2017年8月出版／估价：89.00元
PSN B-2015-460-1/2

江苏法治蓝皮书
江苏法治发展报告 No.6（2017）
著(编)者：蔡道通　龚廷泰　2017年8月出版／估价：98.00元
PSN B-2012-290-1/1

江西蓝皮书
江西经济社会发展报告（2017）
著(编)者：张勇　姜玮　邓玲　2017年10月出版／估价：89.00元
PSN B-2015-484-1/2

江西蓝皮书
江西设区市发展报告（2017）
著(编)者：姜玮　梁勇　2017年10月出版／估价：79.00元
PSN B-2016-517-2/2

江西文化蓝皮书
江西文化产业发展报告（2017）
著(编)者：张圣才　汪春翔
2017年10月出版／估价：128.00元
PSN B-2015-499-1/1

地方发展类 | 皮书系列 重点推荐

街道蓝皮书
北京街道发展报告No.2（白纸坊篇）
著(编)者：连玉明　2017年8月出版 / 估价：98.00元
PSN B-2016-544-7/15

街道蓝皮书
北京街道发展报告No.2（椿树篇）
著(编)者：连玉明　2017年8月出版 / 估价：98.00元
PSN B-2016-548-11/15

街道蓝皮书
北京街道发展报告No.2（大栅栏篇）
著(编)者：连玉明　2017年8月出版 / 估价：98.00元
PSN B-2016-552-15/15

街道蓝皮书
北京街道发展报告No.2（德胜篇）
著(编)者：连玉明　2017年8月出版 / 估价：98.00元
PSN B-2016-551-14/15

街道蓝皮书
北京街道发展报告No.2（广安门内篇）
著(编)者：连玉明　2017年8月出版 / 估价：98.00元
PSN B-2016-540-3/15

街道蓝皮书
北京街道发展报告No.2（广安门外篇）
著(编)者：连玉明　2017年8月出版 / 估价：98.00元
PSN B-2016-547-10/15

街道蓝皮书
北京街道发展报告No.2（金融街篇）
著(编)者：连玉明　2017年8月出版 / 估价：98.00元
PSN B-2016-538-1/15

街道蓝皮书
北京街道发展报告No.2（牛街篇）
著(编)者：连玉明　2017年8月出版 / 估价：98.00元
PSN B-2016-545-8/15

街道蓝皮书
北京街道发展报告No.2（什刹海篇）
著(编)者：连玉明　2017年8月出版 / 估价：98.00元
PSN B-2016-546-9/15

街道蓝皮书
北京街道发展报告No.2（陶然亭篇）
著(编)者：连玉明　2017年8月出版 / 估价：98.00元
PSN B-2016-542-5/15

街道蓝皮书
北京街道发展报告No.2（天桥篇）
著(编)者：连玉明　2017年8月出版 / 估价：98.00元
PSN B-2016-549-12/15

街道蓝皮书
北京街道发展报告No.2（西长安街篇）
著(编)者：连玉明　2017年8月出版 / 估价：98.00元
PSN B-2016-543-6/15

街道蓝皮书
北京街道发展报告No.2（新街口篇）
著(编)者：连玉明　2017年8月出版 / 估价：98.00元
PSN B-2016-541-4/15

街道蓝皮书
北京街道发展报告No.2（月坛篇）
著(编)者：连玉明　2017年8月出版 / 估价：98.00元
PSN B-2016-539-2/15

街道蓝皮书
北京街道发展报告No.2（展览路篇）
著(编)者：连玉明　2017年8月出版 / 估价：98.00元
PSN B-2016-550-13/15

经济特区蓝皮书
中国经济特区发展报告（2017）
著(编)者：陶一桃　2017年12月出版 / 估价：98.00元
PSN B-2009-139-1/1

辽宁蓝皮书
2017年辽宁经济社会形势分析与预测
著(编)者：曹晓峰　梁启东
2017年1月出版 / 估价：79.00元
PSN B-2006-053-1/1

洛阳蓝皮书
洛阳文化发展报告（2017）
著(编)者：刘福兴　陈启明　2017年7月出版 / 估价：89.00元
PSN B-2015-476-1/1

南京蓝皮书
南京文化发展报告（2017）
著(编)者：徐宁　2017年10月出版 / 估价：89.00元
PSN B-2014-439-1/1

南宁蓝皮书
南宁经济发展报告（2017）
著(编)者：胡建华　2017年9月出版 / 估价：79.00元
PSN B-2016-570-2/3

南宁蓝皮书
南宁社会发展报告（2017）
著(编)者：胡建华　2017年9月出版 / 估价：79.00元
PSN B-2016-571-3/3

内蒙古蓝皮书
内蒙古反腐倡廉建设报告 No.2
著(编)者：张志华　无极　2017年12月出版 / 估价：79.00元
PSN B-2013-365-1/1

浦东新区蓝皮书
上海浦东经济发展报告（2017）
著(编)者：沈开艳　周奇　2017年1月出版 / 估价：89.00元
PSN B-2011-225-1/1

青海蓝皮书
2017年青海经济社会形势分析与预测
著(编)者：陈玮　2015年12月出版 / 估价：79.00元
PSN B-2012-275-1/1

人口与健康蓝皮书
深圳人口与健康发展报告（2017）
著(编)者：陆杰华　罗乐宣　苏杨
2017年11月出版 / 估价：89.00元
PSN B-2011-228-1/1

皮书系列重点推荐 — 地方发展类

山东蓝皮书
山东经济形势分析与预测（2017）
著(编)者：李广杰　　2017年7月出版／估价：89.00元
PSN B-2014-404-1/4

山东蓝皮书
山东社会形势分析与预测（2017）
著(编)者：张华　唐洲雁　　2017年6月出版／估价：89.00元
PSN B-2014-405-2/4

山东蓝皮书
山东文化发展报告（2017）
著(编)者：涂可国　　2017年11月出版／估价：98.00元
PSN B-2014-406-3/4

山西蓝皮书
山西资源型经济转型发展报告（2017）
著(编)者：李志强　　2017年7月出版／估价：89.00元
PSN B-2011-197-1/1

陕西蓝皮书
陕西经济发展报告（2017）
著(编)者：任宗哲　白宽犁　裴成荣
2015年12月出版／估价：89.00元
PSN B-2009-135-1/5

陕西蓝皮书
陕西社会发展报告（2017）
著(编)者：任宗哲　白宽犁　牛昉
2015年12月出版／估价：89.00元
PSN B-2009-136-2/5

陕西蓝皮书
陕西文化发展报告（2017）
著(编)者：任宗哲　白宽犁　王长寿
2015年12月出版／估价：89.00元
PSN B-2009-137-3/5

上海蓝皮书
上海传媒发展报告（2017）
著(编)者：强荧　焦雨虹　　2017年1月出版／估价：89.00元
PSN B-2012-295-5/7

上海蓝皮书
上海法治发展报告（2017）
著(编)者：叶青　　2017年6月出版／估价：89.00元
PSN B-2012-296-6/7

上海蓝皮书
上海经济发展报告（2017）
著(编)者：沈开艳　　2017年1月出版／估价：89.00元
PSN B-2006-057-1/7

上海蓝皮书
上海社会发展报告（2017）
著(编)者：杨雄　周海旺　　2017年1月出版／估价：89.00元
PSN B-2006-058-2/7

上海蓝皮书
上海文化发展报告（2017）
著(编)者：荣跃明　　2017年1月出版／估价：89.00元
PSN B-2006-059-3/7

上海蓝皮书
上海文学发展报告（2017）
著(编)者：陈圣来　　2017年6月出版／估价：89.00元
PSN B-2012-297-7/7

上海蓝皮书
上海资源环境发展报告（2017）
著(编)者：周冯琦　汤庆合　任文伟
2017年1月出版／估价：89.00元
PSN B-2006-060-4/7

社会建设蓝皮书
2017年北京社会建设分析报告
著(编)者：宋贵伦　冯虹　　2017年10月出版／估价：89.00元
PSN B-2010-173-1/1

深圳蓝皮书
深圳法治发展报告（2017）
著(编)者：张骁儒　　2017年6月出版／估价：89.00元
PSN B-2015-470-6/7

深圳蓝皮书
深圳经济发展报告（2017）
著(编)者：张骁儒　　2017年7月出版／估价：89.00元
PSN B-2008-112-3/7

深圳蓝皮书
深圳劳动关系发展报告（2017）
著(编)者：汤庭芬　　2017年6月出版／估价：89.00元
PSN B-2007-097-2/7

深圳蓝皮书
深圳社会建设与发展报告（2017）
著(编)者：张骁儒　陈东平　　2017年7月出版／估价：89.00元
PSN B-2008-113-4/7

深圳蓝皮书
深圳文化发展报告(2017)
著(编)者：张骁儒　　2017年7月出版／估价：89.00元
PSN B-2016-555-7/7

四川法治蓝皮书
丝绸之路经济带发展报告（2016~2017）
著(编)者：任宗哲　白宽犁　谷孟宾
2017年12月出版／估价：85.00元
PSN B-2014-410-1/1

四川法治蓝皮书
四川依法治省年度报告No.3（2017）
著(编)者：李林　杨天宗　田禾
2017年3月出版／估价：108.00元
PSN B-2015-447-1/1

四川蓝皮书
2017年四川经济形势分析与预测
著(编)者：杨钢　　2017年1月出版／估价：98.00元
PSN B-2007-098-2/7

四川蓝皮书
四川城镇化发展报告（2017）
著(编)者：侯水平　陈炜　　2017年4月出版／估价：85.00元
PSN B-2015-456-7/7

皮书系列重点推荐 — 地方发展类・国际问题类

四川蓝皮书
四川法治发展报告（2017）
著（编）者：郑泰安　2017年1月出版 / 估价：89.00元
PSN B-2015-441-5/7

四川蓝皮书
四川企业社会责任研究报告（2016~2017）
著（编）者：侯永平　盛毅　翟刚
2017年4月出版 / 估价：89.00元
PSN B-2014-386-4/7

四川蓝皮书
四川社会发展报告（2017）
著（编）者：李羚　2017年5月出版 / 估价：89.00元
PSN B-2008-127-3/7

四川蓝皮书
四川生态建设报告（2017）
著（编）者：李晟之　2017年4月出版 / 估价：85.00元
PSN B-2015-455-6/7

四川蓝皮书
四川文化产业发展报告（2017）
著（编）者：向宝云　张立伟
2017年4月出版 / 估价：89.00元
PSN B-2006-074-1/7

体育蓝皮书
上海体育产业发展报告（2016~2017）
著（编）者：张林　黄海燕
2017年10月出版 / 估价：89.00元
PSN B-2015-454-4/4

体育蓝皮书
长三角地区体育产业发展报告（2016~2017）
著（编）者：张林　2017年4月出版 / 估价：89.00元
PSN B-2015-453-3/4

天津金融蓝皮书
天津金融发展报告（2017）
著（编）者：王爱俭　孔德昌
2017年12月出版 / 估价：98.00元
PSN B-2014-418-1/1

图们江区域合作蓝皮书
图们江区域合作发展报告（2017）
著（编）者：李铁　2017年6月出版 / 估价：98.00元
PSN B-2015-464-1/1

温州蓝皮书
2017年温州经济社会形势分析与预测
著（编）者：潘忠强　王春光　金浩
2017年4月出版 / 估价：89.00元
PSN B-2008-105-1/1

西咸新区蓝皮书
西咸新区发展报告（2016~2017）
著（编）者：李扬　王军　2017年6月出版 / 估价：89.00元
PSN B-2016-535-1/1

扬州蓝皮书
扬州经济社会发展报告（2017）
著（编）者：丁纯　2017年12月出版 / 估价：98.00元
PSN B-2011-191-1/1

长株潭城市群蓝皮书
长株潭城市群发展报告（2017）
著（编）者：张萍　2017年12月出版 / 估价：89.00元
PSN B-2008-109-1/1

中医文化蓝皮书
北京中医文化传播发展报告（2017）
著（编）者：毛嘉陵　2017年5月出版 / 估价：79.00元
PSN B-2015-468-1/2

珠三角流通蓝皮书
珠三角商圈发展研究报告（2017）
著（编）者：王先庆　林至颖
2017年7月出版 / 估价：98.00元
PSN B-2012-292-1/1

遵义蓝皮书
遵义发展报告（2017）
著（编）者：曾征　龚永育　雍思强
2017年12月出版 / 估价：89.00元
PSN B-2014-433-1/1

国际问题类

"一带一路"跨境通道蓝皮书
"一带一路"跨境通道建设研究报告（2017）
著（编）者：郭业洲　2017年8月出版 / 估价：89.00元
PSN B-2016-558-1/1

"一带一路"蓝皮书
"一带一路"建设发展报告（2017）
著（编）者：孔丹　李永全　2017年7月出版 / 估价：89.00元
PSN B-2016-553-1/1

阿拉伯黄皮书
阿拉伯发展报告（2016~2017）
著（编）者：罗林　2017年11月出版 / 估价：89.00元
PSN Y-2014-381-1/1

北部湾蓝皮书
泛北部湾合作发展报告（2017）
著（编）者：吕余生　2017年12月出版 / 估价：85.00元
PSN B-2008-114-1/1

大湄公河次区域蓝皮书
大湄公河次区域合作发展报告（2017）
著（编）者：刘稚　2017年8月出版 / 估价：89.00元
PSN B-2011-196-1/1

大洋洲蓝皮书
大洋洲发展报告（2017）
著（编）者：喻常森　2017年10月出版 / 估价：89.00元
PSN B-2013-341-1/1

皮书系列重点推荐 — 国际问题类

德国蓝皮书
德国发展报告（2017）
著(编)者：郑春荣　　2017年6月出版 / 估价：89.00元
PSN B-2012-278-1/1

东盟黄皮书
东盟发展报告（2017）
著(编)者：杨晓强　庄国土
2017年3月出版 / 估价：89.00元
PSN Y-2012-303-1/1

东南亚蓝皮书
东南亚地区发展报告（2016～2017）
著(编)者：厦门大学东南亚研究中心　王勤
2017年12月出版 / 估价：89.00元
PSN B-2012-240-1/1

俄罗斯黄皮书
俄罗斯发展报告（2017）
著(编)者：李永全　　2017年7月出版 / 估价：89.00元
PSN Y-2006-061-1/1

非洲黄皮书
非洲发展报告 No.19（2016～2017）
著(编)者：张宏明　　2017年8月出版 / 估价：89.00元
PSN Y-2012-239-1/1

公共外交蓝皮书
中国公共外交发展报告（2017）
著(编)者：赵启正　雷蔚真
2017年4月出版 / 估价：89.00元
PSN B-2015-457-1/1

国际安全蓝皮书
中国国际安全研究报告（2017）
著(编)者：刘慧　　2017年7月出版 / 估价：98.00元
PSN B-2016-522-1/1

国际形势黄皮书
全球政治与安全报告（2017）
著(编)者：李慎明　张宇燕
2016年12月出版 / 估价：89.00元
PSN Y-2001-016-1/1

韩国蓝皮书
韩国发展报告（2017）
著(编)者：牛林杰　刘宝全
2017年11月出版 / 估价：89.00元
PSN B-2010-155-1/1

加拿大蓝皮书
加拿大发展报告（2017）
著(编)者：仲伟合　　2017年9月出版 / 估价：89.00元
PSN B-2014-389-1/1

拉美黄皮书
拉丁美洲和加勒比发展报告（2016～2017）
著(编)者：吴白乙　　2017年6月出版 / 估价：89.00元
PSN Y-1999-007-1/1

美国蓝皮书
美国研究报告（2017）
著(编)者：郑秉文　黄平　　2017年6月出版 / 估价：89.00元
PSN B-2011-210-1/1

缅甸蓝皮书
缅甸国情报告（2017）
著(编)者：李晨阳　　2017年12月出版 / 估价：86.00元
PSN B-2013-343-1/1

欧洲蓝皮书
欧洲发展报告（2016～2017）
著(编)者：黄平　周弘　江时学
2017年6月出版 / 估价：89.00元
PSN B-1999-009-1/1

葡语国家蓝皮书
葡语国家发展报告（2017）
著(编)者：王成安　张敏　　2017年12月出版 / 估价：89.00元
PSN B-2015-503-1/1

葡语国家蓝皮书
中国与葡语国家关系发展报告·巴西（2017）
著(编)者：张曙光　　2017年8月出版 / 估价：89.00元
PSN B-2016-564-2/2

日本经济蓝皮书
日本经济与中日经贸关系研究报告（2017）
著(编)者：张季风　　2017年5月出版 / 估价：89.00元
PSN B-2008-102-1/1

日本蓝皮书
日本研究报告（2017）
著(编)者：杨柏江　　2017年5月出版 / 估价：89.00元
PSN B-2002-020-1/1

上海合作组织黄皮书
上海合作组织发展报告（2017）
著(编)者：李进峰　吴宏伟　李少捷
2017年6月出版 / 估价：89.00元
PSN Y-2009-130-1/1

世界创新竞争力黄皮书
世界创新竞争力发展报告（2017）
著(编)者：李闽榕　李建平　赵新力
2017年1月出版 / 估价：148.00元
PSN Y-2013-318-1/1

泰国蓝皮书
泰国研究报告（2017）
著(编)者：庄国土　张禹东
2017年8月出版 / 估价：118.00元
PSN B-2016-557-1/1

土耳其蓝皮书
土耳其发展报告（2017）
著(编)者：郭长刚　刘义　　2017年9月出版 / 估价：89.00元
PSN B-2014-412-1/1

亚太蓝皮书
亚太地区发展报告（2017）
著(编)者：李向阳　　2017年3月出版 / 估价：89.00元
PSN B-2001-015-1/1

印度蓝皮书
印度国情报告（2017）
著(编)者：吕昭义　　2017年12月出版 / 估价：89.00元
PSN B-2012-241-1/1

国际问题类 — 皮书系列重点推荐

印度洋地区蓝皮书
印度洋地区发展报告（2017）
著(编)者：汪戎　2017年6月出版／估价：89.00元
PSN B-2013-334-1/1

英国蓝皮书
英国发展报告（2016～2017）
著(编)者：王展鹏　2017年11月出版／估价：89.00元
PSN B-2015-486-1/1

越南蓝皮书
越南国情报告（2017）
著(编)者：广西社会科学院　罗梅　李碧华
2017年12月出版　估价：89.00元
PSN B-2006-056-1/1

以色列蓝皮书
以色列发展报告（2017）
著(编)者：张倩红　2017年8月出版／估价：89.00元
PSN B-2015-483-1/1

伊朗蓝皮书
伊朗发展报告（2017）
著(编)者：冀开运　2017年10月出版／估价：89.00元
PSN B-2016-575-1/1

中东黄皮书
中东发展报告 No.19（2016～2017）
著(编)者：杨光　2017年10月出版／估价：89.00元
PSN Y-1998-004-1/1

中亚黄皮书
中亚国家发展报告（2017）
著(编)者：孙力　吴宏伟　2017年7月出版／估价：98.00元
PSN Y-2012-238-1/1

　　皮书序列号是社会科学文献出版社专门为识别皮书、管理皮书而设计的编号。皮书序列号是出版皮书的许可证号，是区别皮书与其他图书的重要标志。

　　它由一个前缀和四部分构成。这四部分之间用连字符"-"连接。前缀和这四部分之间空半个汉字（见示例）。

《国际人才蓝皮书：中国留学发展报告》序列号示例

　　从示例中可以看出，《国际人才蓝皮书：中国留学发展报告》的首次出版年份是2012年，是社科文献出版社出版的第244个皮书品种，是"国际人才蓝皮书"系列的第2个品种（共4个品种）。

社会科学文献出版社　　皮书系列

❖ 皮书起源 ❖

"皮书"起源于十七、十八世纪的英国，主要指官方或社会组织正式发表的重要文件或报告，多以"白皮书"命名。在中国，"皮书"这一概念被社会广泛接受，并被成功运作、发展成为一种全新的出版形态，则源于中国社会科学院社会科学文献出版社。

❖ 皮书定义 ❖

皮书是对中国与世界发展状况和热点问题进行年度监测，以专业的角度、专家的视野和实证研究方法，针对某一领域或区域现状与发展态势展开分析和预测，具备原创性、实证性、专业性、连续性、前沿性、时效性等特点的公开出版物，由一系列权威研究报告组成。

❖ 皮书作者 ❖

皮书系列的作者以中国社会科学院、著名高校、地方社会科学院的研究人员为主，多为国内一流研究机构的权威专家学者，他们的看法和观点代表了学界对中国与世界的现实和未来最高水平的解读与分析。

❖ 皮书荣誉 ❖

皮书系列已成为社会科学文献出版社的著名图书品牌和中国社会科学院的知名学术品牌。2016年，皮书系列正式列入"十三五"国家重点出版规划项目；2012~2016年，重点皮书列入中国社会科学院承担的国家哲学社会科学创新工程项目；2017年，55种院外皮书使用"中国社会科学院创新工程学术出版项目"标识。

中国皮书网
www.pishu.cn

发布皮书研创资讯，传播皮书精彩内容
引领皮书出版潮流，打造皮书服务平台

栏目设置

关于皮书：何谓皮书、皮书分类、皮书大事记、皮书荣誉、
　　　　　皮书出版第一人、皮书编辑部
最新资讯：通知公告、新闻动态、媒体聚焦、网站专题、视频直播、下载专区
皮书研创：皮书规范、皮书选题、皮书出版、皮书研究、研创团队
皮书评奖评价：指标体系、皮书评价、皮书评奖
互动专区：皮书说、皮书智库、皮书微博、数据库微博

所获荣誉

2008年、2011年，中国皮书网均在全国新闻出版业网站荣誉评选中获得"最具商业价值网站"称号；

2012年，获得"出版业网站百强"称号。

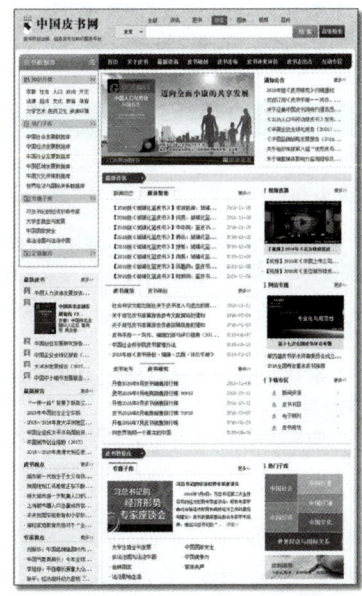

网库合一

2014年，中国皮书网与皮书数据库端口合一，实现资源共享。更多详情请登录www.pishu.cn。

权威报告·热点资讯·特色资源

皮书数据库
ANNUAL REPORT(YEARBOOK) DATABASE

当代中国与世界发展高端智库平台

所获荣誉

- 2016年，入选"国家'十三五'电子出版物出版规划骨干工程"
- 2015年，荣获"搜索中国正能量 点赞2015""创新中国科技创新奖"
- 2013年，荣获"中国出版政府奖·网络出版物奖"提名奖
- 连续多年荣获中国数字出版博览会"数字出版·优秀品牌"奖

WWW.PISHU.COM.CN

成为会员

通过网址www.pishu.com.cn或使用手机扫描二维码进入皮书数据库网站，进行手机号码验证或邮箱验证即可成为皮书数据库会员（建议通过手机号码快速验证注册）。

会员福利

- 使用手机号码首次注册会员可直接获得100元体验金，不需充值即可购买和查看数据库内容（仅限使用手机号码快速注册）。
- 已注册用户购书后可免费获赠100元皮书数据库充值卡。刮开充值卡涂层获取充值密码，登录并进入"会员中心"—"在线充值"—"充值卡充值"，充值成功后即可购买和查看数据库内容。

数据库服务热线：400-008-6695
数据库服务QQ：2475522410
数据库服务邮箱：database@ssap.cn

图书销售热线：010-59367070/7028
图书服务QQ：1265056568
图书服务邮箱：duzhe@ssap.cn

1997~2017
皮书品牌20年
YEAR BOOKS

更多信息请登录

皮书数据库
http://www.pishu.com.cn

中国皮书网
http://www.pishu.cn

皮书微博
http://weibo.com/pishu

皮书博客
http://blog.sina.com.cn/pishu

皮书微信"皮书说"

请到当当、亚马逊、京东或各地书店购买，也可办理邮购

咨询 / 邮购电话： 010-59367028　59367070
邮　　　箱： duzhe@ssap.cn
邮购地址： 北京市西城区北三环中路甲29号院3号
　　　　　楼华龙大厦13层读者服务中心
邮　　编： 100029
银行户名： 社会科学文献出版社
开户银行： 中国工商银行北京北太平庄支行
账　　号： 0200010019200365434